我们党的全部历史都是从中共一大开启的，我们走得再远都不能忘记来时的路。

　　——习近平：《在瞻仰上海中共一大会址和浙江嘉兴南湖红船时的讲话》（2017 年 10 月 31 日）

在中国实行人民代表大会制度，是中国人民在人类政治制度史上的伟大创造，是深刻总结近代以后中国政治生活惨痛教训得出的基本结论，是中国社会一百多年激越变革、激荡发展的历史结果，是中国人民翻身作主、掌握自己命运的必然选择。

——习近平：《在庆祝全国人民代表大会成立六十周年大会上的讲话》（2014 年 9 月 5 日）

实践证明，人民代表大会制度是符合我国国情和实际、体现社会主义国家性质、保证人民当家作主、保障实现中华民族伟大复兴的好制度，是我们党领导人民在人类政治制度史上的伟大创造，是在我国政治发展史乃至世界政治发展史上具有重大意义的全新政治制度。

——习近平：《在中央人大工作会议上的讲话》（2021 年 10 月 13 日）

王万宾

著

人大读书笔记

伟大创造

中国民主法制出版社

全国百佳图书出版单位

序

人民代表大会制度
——中国人民在人类政治制度史上的
伟大创造

2014年9月5日，中共中央总书记、国家主席、中央军委主席习近平在庆祝全国人民代表大会成立六十周年大会上的讲话中指出："在中国实行人民代表大会制度，是中国人民在人类政治制度史上的伟大创造，是深刻总结近代以后中国政治生活惨痛教训得出的基本结论，是中国社会一百多年激越变革、激荡发展的历史结果，是中国人民翻身作主、掌握自己命运的必然选择。"

1840年鸦片战争后，中国逐步沦为半殖民地半封建社会。那个时代，为了挽救民族危亡、实现民族振兴，中国人民和无数仁人志士孜孜不倦寻找着适合国情的政治制度模式。辛亥革命之前，太平天国运动、洋务运动、戊戌变法、义和团运动、清末新政等都未能取得成功。辛亥革命之后，中国尝试过君主立宪制、帝制复辟、议会制、多党制、总统制等各种形式，各种政治势力及其代表人物纷纷登场，都没能找到正确答案，中国依然是山河破碎、积贫积弱，列强依然在中国横行霸道、攫取利益，中国人民依然生活在苦难和屈辱中。

在中国人民顽强前行的伟大斗争中，中国共产党诞生了。自成立之日起，中国共产党就把为中国人民谋幸福，为中华民族谋复兴作为自己的初心使命，以实现中国人民当家作主为己任，唤起工农千百万，进行艰苦卓绝的革命斗争，终于彻底推翻了帝国主义、封建主义、官僚资本主义三座大山，建立起人民当家作主的新中国，亿万中国人民从此成为国家和社会的主人。

在同穷凶极恶的敌人进行浴血奋战中，以毛泽东同志为主要代表的中国共产党人，把马克思列宁主义普遍真理同中国革命的具体实际相结合，走出了一条农村包围城市，武装夺取政权的正确道路。土地革命时期、抗日战争时期、解放战争时期，在建立和巩固革命根据地和解放区的实践中，中国共产党领导人民群众建立各级人民政权，逐步积累并不断总结由工农兵代表会议、人民代表会议选举产生各级人民政府的政权建设经验，最终形成了一整套由中国共产党领导，人民当家作主的政权组织形式，创造了具有中国特色、中国风格、中国气派的人民代表大会制度。1949年9月，具有临时宪法地位的《中国人民政治协商会议共同纲领》庄严宣告，即将成立的中华人民共和国实行人民代表大会制度。

1954 年 9 月，第一届全国人民代表大会第一次会议通过的《中华人民共和国宪法》明确规定，中华人民共和国的一切权力属于人民。人民行使权力的机关是全国人民代表大会和地方各级人民代表大会。

从此，人民代表大会制度成为国家的根本政治制度。

进入新时代，习近平总书记深刻指出："在新的奋斗征程上，必须充分发挥人民代表大会制度的根本政治制度作用，继续通过人民代表大会制度牢牢把国家和民族前途命运掌握在人民手中。这是时代赋予我们的光荣任务。"

在中国共产党成立 100 周年前夕，以习近平同志为核心的党中央作出在全党开展党史学习教育的重大决策。2021 年 2 月 20 日，习近平总书记在党史学习教育动员大会上的讲话中深刻阐述了开展党史学习教育的重大意义，强调指出："历史是最好的老师，我们党的历史是中国近现代以来最为可歌可泣的篇章，历史在人民探索和奋斗中造就了中国共产党，我们党团结带领人民又造就了历史悠久的中华文明新的辉煌。一切向前看，都不能忘记走过的路，走得再远，走到更光辉的未来，也不能忘记走过的过去，不能忘记为什么出发"；"在全党开展党史学习教育，就是要引导全党深刻认识红色政权来之不易、新中国来之不易、中国特色社会主义来之不易，深刻认识中国共产党为什么能、马克思主义为什么行、中国特色社会主义为什么好，不断坚定四个自信，不断增强历史定力，增强做中国人的志气、骨气、底气"。

习近平总书记号召全党同志做到学史明理、学史增信、学史崇德、学史力行，学党史、悟思想、办实事、开新局，以昂扬姿态奋力开启全面建设社会主义现代化国家新征程，以优异成绩庆祝建党一百周年。

遵照习近平总书记重要讲话精神，今年 2 月下旬以来，我认真进行了党史学习。我再一次通读了党史，重点重温了中国共产党领导中国人民创造人民代表大会制度的历史。党的十九届六中全会审议通过的《中共中央关于党的百年奋斗重大成就和历史经验的决议》（以下简称决议）和习近平总书记的说明公布后，我抓紧时间进行了认真学习。

我的学习心得，在支部大会上向同志们作了汇报，得到了全国人大常委会机关党组、全国人大常委会办公厅离退休干部局党委、中国民主法制出版社领导和同志们的关心与鼓励。半年多来，我把学习党史和决议的心得笔记进行了系统梳理，并结合运用《人大读书笔记：百年抉择》里的史料，撰写成这本《人大读书笔记：伟大创造》。今奉献给读者。

《人大读书笔记：伟大创造》以 1840 年鸦片战争以来，中国人民和无数仁人志士苦苦寻找、照抄照搬西方国家政治制度屡遭失败的惨痛教训为背景，力图全景式地展现中国共产党领导中国人民夺取中国革命胜利，创造人民代表大会制度的艰辛历程和伟大贡献。

对全书的布局和结构，作了一些新的尝试。如：序与跋呼应，部与节连贯，第一部、第二部分别作前言，部分章节附有记录历史背景的"时势链接"等。序、跋、前言、链接等所涉内容，大都选取对时代背景和重大事件的记载，而非长篇论述。作这样的安排，是希望在有限的空间里容纳更多的史料，以便更好地了解历史，记住党史。

让我们一起追寻先人的足迹，走进中国共产党领导中国人民战胜强大敌人，推翻三座大山，实现伟大创造的峥嵘岁月……

2021 年 12 月 27 日于北京

目　录

第一部
中国共产党诞生　开天辟地的大事变
中国革命的面貌从此焕然一新

1840 年至 1900 年，帝国主义的五场侵华战争，使中国完全沦为半封建半殖民地国家。

1901 年至 1921 年，清朝覆亡，民国初创。君主立宪制、资产阶级议会制、复辟帝制试了个遍，均告失败。

十月革命一声炮响，给我们送来了马克思列宁主义。

中国共产党诞生，开天辟地的大事变。中国革命的面貌从此焕然一新。

第二部
中国共产党领导中国人民
创造了人民代表大会制度

前　言 / 099

1927 年至 1949 年的 22 年。

大革命失败，全国一片白色恐怖。

毛泽东开创农村包围城市，武装夺取政权的正确道路，中国共产党领导中国人民进行艰苦卓绝的革命战争，终于推翻三座大山，成立了中华人民共和国。

土地革命时期，中国共产党领导工农大众创造了工农兵代表大会制度；抗日战争时期、解放战争时期，中国共产党领导中国人民创造了人民代表大会制度；中华人民共和国成立，中国共产党领导中国人民实行人民代表大会制度。

第一部

中国共产党诞生

开天辟地的大事变

中国革命的面貌从此焕然一新

至今一切社会的历史都是阶级斗争的历史。

资产阶级在它的不到一百年的阶级统治中所创造的生产力，比过去一切世代创造的全部生产力还要多，还要大。

封建的所有制关系，就不再适应已经发展的生产力了。这种关系已经在阻碍生产而不是促进生产了。它变成了束缚生产的桎梏。它必须被炸毁，它已经被炸毁了。

但是，资产阶级不仅锻造了置自身于死地的武器；它还产生了将要运用这种武器的人——现代的工人，即无产者。

无产者组织成为阶级，从而组织成为政党这件事，不断地由于工人的自相竞争而受到破坏。但是，这种组织总是重新产生，并且一次比一次更强大、更坚固、更有力。

资产阶级的灭亡和无产阶级的胜利是同样不可避免的。

——马克思、恩格斯：《共产党宣言》（1848 年 2 月 21 日）

自从一八四〇年鸦片战争失败那时起，先进的中国人，经过千辛万苦，向西方国家寻求真理。洪秀全、康有为、严复和孙中山，代表了在中国共产党出世以前向西方寻找真理的一派人物。那时，求进步的中国人，只要是西方的新道理，什么书也看。向日本、英国、美国、法国、德国派遣留学生之多，达到了惊人的程度。国内废科举，兴学校，好像雨后春笋，努力学习西方。……学了这些新学的人们，在很长的时期内产生了一种信心，认为这些很可以救中国……

　　帝国主义的侵略打破了中国人学西方的迷梦。很奇怪，为什么先生老是侵略学生呢？中国人向西方学得很不少，但是行不通，理想总是不能实现。多次奋斗，包括辛亥革命那样全国规模的运动，都失败了。国家的情况一天一天坏，环境迫使人们活不下去。

　　十月革命一声炮响，给我们送来了马克思列宁主义。十月革命帮助了全世界的也帮助了中国的先进分子，用无产阶级的宇宙观作为观察国家命运的工具，重新考虑自己的问题。走俄国人的路——这就是结论。

　　　　　　　　　　——毛泽东：《论人民民主专政》（1949 年 6 月 30 日）

　　1840 年鸦片战争后，中国逐步成为半殖民地半封建社会。那个时代，为了挽救民族危亡、实现民族振兴，中国人民和无数仁人志士孜孜不倦寻找着适合国情的政治制度模式。辛亥革命之前，太平天国运动、洋务运动、戊戌变法、义和团运动、清末新政等都未能取得成功。辛亥革命之后，中国尝试过君主立宪制、帝制复辟、议会制、多党制、总统制等各种形式，各种政治势力及其代表人物纷纷登场，都没能找到正确答案，中国依然是山河破碎，积贫积弱，列强依然在中国横行霸道、攫取利益，中国人民依然生活在苦难和屈辱之中。

　　……

　　在中国人民顽强前行的伟大斗争中，中国共产党诞生了。自成立之日起，中国共产党就以实现中国人民当家作主和中华民族伟大复兴为己任，为"索我理想之中华"矢志不渝，"唤起工农千百万"，进行艰苦卓绝的革命斗争，终于彻底推翻了帝国主义、封建主义、官僚资本主义三座大山，建立了人民当家作主的新中国，亿万中国人民从此成为国家和社会的主人。这一伟大历史事件，从根本上改变了近代以后中国内忧外患、任人宰割的悲惨命运。

——习近平：《在庆祝全国人民代表大会成立六十周年大会上的讲话》（2014 年 9 月 5 日）

十月革命一声炮响，给中国送来了马克思列宁主义。在中国人民和中华民族的伟大觉醒中，在马克思列宁主义同中国工人运动的紧密结合中，中国共产党应运而生。中国产生了共产党，这是开天辟地的大事变，深刻改变了近代以后中华民族发展的方向和进程，深刻改变了中国人民和中华民族的前途和命运，深刻改变了世界发展的趋势和格局。

——习近平：《在庆祝中国共产党成立 100 周年大会上的讲话》（2021 年 7 月 1 日）

第一部　前　言

（一）

从 1840 年到 1905 年的 66 年间，中国人民一直被笼罩在帝国主义列强侵略战争的硝烟之下。几乎所有的帝国主义国家都参与了对中国的侵略和掠夺。帝国主义列强不断加强对中国军事、政治、经济、文化的侵略，通过一个比一个苛刻的不平等条约，强迫中国割地、赔款，贪婪地攫取在中国的种种特权。英国割取了香港，日本侵占了台湾，沙俄攫夺了中国东北、西北 150 多万平方公里的领土。广袤的中华大地惨遭帝国主义列强的宰割和蹂躏。

在这几十年间里，中国人民同外国侵略者和封建统治者进行了英勇顽强的斗争。第一次鸦片战争期间爆发了广东三元里人民的抗英斗争。第二次鸦片战争期间各地人民展开反抗英、法、俄入侵的斗争。19 世纪末，全国各地接连不断发生的反洋教的斗争。台湾人民奋起展开反对日本割占台湾的斗争。1851年洪秀全领导的太平天国运动沉重打击了侵略者和清王朝，其规模之大、发展之快、威力之大都达到了旧式农民战争的巅峰。

19 世纪末爆发的义和团运动，更是把矛头直指帝国主义侵略者。中国人民以不屈不挠的反侵略、反压迫斗争，写下了可歌可泣的悲壮篇章。

在几十年间里，帝国主义的多次侵略，逐渐唤醒了沉睡的中国人。一代代志士仁人在黑暗中苦苦摸索，睁开眼睛看世界，以林则徐、魏源、郑观应、严复为代表的先进知识分子，发出了救国图强的时代强音。

第二次鸦片战争后，以李鸿章、左宗棠、张之洞等为代表的中高层地主阶级以"师夷制夷"为口号推动兴起洋务运动，冀望通过实业救国，最终以甲午战争中国的惨败而黯然破产。

甲午战争后，以康有为、梁启超、谭嗣同为代表的维新派发起"戊戌变法"运动，试图通过建立君主立宪制实行自上而下的政治改革，被封建顽固派所扼杀。谭嗣同等戊戌六君子惨遭杀害。

1900 年 6 月，英、美、法、德、俄、日、意、奥匈八国联军发动侵略中国的战争，先后攻陷天津、北京，清廷慈禧太后挟光绪皇帝狼狈逃往西安。这是第一次鸦片战争后中国首都第二次被帝国主义国家所占领。侵略军所到之处，进行野蛮的烧杀抢掠，北京城尸横遍野，又一次惨遭洗劫。与第一次鸦片战争、第二次鸦片战争、甲午战争的结局相同，清朝政府又一次被迫签订了丧权辱国的条约。八国与比利时、西班牙、荷兰等共 11 国强迫清廷签订了丧权辱国的《辛丑条约》。

《辛丑条约》使帝国主义国家对中国的不平等条约体系完整化。沙俄还派出军队攻占中国东北三省，对中国人民进行惨绝人寰的大屠杀,妄图变东北为俄国的殖民地。1904 至 1905 年,日本同俄国为争夺在华利益,在中国领土上进行了日俄战争。

《辛丑条约》的签订,标志着中国完全沦为帝国主义列强共同宰割的半殖民地、半封建的国家。清政府甘当"洋人的朝廷",激起了全国人民的愤怒。

以孙中山、黄兴为代表的资产阶级革命派,策划一次又一次的武装起义,发誓推翻腐朽卖国的清王朝。

以梁启超、杨度为代表的立宪派则希望通过请愿活动呼吁速开国会,仿行日本式的君主立宪制,维系清王朝的统治。

风雨飘摇的清王朝一步步被逼进了死胡同。

1905 年 7 月,清廷决定派重臣出洋考察。12 月 11 日,由载泽、戴鸿慈、端方、李盛铎、尚其亨五大臣分率两个代表团前往英、法、日、美等十国考察。1906 年 6 月,五大臣回国后正式向朝廷提出实行君主立宪制的建议。

1906 年 9 月 1 日,清廷被迫宣布"预备仿行立宪",十分勉强地开始了这场政治变革。

1908 年夏,在梁启超、张謇、汤化龙、杨度等人的鼓动下,全国掀起了请愿高潮。湖南代表率先进京,数十万人在请愿书上签名,要求速开国会。杨度的一句话道出了立宪派的主张:"吾今日所主张之唯一救国方法,以大声急呼号召天下者,曰'开国会'三字而已。"

1908 年 8 月 27 日,清廷被迫颁布以日本明治宪法为蓝本的《钦定宪法大纲》。

与此同时,从 1907 年 9 月起到 1910 年 10 月,清廷通过逐步实行三级议员选举制度，在全国范围内设立议会。

从国家层面，决定设立资政院，作为今后议院的基础。1907 年 9 月 20 日，清廷发布上谕："中国上下议院，一时未能成立，亟宜设资政院，以立议院基础。"1909 年 8 月 23 日，颁布《资政院章程》及其议员选举章程。1909 年 11 月，各省谘议局开始互选议员；到 1910 年 5 月，互选议员和钦定议员产生。1910 年 9 月，清廷下诏召集资政院，溥伦为资政院总裁，沈家本为副总裁。10 月 3 日，举行资政院开会典礼，资政院正式成立。

从省级层面，决定在省会设谘议局。谘议局的选举早于资政院。1907 年 10 月 19 日，下令各督抚在省会设谘议局，并筹划在各府州县设议事会。1908 年 7 月 22 日，颁布《各省谘议局章程》、《谘议局议员选举章程》，同时颁布《资政院章程》的前两章（总纲和选举）。并要求各省督抚奉章后一年内办齐。到 1909 年 9 月，各省谘议局成立。湖北省谘议局是第一个经选举产生的省级谘议局，汤化龙当选为谘议局议长。清廷还对府厅州县层面制定了自治选举章程。

然而，姗姗来迟的议会选举，没有能够挽救摇摇欲坠的清王朝。1911 年 10 月 10 日，武昌起义爆发，清王朝的灭亡不可避免。

在这个危急时刻，清王朝抛出了它的最后一根救命稻草。1911 年 11 月 3 日，清政府颁布《宪法重大信条十九条》，正式宣布实行君主立宪制。袁世凯在镇压武昌起义的前线被召进京，经资政院选举、皇帝批准为内阁总理大臣。

袁世凯成为中国历史上第一个经议会选举产生的内阁总理。从名义上说，自1911年11月3日袁世凯在资政院当选为总理大臣至1912年2月12日清帝退位，中国的君主立宪制施行了3个月。

从1882年王韬首次向国人介绍"君民共主"的英国式、日本式的君主立宪制模式，到1911年清王朝被迫宣布实行君主立宪制，将近30年；从1906年清廷颁布《预备仿行立宪》到1911年也过去了整整5年，君主立宪制羞羞答答，"千呼万唤始出来"，转瞬成为清王朝的殉葬品。

（二）

历史证明，日本式的君主立宪制挽救不了清王朝的覆灭。后来的历史同样证明，美国式的由参议院、众议院组成的民国国会并没有给新生的中华民国带来好运。帝国主义列强和封建军阀带给中国人民的是连年的军阀混战、不尽的深重灾难。

1911年10月10日，由孙中山、黄兴领导的中国同盟会组织策动的反清武装起义率先在武昌爆发。10月11日，革命军占领武昌，湖北革命党人推举黎元洪为湖北军政府都督。10月12日，湖北军政府通电全国，促请黄兴、宋教仁等速来武汉并请他们转电孙中山，请速归国主持大计。

在武昌起义的影响下，湖南、陕西、江西、山西、云南、贵州、上海、江苏、浙江、福建、广东、广西、四川、安徽等省蜂起响应，举行起义，宣告脱离清廷。各省纷纷效仿湖北，自行公推本省都督，建立起都督府或军政府，迅速形成了推翻清王朝统治的强大合力。

结束封建专制制度，建立资产阶级共和国的国家制度迅速成为革命党人和起义军面前的首要任务。美国式的由参议院、众议院组成的两院制国会，几乎毫无争议地成为国家政体的首选。其推开之快，令人瞠目。当绝大多数中国人还在沉睡之时，它已悄然登台。

10月28日，黄兴和宋教仁乘船到达武汉。黄兴被推为革命军总司令，领导武装起义。宋教仁和汤化龙等人在武昌开始起草《中华民国鄂州临时约法》。

10月29日，湖北军政府通电各省派代表到武昌商议组织新政府。武昌起义时，孙中山虽在海外，但作为公认的革命领袖，具有相当的号召力。

10月31日，湖北军政府机关报《中华民国公报》率先打出孙中山的旗号，以孙中山的名义发布两件《中华民国军政府大总统孙》的布告，号召各省民军，同心勠力，推翻清王朝统治。

11月9日，湖北军政府公布了由宋教仁起草的《中华民国鄂州临时约法》，明确规定鄂州政府是以西方三权分立原则构建的民主共和国政权。《鄂州约法》是中国历史上第一部具有宪法性质的地区性宪法令，成为后来《中华民国临时约法》的蓝本。

11月15日，沪、苏、浙、闽等7省代表在上海举行会议，议决成立"各省都督府代表联合会"。经与湖北军政府协商，代表们同意前往武汉，与其他省代表会合，共商大计。

11月30日，12省23名代表在汉口英租界慎昌洋行举行各省都督府代表联合会第一次会议，推举谭人凤为议长，并议决在中央政府成立前，以湖北军政府代行中央军政府职权，以鄂军都督黎元洪执行中央政务。

具有标志意义的是，谭人凤成为中华民国成立前通过民主选举产生的第一位议长，黎元洪成为由议会表决决定的第一位政府首脑。

12月2日，各省都督府代表联合会召开第二次会议，议决起草《中华民国临时政府组织大纲》。12月3日，通过了《中华民国临时政府组织大纲》（21条）并公布。大纲规定，临时政府实行总统制；临时大总统由各省都督府代表选举；设参议院为立法机构，参议员由各省都督府派遣，每省3人；临时政府成立6个月后由临时大总统召集国民议会；参议院未成立之前暂由各省都督府代表会代行其职权（代理参议院），表决权每省以一票为限。

临时政府组织大纲迅速传到上海，在于右任主办的《民立报》全文公布。临时政府组织大纲具有临时宪法的作用，它确定了中华民国政体仿效美国，实行"三权分立"，对刚刚诞生的中华民国的政体及其运作作了规定，成为中华民国的国家机构设置的法律依据。

此后，各省都督府代表联合会多次举行会议议决武汉地区停火，委派伍廷芳为起义军代表，与袁世凯委派的清政府代表唐绍仪进行南北谈判。

12月1日，宋教仁和在上海的奉天代表吴景濂等人联名通电全国，呼吁尽快成立临时中央政府，南京为中华民国临时政府所在地。

12月5日，14省代表到达南京，达成四项共识：一是推翻清政府，二是实行共和政体，三是礼遇旧皇室，四是人道主义待满人。四项共识成为最终促成南北和谈的纲领。

12月6日，清廷摄政王载沣退位。清王朝退出历史舞台已成定局。12月18日，南北和谈第一次会议在上海正式举行。

12月25日，孙中山从海外到达上海，受到革命党人和各界人士热烈欢迎。中国同盟会代表和起义各省军政首脑纷纷通电表示欢迎，对孙中山领导组成统一的革命政府寄予厚望。

12月26日，各省都督府代表联合会决定三天后举行临时大总统选举会，同时议定了一个附带条件，就是一俟南北议和成功，则由当选者电告袁世凯，以总统位相让。中国同盟会主要成员一致同意推举孙中山为临时大总统。

12月27日，孙中山在上海会见各省代表，商谈组织临时政府。各省代表表示，拟推举孙中山为临时大总统；同时将各省代表会议已对袁世凯作出关于"此职暂时留以有待"的决议作了通报。孙中山坚定地说："那不要紧，只要袁真能拥护共和，我就让给他。"孙中山提出，"本月十三日为阳历一月一日，如诸君举我为大总统，我就打算在那天就职，同时宣布中国改用阳历，是日为中华民国元旦"。黄兴、宋教仁当晚赶到南京参加各省都督府代表会。会议全体赞成通过改用阳历和中华民国纪元，多数赞成通过采用总统制，决定次日举行临时大总统选举会。

12月28日晚，17省都督府代表在南京丁家桥原江苏省谘议局举行中华民国临时政府临时大总统预选会。预选和次日进行的正式选举，均依据《中华民国临时政府组织大纲》各省都督府代表表决权每省以一票为限的规定进行。预选会投票选举出临时大总统候选人，投票后并未开箱，决定次日举行正式选举时采用无记名投票法。

12月29日，各省都督府代表联合会举行临时大总统选举会，孙中山当选为中华民国临时大总统。消息传开，国内各界人士、海外华侨纷纷发来贺电，各地军民举行庆祝集会和游行。

1912年1月1日，孙中山由上海抵达南京，宣誓就任中华民国临时大总统，宣布中华民国正式成立。

孙中山就任临时大总统后，立即与各省都督府代表联合会密切合作，夜以继日地紧张工作。在他强有力的领导下，中华民国临时政府迅速组建起来，并与袁世凯为首的清政府举行谈判，积极促成清政府体面退出历史舞台。

1月1日，各省都督府代表联合会发表通电宣布，由于各地参议员未及赶到南京，由各省都督府代表联合会暂行代理参议院职权，选举赵士北、马君武为正副议长。

1月3日，代理参议院选举黎元洪为副总统。1月25日，代理参议院起草并提出《中华民国临时约法草案》。

1月28日，各省都督府代表联合会完成使命，（南京临时）参议院在南京劝业场举行成立大会。1月29日，（南京临时）参议院选举林森为参议长，陈陶遗为副议长。

2月12日，清王朝以宣统皇帝的名义颁布诏书宣布退位。

至此，清王朝在全国 268 年的统治宣告结束，中国两千多年封建君主专制国体正式落幕。

2 月 14 日，孙中山履行承诺，率各部总次长到（南京临时）参议院辞去临时大总统职务。（南京临时）参议院在接受孙中山辞职后通电各省："新总统未莅宁受任之前，总统暂不解职。"

2 月 15 日，（南京临时）参议院选举前清廷内阁总理大臣袁世凯为中华民国第二任临时大总统。

2 月 16 日后，孙中山多次致电袁世凯，促其南下就职，并指定蔡元培为专使赴北京迎接袁世凯南下。袁世凯以北京、天津、保定等地发生兵变事件为由拒绝赴南京宣誓就职。3 月 6 日，（南京临时）参议院议决同意袁世凯在北京就职。

3 月 8 日，（南京临时）参议院在即将完成其历史使命的最后时刻，表决通过了具有重大历史意义的《中华民国临时约法》，3 月 11 日由孙中山签署公布。

3 月 10 日，袁世凯在北京就任临时大总统。之后，（南京临时）参议院通过袁世凯提出的内阁名单，唐绍仪任中华民国首任国务总理。

4 月 1 日，孙中山与前内阁阁员赴（南京临时）参议院参加正式解职仪式。孙中山签署公布（南京临时）参议院通过的《参议院法》，向全国公布解职令后去职。

4 月 2 日，袁世凯向（南京临时）参议院提出民国临时政府迁北京案，（南京临时）参议院表决通过。4 月 5 日，（南京临时）参议院宣布休会，开始迁往北京。从此进入（北京临时）参议院阶段。

与（南京临时）参议院议员产生的办法不同的是，依据（南京临时）参议院通过的《参议院法》的规定，（北京临时）参议院议员由各省临时议会选举产生，每省5人，不再由各省都督委派。为此各省和蒙、藏、青等地区都按规定选举产生了（北京临时）参议院的议员。

4月29日，（北京临时）参议院在前清资政院举行开幕式。袁世凯和国务总理唐绍仪率领新内阁各部总长集体亮相。

5月1日，（北京临时）参议院正式开会。林森辞去由（南京临时）参议院选出的参议长职务。会议选举吴景濂为（北京临时）参议院参议长，汤化龙为副议长。

5月7日，（北京临时）参议院经表决决定，中华民国国会实行参议院、众议院两院制，着手起草国会组织法。

8月2日、3日，（北京临时）参议院分别通过了《中华民国国会组织法》、《参议院议员选举法》、《众议院议员选举法》。8月10日，由临时大总统袁世凯签署颁布。两个议员选举法分别对参、众两院议员的产生办法和名额作出了规定。规定参议员由各省议会议员选出，众议员由各地人民选举产生。这是中国历史上第一次对国会参、众两院议员选举作出法律规范。

9月5日，（北京临时）参议院公布首届国会众议院选举日期令，规定于1912年12月10日进行初选，1913年初进行复选。12月8日，（北京临时）参议院公布首届国会参议院议员选举令，规定蒙、藏、青等地区在1913年1月20日选举，各省、中央学会和华侨在2月10日选举。

根据（北京临时）参议院公布的时间表，各政党积极投入竞选活动，全国展开了自清末省一级的谘议局选举以来最大规模的选举，全国投票人数约 400 万。

1913 年春，首届国会参议院、众议院的两院议员选举均告完成。以中国同盟会为主体的国民党在两院议员选举中大获全胜，获得国会参众两院 392 个席位（参议院议员 274 席中的 123 席，众议院议员 596 席中的 269 席），已稳居国会第一大党。国会成立后，梁启超、汤化龙等促成统一党、共和党、民主党三党合并为进步党，成为国会第二大党。

然而，天有不测风云。3 月 20 日晚，应袁世凯之邀前往北京的宋教仁在上海火车站被刺，3 月 22 日不治辞世。宋教仁的突然遇害，给中国未来的政局走向增添了极大变数，给即将成立的中华民国国会蒙上了一层阴影。

1913 年 4 月 8 日，中华民国第一届国会成立大会在北京宣武门原财政学堂举行。袁世凯没有出席，总统府秘书长梁士诒代表袁世凯致辞。心情复杂的两院议员们参加和见证了这一历史性时刻。

4 月 25 日，国会参议院选举国民党的张继和王正廷为正副议长。4 月 30 日、5 月 1 日，国会众议院选举民主党的汤化龙为议长，共和党的陈国祥为副议长。

国会开会之时已非议员竞选之时。宋案引发的紧张局势使得中华民国第一届国会开张之日，立即成为以孙中山为代表的革命党人同以帝国主义国家为后台的北洋军阀斗争的舞台。

4 月 26 日，国务总理赵秉钧等人在未经国会讨论的情况下，按照袁世凯的要求与五国银行团签订 2500 万英镑的"善后大借款"。帝国主义列强控制中国经济的图谋，遭到孙中山和国民党议员的激烈反对，谴责这一违法签约。

4月30日，国会参议院通过反对大借款案。孙中山发布致各国政府和人民电，谴责袁世凯破坏临时约法。南方多地通电反对大借款。

国会内外国民党同袁世凯进行了坚决的斗争。袁世凯凶相毕露，下达除暴安民令，举兵南下讨伐国民党，孙中山领导南方多省起兵反袁，爆发"二次革命"。由宋教仁被刺案、大借款案引起的政治危机迅速演变成战争危机。由于力量悬殊，"二次革命"失败。

国会内部，两院议员虽争辩激烈各不相让，但还是就宪法起草问题达成共识。由多党人士组成的国会宪法起草委员会于7月12日召开成立大会，他们选择天坛祈年殿为办公场所，在这里起草并由该委员会三读通过了《中华民国宪法草案》，史称"天坛宪草"。国会虽于几个月后被袁世凯解散未能审议，"天坛宪草"还算是为第一届国会留下了一个具有阶段性意义的成果。

"二次革命"发生后，袁世凯借口局势紧张，不断给国会施加压力，要求国会先行制定总统选举法，以尽快选出总统。国会作出妥协，9月3日补选共和党王家襄为参议院议长，宪法起草委员会立即开始《大总统选举法》的起草审议工作。

10月4日，两院合会组成的宪法会议经三读通过《大总统选举法》并公布，为大总统选举提供了法律依据。

1913年10月6日为中华民国大总统选举日。这一天，国会参、众两院759位议员参加投票，产生20多位候选人。经过12

小时的三轮投票，袁世凯当选为中华民国大总统。这是中华民国首任正式大总统，也是第一届国会选举产生的第一位大总统。

10月10日，袁世凯在紫禁城保和殿宣誓就职。

袁世凯当选大总统后，没有向议员发表政见演说，而是直接提出要修改《中华民国临时约法》，遭到宪法起草委员会里国民党、进步党委员们的一致抵制。袁世凯大怒，立即通电全国，指责国民党人居多的国会企图实行"国会专制"。

11月4日，袁世凯以国民党组织"二次革命"颠覆政府为由，下令解散国民党，并剥夺438位国民党议员的资格，追缴证书徽章。此令一出，引发政坛大地震。军警软禁吴景濂、林森等人。由于国民党议员丧失议员资格，11月13日参众两院以国会不足法定人数，由两院议长发出通告：自11月14日起，暂停发议事日程，中止议事。

1914年1月9日，袁世凯组织的政治会议作出决议：停止现在国会议员职务，另组立法机关，重订约法。1月10日，袁世凯以大总统名义宣布，国会自行解散。2月28日，袁世凯下令解散各省省议会。

辛亥革命之后诞生的（南京临时）参议院制订《中华民国临时约法》、（北京临时）参议院制订两院《组织法》，经过全国400万选民选举的两院议员千辛万苦召开的中华民国第一届国会，在袁世凯的一纸禁令下，瞬间解散。

美国式的两院制在中国推开得快，搁浅得更快。中华民国第一届国会自1913年4月8日成立至1914年1月10日解散，存活九个月零两天。

(三)

1914年3月8日，袁世凯宣布成立约法会议，取代第一届国会为国家立法机构。之后，加快复辟帝制的活动。1915年12月12日，袁世凯宣布称帝。12月31日改国号为中华帝国，1916年为洪宪元年。

袁世凯悍然称帝复辟的逆天之举，立即遭到全国人民的强烈谴责和坚决反对。1915年12月，孙中山发表《讨袁宣言》，并派李烈钧抵昆明酝酿兴兵讨袁方案。12月25日，蔡锷将军率先在云南举起护国大旗，在全国人民的一致反对声中，袁世凯被迫宣布取消帝制，企图弃皇帝而留总统。

1916年6月6日袁世凯在全国一片讨伐声中死于北京。

(四)

袁世凯死后，黎元洪依法接任中华民国大总统。1916年6月29日，黎元洪以大总统名义宣布袁世凯解散国会命令无效，续行召集国会。

1916年8月1日，被解散两年多的中华民国第一届国会在北京举行复会典礼。两年多前被袁世凯驱散的中华民国第一届国会从此开始了新的纷争与动荡。

在帝国主义列强黑手的操纵下，中国依然是战乱不断，中国人民依然在苦难中煎熬。

长夜难明赤县天，百年魔怪舞翩跹，人民五亿不团圆。

…………

1917年11月7日，俄国爆发十月革命，世界上第一个社会主义国家诞生，开辟了人类历史的新纪元。

在残酷的现实面前，中国的先进知识分子迅速醒悟并重新探索救国救民的新道路，掀起了如火如荼的新文化运动。伟大的五四爱国运动爆发，为马克思主义和俄国十月革命在中国的迅速传播创造了条件，中国工人阶级登上历史舞台。

1921年7月23日，中国共产党诞生了！从此，中国革命的面貌焕然一新。

第一节：1915 年
陈独秀——新文化运动的旗手

辛亥革命胜利后，以孙中山为代表的民族资产阶级以西方国家的社会制度为蓝本，创立了实行共和国体的中华民国，首次提出了比较完整的资产阶级共和国建国方针，并付诸实施。这让中国进步的知识分子看到了希望的曙光。他们欣喜地以为找到了救国图强的济世良药，对之报以了极大的热情。但很快，民国初年混乱的政治局面给他们泼了一大盆冷水。在短短几年里，虽然西方的"灵丹妙药"在中国都试了个遍，但没有能够解决中国的任何问题。袁世凯等北洋军阀以强权暴力统治国家，政体朝令夕改，换来换去，政府像走马灯似地换了一茬又一茬，一院制、两院制、总统制轮番上演。清王朝的垮台，并没有给中国人民带来安宁和幸福，在帝国主义列强的操纵下，接连不断的军阀混战，给中国人民带来更加深重的灾难。

袁世凯竟敢冒天下之大不韪，悍然复辟帝制，大开历史倒车。为禁锢人民头脑、维护封建军阀专制统治，大加推崇提倡祭天祭孔，通令全国"尊孔读经"，社会上随之出现了孔道会、孔教会、尊孔会等形形色色的组织，前清的遗老遗少也纷纷跑到台前诋毁共和制度、诋毁民主思想，要定孔教为国教，一股复古倒退的思想逆流甚嚣尘上。封建主义的"三纲五常"、"忠孝义节"说教、崇拜鬼神的迷信思想与低级趣味的文艺作品合流，俨然织成了一道严重束缚民众思想、扼杀民族生机的精神大网。中国的先进知识分子陷入了迷茫和苦闷之中，对民国的失望情绪在全社会弥漫。

现实教育了中国人民，他们看到，照搬来的西方政治制度并没有治愈中国封建社会的沉疴痼疾，也没有改变中国积贫积弱的任何问题。中国的先进知识分子还逐渐意识到，袁世凯推崇孔教，公然复辟帝制，表明清王朝虽然灭亡了，但封建思想文化的根基还远没有铲除。要想彻底改造半殖民地半封建的中国，必须唤起民众觉醒，从根本上荡涤封建主义的思想文化根基。

陈独秀最先走了出来。1915 年 9 月，陈独秀在上海创办《青年杂志》（一年后第二卷起更名为《新青年》）。陈独秀、李大钊、鲁迅、胡适、钱玄同、刘半农、周作人等积极为《新青年》撰稿，从政治观点、伦理道德、文学艺术等方面向封建复古势力发起猛烈的冲击，迅速掀起了一场以民主和科学为旗帜，向传统封建思想、道德文化宣战的新文化运动，并得到迅猛发展。

1917 年 1 月，著名教育家蔡元培先生出任北京大学校长。他秉承"兼容并包"的思想，以思想自由为原则对有着浓厚封建教育传统和腐朽落后学风的北京大学进行了重大改革，聘请陈独秀、李大钊、胡适、刘半农、周作人、鲁迅等人来北大执教，积极倡导民主办学、鼓励学术研究和社团活动。这些卓有成效的改革举措，使北京大学的面貌为之一新，成为新文化运动的中心和五四运动的策源地，为各种先进思想的传播提供了有利条件。

这样，20 世纪初，一场以"反传统、反孔教、反文言"为内容的思想文化启蒙运动在中华大地迅猛展开。新文化运动，提倡民主，反对专制；提倡科学，反对迷信；提倡新道德，反对旧道德；提倡新文学，反对旧文学。新文化运动提出两大口号："德先生"和"赛先生"，即民主和科学。陈独秀在《〈新青年〉罪案之答辩书》一文中指出：

要拥护那德先生，便不得不反对孔教、礼法、贞节、旧伦理、旧政治；要拥护那赛先生，便不得不反对旧艺术、旧宗教；要拥护德先生又要拥护赛先生，便不得不反对国粹和旧文学。

新文化运动倡导的民主既指民主思想，包括个性解放、人格独立以及民主自由权利等方面，也包括与封建专制制度相对立的资产阶级民主制度；科学的含义也有两个层面，既包括科学的思想和精神，也包括具体的科学技术和科学知识等方面。

初期的新文化运动以资产阶级民主主义为思想武器。先进的知识分子们认为，辛亥革命没有能够彻底地反对封建主义的旧思想、旧文化、旧道德，民主共和因此只是虚假的形式。针对逆潮流而动的复古尊孔思潮，他们高举起民主和科学的大旗进行斗争，要用民主和科学来"救治中国政治上道德上学术上思想上一切的黑暗"，矛头直指封建主义的伦理和思想，特别是袁世凯所尊奉的孔教。指出，三纲五常是"奴隶之道德"，忠孝义节是"吃人的礼教"，是同"此新社会、新国家、新信仰"根本不可相容的；拥护共和国体就必须反对封建伦理，就必须反对孔教，从而旗帜鲜明地把反对封建政治制度和反对封建伦理道德、文化思想结合起来，形成了一场彻底的反封建运动。

　　新文化运动的另一重要内容是文学革命。1917 年 1 月，胡适在《新青年》上发表《文学改良刍议》，系统提出了文学改良主张，提出以白话文代替文言文，以白话文学作为中国文学的正宗。陈独秀随即用《文学革命论》一文予以声援。1918 年 5 月，鲁迅先生率先发表的中国第一部现代白话文小说《狂人日记》，成为文学革命的典范之作。白话文取代文言文而通行于世是新文化运动的重大历史贡献。

　　新文化运动作为一场规模空前、影响深远的思想解放运动，对中国封建传统文化产生了前所未有的冲击，有力地打击和动摇了长期以来封建正统思想的统治地位，打碎了禁锢中国人数千年的思想枷锁，打开了遏制新思想、新文化涌流的闸门，掀起了学习先进思想、传播先进思想的潮流，促成了伟大的五四爱国运动并为马克思主义在中国的传播创造了有利条件。1940 年毛泽东在《新民主主义论》中这样高度评价新文化运动："自有中国历史以来，还没有过这样伟大而彻底的文化革命。"

🔗 时势链接：

　　辛亥革命之后诞生的（南京临时）参议院制订《中华民国临时约法》、（北京临时）参议院制订两院《组织法》，经过全国 400 万选民选举的两院议员千辛万苦召开的中华民国第一届国会，在袁世凯的一纸禁令下，瞬间解散。

　　依据《大总统选举法》的规定，1913 年 10 月 6 日为大总统选举日。这一天，国会参、众两院 759 位议员参加投票，产生 20 多位候选人。经过 12 小时的三轮投票，袁世凯当选为中华民国大总统。这是中华民国首任正式大总统，也是第一届国会选举产生的第一位大总统。

10 月 10 日，袁世凯在紫禁城保和殿宣誓就职。

袁世凯当选大总统后，没有向议员发表政见演说，而是直接提出要修改《中华民国临时约法》，遭到起草委员会里国民党、进步党委员们的一致抵制。袁世凯大怒，立即通电全国，指责国民党人居多的国会企图实行"国会专制"。

11 月 4 日，袁世凯以国民党组织"二次革命"颠覆政府为由，下令解散国民党，并剥夺 438 位国民党议员的资格，追缴证书徽章。此令一出，引发政坛大地震。军警软禁吴景濂、林森等人。由于国民党议员丧失议员资格，11 月 13 日参众两院以国会不足法定人数，由两院议长发出通告：自 11 月 14 日起，暂停发议事日程，中止议事。

1914 年 2 月 28 日，袁世凯下令解散各省省议会。

3 月 8 日，袁世凯宣布成立约法会议，取代民国第一届国会为国家立法机构。

民国第一届国会被解散后，袁世凯立即全面改造国家机构。任命以李经羲为议长的由 80 名议员组成的政治会议为政府咨询机构（半年后被参政院取代）；特设由选举产生的议员组成的约法会议为造法机关，制定颁布《中华民国约法》，废止《中华民国临时约法》；改国务院为政事堂，由徐世昌主持。

袁世凯加快称帝复辟步伐，胁迫国民代表大会代表进行国体问题投票。

1915 年 12 月 12 日，袁世凯宣布称帝。12 月 31 日改国号为"中华帝国"，1916 年为"洪宪元年"。

第二节：1918 年
李大钊——中国传播马克思主义第一人

　　新文化运动特别是五四爱国运动大大推动了中国思想领域的进步，中国人民开始了新的觉醒。1919 年，巴黎和会上中国外交的惨败，彻底打破了国人对帝国主义列强和北洋军阀反动统治的幻想。以救国救民为己任的中国先进知识分子，开始重新思考中国的前途命运问题，探求改造中国社会的新方案。

　　恰在此时，十月革命一声炮响，给中国送来了马克思列宁主义。中国先进分子从马克思列宁主义的科学真理中看到了解决中国问题的出路，中国出现了一批赞成俄国十月革命道路，具有初步共产主义思想的知识分子。

　　伟大的革命先驱李大钊是在中国举起十月革命旗帜的第一人，是中国最早的马克思主义传播者，掀开了马克思主义在中国广泛传播的第一页。

　　1918 年，李大钊发表《法俄革命之比较观》，论述俄国十月革命与法国大革命的本质区别，指出，"俄罗斯之革命是二十世纪初期之革命，是立于社会主义上之革命"，是"世界的新文明之曙光"。之后，他撰写《庶民的胜利》、《布尔什维主义的胜利》、《新纪元》等文章，欢呼和赞扬十月革命的伟大胜利，认为这是民主主义的胜利，是布尔什维的胜利，是世界劳工阶级的胜利，他满怀信心地预言："试看将来的环球，必是赤旗的世界！"

　　1919 年 10 月至 11 月，李大钊发表《我的马克思主义观》，第一次比较全面系统地介绍了马克思主义，标志着马克思主义在中国进入系统传播的阶段。在这篇文章中，他首次对马克思主义的唯物史观、政治经济学和科学社会主义的基本原理进行了阐释，指出这三大部分"都有不可分割的关系，而阶级斗争说恰如一条金线，把这三大原理从根本上联络起来"。在这一时期，李达、杨匏安、李汉俊、蔡和森、恽代英、邓中夏等对宣传马克思主义也作出了积极的贡献。

在五四运动前后，一批青年知识分子出国勤工俭学。他们中的大部分去了法国，也有人去了英国、德国、比利时等国。他们中的进步分子，在马克思主义发祥地欧洲直接接触到了马克思主义。勤工俭学的特殊经历，使他们亲身体验到了工人阶级的生产和生活，产生了朴素的阶级感情，走上了无产阶级革命的道路，转变为马克思主义者，通过多种方式向国内传播马克思主义。

五四运动后的1919年7月和1920年9月，苏俄政府两次发表对华宣言，宣布废除沙皇政府同中国签订的不平等条约，放弃在中国的特权。新生的苏维埃政权与其他帝国主义国家截然不同的对华政策，在中国人民中引起了巨大反响。越来越多的中国人把目光转向了俄国，转向了马克思主义，这对扩大十月革命的影响和科学社会主义在中国的传播起到了十分重要的促进作用。新文化运动迅速发展成为宣传马克思主义的思想运动。

1919年5月，李大钊开始为《新青年》主编《马克思主义研究专号》，一大批以《新青年》为代表的进步报刊逐渐转变为宣传马克思主义的阵地，大量介绍马克思主义的文章得以发表。

有人这样描述当时的情形："报章杂志底上面，东也是研究马克思主义，西也是讨论鲍尔希维主义（即布尔什维主义）；这里是阐明社会主义底理论，那里是叙述劳动运动底历史，蓬蓬勃勃，一唱百和，社会主义在今日的中国，仿佛有'雄鸡一鸣天下晓'的情景。"

马克思主义在中国的广泛传播日益同中国工人运动相结合的过程中，一大批具有初步共产主义思想的知识分子成长起来，他们纷纷放弃了原先所信仰的各种其他主义，走上无产阶级革命道路，在参加反帝反军阀的斗争中，不断磨砺自己，成为坚定的马克思主义者。

🔗 时势链接：

1914 年，第一次世界大战爆发，中国宣布中立。帝国主义国家为扩大在华利益，各自通过北洋军阀中的代理人操纵中国政策走向。

袁世凯死后，黎元洪依法接任中华民国大总统。1916 年 6 月 29 日，黎元洪以大总统名义宣布袁世凯解散国会命令无效，续行召集国会。

1916 年 8 月 1 日，中华民国第一届国会在北京举行复会典礼。两年多前被袁世凯驱散的第一届国会 519 位参、众两院议员出席。黎元洪亲临国会，补行了总统宣誓仪式。然而，喜气洋洋的复会气氛，难掩洪宪帝制创痛。国会虽是原班人马，由于国民党、进步党等政党都已瓦解，各位议员都以宪法研究会、同志会等名义参会，所陈意见五花八门，重开的国会对议案很难形成一致意见。汤化龙经各方苦劝到 8 月 26 日才勉强同意复任众议院议长。10 月 3 日国会补选江苏都督冯国璋为副总统。

　　早日完成宪法成为复会后国会的首要任务。经两院议员选举产生的宪法起草委员会在天坛起草宪法草案（又称"天坛宪草"）。9月5日宪法草案提交国会初读，从9月15日至1917年1月10日，国会举行了24次会议进行审议。议员们积极认真，各抒己见，逐章逐条质疑争辩。但终因在孔教是否定为国教、国会解散权、中央集权与地方分权等问题上的见解分歧严重，讨论4个月也没有达成共识。黎元洪急了，特把梁启超、汤化龙、吴景濂、王家襄、王正廷等请到总统府聚餐，作揖打躬，恳请疏通几位议员各让一步，早日完成宪法。最终仍是议而未决。

　　1917年2月，美国要求中国对德国绝交。在中国是否追随美国与德国绝交、宣战问题上，大总统黎元洪与段祺瑞内阁产生分歧。依临时约法规定双方只得提请国会议决。3月10日、11日，众议院、参议院分别通过与德国绝交案。3月14日黎元洪据此宣布与德国断绝外交关系。

　　4月11日，美国对德国宣战，段祺瑞提出要追随美国对德宣战，遭黎元洪拒绝。对德是否宣战，再次成为国会争论焦点。

　　5月10日，主战派动员的数千人"请愿团"围攻国会，引起议员激愤，对德宣战案搁置。5月11日，主战的内阁各总长辞职，只剩下国务总理段祺瑞一人。5月19日，宣战案再次被国会搁置。

　　宣战案被搁置下来，引出一连串政治变局。首先是各省督军团站到了前台，联名上书黎元洪，要求大总统改制宪法，解散国会，被黎元洪拒绝。

　　5月23日，黎元洪同意国会的请求，免去段祺瑞总理职务，改组内阁。此举立即引发全国范围两种完全不同的反响：安徽、陕西、河南等十多个省督军团兵变，通电独立，反对《临时约法》，要求解散国会，声称要另立临时政府和临时议会；而在上海的孙中山和滇、黔、川、湘、粤、桂西南六省强烈反对北洋军阀干政。

6月12日，黎元洪在各方压力下签署解散国会的命令。至此，复会只有350天的民国第一届国会再次解散。

6月14日，张勋以调停为名率军进京。黎元洪逃离总统府，同时电请冯国璋代行总统职务。

7月1日，张勋宣布拥立溥仪为帝，宣布复辟帝制。

7月6日，冯国璋在南京宣布代理大总统职，任命段祺瑞为国务总理。

在府院之争中下了台的段祺瑞，以讨伐张勋为名从天津起兵，7月12日进京平息复辟帝制闹剧。

张勋复辟被粉碎后，再次出任国务总理的段祺瑞掌握了北洋政府的实权，采取强硬手段实行军阀统治。他以再造民国为由，拒绝恢复《临时约法》和重开民国国会，声称"一不要约法，二不要国会，三不要旧总统"。一方面，他通令各地指派新议员另行组织了一个由他控制的临时参议院；另一方面，发动第二次南北战争，出兵湖南以制两广，出兵四川以制滇黔。

段祺瑞的倒行逆施立即遭到孙中山等维护共和力量的坚决抵制和反对。孙中山毅然举起护法大旗，号召维护《临时约法》，恢复国会，号召国会议员南下召开国会，组织护法军政府，号召陆海军"为国民争回真共和"。从此开始了护法运动。

1918年5月，段祺瑞与日本签订《中日共同防敌军事协定》，遭到全国人民的强烈反对。5月21日，北京大学等校2000多名学生到总统府请愿，上海、天津、广东、福建等地学生举行集会或罢课，要求废除卖国条约。10月，全国学生救国会成立，进行反帝爱国活动。

第三节：1919 年 5 月 4 日
伟大的反帝爱国运动——五四运动

　　为了反对帝国主义列强在巴黎和会上损害中国主权、反对北洋军阀卖国政策，爆发了深刻影响中国历史的五四运动。1918 年 11 月，第一次世界大战结束。1919 年 1 月在英、美、法、意、日五个帝国主义国家操纵下举行的巴黎和会，实际是帝国主义列强重新瓜分世界的分赃会。作为战胜国的中国，北京政府派出代表团与会。对于这次和会，中国人民给予了很大的期待，希望作为战胜国，中国可以获得独立平等的国际地位。在全国人民的强大压力下，中国代表在会上提出了废除外国在华势力范围、撤退外国军队和巡警、撤销领事裁判权、归还租界、取消中日"二十一条"等要求。然而，中国的这些合理要求遭到了五个帝国主义国家的一致拒绝，不予列入和会讨论的范围。更有甚者，和会竟然按照日本代表的提议，将本应归还中国的德国在中国山东攫取的胶州湾租借地、胶济铁路以及在山东的其他权益无条件让与日本。虽然中国代表愤然指出"此次和会条件办法，实为历史所罕见"，并提出强烈抗议，但令国人震惊的是，北洋军阀政府居然在帝国主义列强的压力下，准备在这个丧权辱国的和约上签字。

　　这一奇耻大辱彻底激怒了密切关注和会进程的中国人民。消息传来，5 月 3 日晚，北京大学的 1000 多名学生和北京十余所高校的代表在北大集会，报告巴黎和会情况。与会者声泪俱下，热血沸腾，情绪激昂，号召大家奋起救国。大会当场决定：（一）联合各界一致力争；（二）通电巴黎专使，坚持合约上不签字；（三）通电全国各省市，于5月7日举行游行示威；（四）定于5月4日齐集天安门举行学界大示威。

5月4日下午，北京大学等13所大中专学校的学生3000余人冲破军警的阻挠，到天安门前集合。他们提出了"外争主权、内除国贼"、"废除二十一条"、"抵制日货"、"还我青岛"等口号，强烈要求拒绝在和约上签字，并惩办北京政府交通总长曹汝霖（原袁世凯政府外交次长，"二十一条"签字代表之一）、币制局总裁陆宗舆、驻日公使章宗祥（这三人均为对日借款和签订军事协定的经手人）。紧接着，学生示威队伍准备前往日本驻华使馆前抗议，受阻后，学生群众包围并冲进曹宅。曹汝霖躲藏起来没有被发现，学生们痛打了章宗祥并火烧曹宅，史称"火烧赵家楼"。事件发生后，大批军警出动镇压，逮捕32名示威学生。5月5日，在京各大中专学校学生宣布罢课。5月6日，北京中等以上学校学生联合会成立，学生们迅速组织起来。同时，接受马克思主义的青年开始展现力量，李大钊发表文章积极推动运动，积极参加学联工作，组织教职员支持学生运动。

北京政府虽然在两天后释放了被捕学生，但对学生提出的合理主张置之不理，逼走同情学生的北大校长蔡元培，扬言要严厉镇压学生的爱国运动。5月19日，北京学生再次宣布总罢课，他们走上街头向民众讲演，坚持进行爱国宣传和斗争。6月1日，北京政府下达命令，"表彰"被民众斥为卖国贼的曹汝霖、章宗祥、陆宗舆，宣布取缔学生的一切爱国活动。这更加激怒了学生。6月3日，学生们不顾禁令重新走上街头，北京政府再次出动军警镇压，当天有170多名学生被捕，第二天有700多名学生被捕，学生们不仅没有屈服，到6月5日，上街演讲的学生增加到了5000多人。

北京学生的爱国行动犹如一记暗夜里的惊雷，震动了全国。全国各地学生和社会各界立即给予了最大的响应和支持。学生运动迅速发展到全国，不仅各地学生开始罢课，而且出现了商人罢市、工人罢工的局面，形成全国性的反对帝国主义、反对卖国政府的运动。6月5日，上海日资棉纱厂工人带头，许多工人和店员纷纷参加罢工，高潮时达到十多万人。随后，沪宁铁路和沪杭铁路工人、京汉铁路工人、京奉铁路工人也相继罢工，工人罢工浪潮迅速扩展到全国20多个省100多个城市。中国工人阶级特别是产业工人，从来没有以如此巨大的规模参加反帝反封建的政治斗争。五四运动同时标志着中国工人阶级开始登上政治舞台。

慑于爱国运动的强大声势和威力，北京政府被迫于6月7日释放被捕学生。6月10日，曹汝霖、章宗祥、陆宗舆被"批准辞职"。但斗争并没有停止。6月16日，全国学生联合会在上海成立。6月17日，当得知北京政府悍然违背全国人民意志，要在《巴黎和约》上签字的消息后，全国学联立即号召并组织各地学生继续斗争，全国工人阶级和各界群众也发出最坚决反对的呼声。在法国巴黎，旅法华工、留学生和华侨数百人在和约签字前一天包围中国代表陆征祥驻地，强烈要求拒绝在和约上签字。

6月28日，在社会各界和舆论的强大反对声浪中，中国代表最终没有出席巴黎和会签字仪式。五四爱国运动取得伟大胜利。

　　五四运动是以一批先进青年知识分子为先锋、广大人民群众共同参与的伟大的反帝爱国革命运动。它直接针对帝国主义列强和卖国的北洋军阀政府，表现出来的反对帝国主义的彻底性是中国历史上前所未有的。在这场运动中，学生、工人阶级、工商业者、市民甚至农民都被发动起来，他们联合在了一起，展现了人民运动的强大力量，从此揭开了全民族彻底的反帝反封建斗争的序幕。

　　🔗 **时势链接：**

　　1917年，国际、国内都有大事发生。

　　国际上，在俄国，1917年11月7日，爆发了震惊世界的"十月革命"。

　　在中国，1917年的下半年也十分热闹。1917年6月13日，黎元洪第二次宣布解散第一届民国国会不久后，两个自行宣布的"中华民国国会"几乎同时在广州和北京产生。南方国会由拥护孙中山的第一届国会议员组成，北方国会由段祺瑞重新组织选举产生的新国会议员组成。南北两个国会对垒对五四运动前后全国政局的演变和发展产生重要影响。

　　在南方。吴景濂、王正廷等150多位第一届国会议员响应孙中山的号召大举南下，迅速召开国会，选举军政府，行使国家最高权力，宣布段祺瑞的北洋军阀政府为非法政府。1917年8月25日，在广州召开两院合一的"国会非常会议"（亦称"护法国会"），选举林森为参议院议长，王正廷仍为副议长；吴景濂为众议院议长，褚辅成为副议长。国会非常会议制定的《中华民国军政府组织大纲》规定，设立军政府，军政府设大元帅一人，元帅三人，由非常国会选举，大元帅对外代表中华民国。9月1日，非常国会选举孙中山为军政府大元帅。

以孙中山为首的军政府成立后，受南方军阀和非常国会内各派议员的掣肘，施政受阻。非常国会于1918年5月18日通过《中华民国联合军政府组织大纲》，由此联合军政府取代以孙中山为首的军政府。5月20日，选举唐绍仪、唐继尧、孙中山、伍廷芳、岑春煊、陆荣廷、林葆怿为联合军政府政务总裁（史称七总裁）。8月19日，联合军政府政务会议推举岑春煊为政务会议主席。孙中山愤然离开广州去了上海。孙中山推动的护法运动受挫。

在北方。1917年9月29日，段祺瑞政府则以孙中山和非常国会另立政府、分裂国家为罪名，下令通缉孙中山、吴景濂等人，同时坚持不恢复旧国会，而是产生新的国会。为此于11月10日在北京成立了临时参议院。

1918年2月临时参议院完成了对前《国会组织法》和两院《议员选举法》的修改后公布。据此，14个省区于1918年6月10日、20日分别选举出新国会的众议院议员和参议院议员。1918年8月12日，段祺瑞操控下的新国会成立。8月21日、22日先后选举王揖唐为众议院议长、梁士诒为参议院议长。新国会议员主要有三个派系：梁启超的研究系；梁士诒的交通系；而来自安福俱乐部的有330多位议员，取得新国会的压倒性多数，故坊间称新国会为"安福国会"。

1918年9月4日，新国会举行总统选举，徐世昌当选为中华民国大总统。10月10日，徐世昌在北京宣誓就任中华民国大总统。

1918年夏天的中国，南北两个中华民国国会摆开了擂台，全面对着干!

在北京的许多无法立足的第一届国会议员，对段祺瑞等安福系操纵新国会选举感到失望和不满，纷纷响应南方非常国会的召唤，南下广州参加国会。

1918 年 6 月 12 日，来到广州的中华民国第一届国会议员召开正式国会。依据议院法的有关规定，把 7 月 12 日后未到院的参众两院议员解职，由候补议员递补，满足了法定人数。8 月 19 日，参众两院议员召开联合会议，发表宣言，声明北洋政府之一切法律案、条约案，未经国会议决之前，统归无效。

从 8 月 20 日开始，南方非常国会改为正式国会（此时，北方的新国会正在举行选举，8 月 21 日、22 日选出了参众两院议长）。9 月 4 日南方国会通电全国，宣布北京国会无权选举总统（这一天，是北方国会的总统选举日，徐世昌当选为总统）。10 月 9 日，南方国会发表第三个通电，宣告"委托军政府代行国务院职权，摄行大总统职权"（10 月 10 日，徐世昌在北京宣誓就任大总统）。

南北的严重对峙，引起全国各方面的关注和忧虑。在各方的压力下，10 月 23 日，段祺瑞被免去国务总理职务，由钱能训暂代。同日熊希龄、张謇、蔡元培等社会名流宣布成立"和平期成会"，推动南北和平。这个团体，号称各门各派大团结，立即得到全国广泛响应。

10 月 25 日，大总统徐世昌发布和平令，宣布停火。11 月 25 日，南方军政府也下令停火。11 月 30 日，南方七总裁联名致电徐世昌，提议上海租界为南北谈判地点。

1919 年 2 月 20 日，举国瞩目的南北和平会议在上海举行。然而，南北和谈并不顺利。

就在南北和谈僵持不下的 5 月，一个更大的和会在法国巴黎举行，日本在和会上提出全盘接收德国在中国山东的权利，中国代表交涉失败，激起全国人民的愤怒，爆发了伟大的五四反帝爱国运动。

5月13日，南方和谈代表提出，绝对不承认巴黎和会处理山东问题的决议，取消一切中日密约等八条，对在涉及国家主权的问题上的意见北方代表都赞成，但在是否恢复旧国会问题上坚持不让步。全国人民翘首以盼的南北和谈终以南北代表总辞职而停了下来。

1919年6月11日，徐世昌以巴黎和会失利、南北和谈也失利向国会提出引咎辞职，未被国会批准。

虽然政见相左，但南北两国会议员都认识到，尽早通过宪法，就有了合法执政的最高法律依据。因此，两个国会几乎同时都将重新审议"天坛宪草"摆上议事日程。

在南方。1918年10月24日，国会宪法起草委员会正式会议开始审议，经过两个多月的激烈争论，但因国会等问题须待南北和谈结果而定，又一次停顿下来。一年多后，在南北和谈迟迟无果的情况下，南方国会再次启动宪法审议。1919年11月18日开会。由于南方国会内的民友、益友、政学三大政团派系对立严重，议员们在审议时互不相让，导致审议会议8次流会。到了1920年1月24日，国会召开宪法会议，因参议院不足法定人数未能正式审议。万般无奈，参议院议长林森即席发表悲切演说后含泪宣布，国会宪法会议闭会，停止议宪。至此，南方国会修改宪法之举再告休止。

在北方。安福国会于1918年12月，由参众两院各选出30名议员组成宪法起草委员会，对"天坛宪草"进行全面修改。经过半年多的工作，1919年8月，形成了新的宪法草案。由于议员们只能等待南北议和的结果而没有提交国会讨论。

至此，到了1919年的下半年，中华民国南北两个国会的修改宪法的工作，都停顿在宪法起草委员会的层面。国会未行审议。

1919 年 8 月 7 日，孙中山在上海宣布辞去联合军政府政务总裁一职。南方国会议决挽留。数名议员函请孙中山和在上海的议员返回广州。孙中山在上海，筹划把中华革命党改组为中国国民党。在广州，林森等议员积极推动改组联合军政府，选举孙中山为大总统。

1919 年 12 月 19 日，南方国会 100 多位议员在《民国日报》发表宣言，呼吁"速集国会议员，选举总统"。12 月 27 日，岑春煊因国会议员提出不信任动议而被迫辞职。

第四节：1920 年
陈独秀、李大钊最早创建中国共产党早期组织

1920 年春：李大钊、陈独秀分别在北京、上海发起成立马克思主义研究会

1920 年 8 月：陈独秀在上海主持成立中国第一个共产党组织，取名"中国共产党"

1920 年 10 月：李大钊在北京建立"共产党小组"，后定名"共产党北京支部"

1920 年夏至 1921 年春：武汉、长沙、广州、济南和旅日、旅法共产党的早期组织建立

五四运动后，随着马克思主义在中国的广泛传播并同中国工人运动相结合，一批确立了马克思主义信仰的先进分子的出现，推动了各地共产主义组织的迅速建立。

最早酝酿在中国建立共产党的是陈独秀和李大钊。他们逐步认识到，要用马克思主义改造中国，就必须建立一个无产阶级政党。1920 年 2 月，在护送陈独秀秘密迁往上海的途中，李大钊和陈独秀商讨了在中国建立共产党组织的问题。

1920 年 3 月，李大钊在北京大学组织成立马克思学说研究会，这既是中国最早的学习和研究马克思主义的团体，也为建党作了重要准备。4 月，俄共（布）远东局代表维经斯基来华，在北京、上海先后会见李大钊、陈独秀，讨论成立共产党的问

题，对中国共产党的成立起到一定的促进作用。

　　中国共产党早期组织，是在中国工人阶级最密集的中心城市上海首先建立的。

　　陈独秀到上海后不久，就开始到工人群众中宣传马克思主义。他到码头工人中了解罢工情况，到中华工业协会等劳动团体作调查。1920年4月2日，陈独秀出席上海码头工人发起的"船务栈房工界联合会"成立大会，并发表演讲，高度评价工人阶级在社会中的重要地位。4月中旬，陈独秀联合中华工业协会、中华工会总会等七个工界团体筹备召开"世界劳动节纪念大会"，并在筹备会上发表演讲，受到工界团体的拥戴，被推选为顾问。在陈独秀的指导下，上海各业5000多名工人于5月1日举行集会，提出"劳工万岁"等口号，通过了《上海工人宣言》。此后，陈独秀还主持创办《劳动界》等刊物，向工人宣传马克思主义。1920年5月，陈独秀在上海发起组织了马克思主义研究会，探讨社会主义学说和中国社会改造问题。6月，陈独秀与李汉俊、俞秀松、施存统、陈公培等人多次商议，决定成立共产党组织，并初步定名为社会共产党，还起草了党的纲领。后采纳李大钊的意见，决定定名"共产党"。

　　8月，陈独秀在上海《新青年》编辑部主持成立了中国的第一个共产党早期组织，取名为"中国共产党"，陈独秀任书记。11月，共产党早期组织拟定了《中国共产党宣言》，实际上是中国共产党的发起组织，是各地共产主义者进行建党活动的联络中心。1920年12月，陈独秀由上海赴广州后，李汉俊、李达先后代理过书记的职务。

10 月，李大钊在北京建立了"共产党小组"，11 月，决定将北京共产党小组命名为"共产党北京支部"，李大钊为书记。

在上海、北京党组织的影响下，武汉、长沙、广州、济南先后建立了共产党的早期组织。在武汉，1920 年 8 月，由刘伯垂主持，董必武、陈潭秋、包惠僧等参加，成立"共产党武汉支部"。在长沙，在毛泽东、何叔衡等人的积极活动下，1920 年冬，共产党的早期组织在新民学会先进分子中秘密诞生。在广州，在陈独秀的推动下，1921 年春，谭平山、谭植棠等成立共产党的早期组织，取名"广州共产党"。在济南，王尽美、邓恩铭于 1921 年春成立了济南的共产党早期组织。

各地共产党早期组织成立后，开展大量工作。主要有：研究和宣传马克思主义，研究中国实际问题；同反马克思主义思潮展开论战，帮助一批进步分子走上马克思主义道路；开展工人运动，促进马克思主义同中国工人运动的结合；建立社会主义青年团，培养造就后备力量等。

与此同时，在旅日、旅法的华人中，也成立了共产党的早期组织。旅法共产党早期组织多方面了解国际工人运动状况，阅读和介绍马克思主义，在学生和劳工中开展宣传工作，成为联系旅欧各国革命者和进步学生的中心，并于 1922 年发展成为中国共产党的旅欧支部。旅欧党组织为中国革命培养了一大批有才能的干部，其中有周恩来、蔡和森、赵世炎、李立三、陈毅、向警予、朱德、李富春、王若飞、陈延年、蔡畅、聂荣臻、李维汉、邓小平等，后来均成为党的杰出领导人。

《共产党宣言》中文版的出版，对马克思主义在中国的传播和共产党的成立起到了十分重要的作用。1920 年 2 月，上海的共产党早期成员陈望道秘密回到浙江义乌家中，潜心翻译《共产党宣言》。1920 年 8 月，《共产党宣言》中文全译本出版，成为马克思主义在中国传播史上的一件大事。

　　🔗 时势链接：

1920 年：一国三国会

南方出现了两个国会

　　一个国会是动议迁往上海或云南的国会。1920 年初，林森、吴景濂、褚辅成等国会议员和伍廷芳对岑春煊军政府秘密与徐世昌洽谈南北议和日益不满，筹划把国会搬到上海或云南，继续推进护法救国。清明节前后，他们携带国会印信、卷宗、经费，分批秘密离开广州到达香港。之后，一路 200 多人由林森、吴景濂带领前往上海，另一路由褚辅成带领前往昆明，开始了他们新的护法救国行动。5 月 5 日，在上海的国会议员决定将国会迁到云南。6 月 2 日，孙中山和林森、吴景濂等在上海召开会议，否认广州军政府和国会，宣布在云南组成合法的军政府。之后，林森、吴景濂等人历经辛苦，到达重庆，与另一路褚辅成等议员会合。然而，混战中的川、滇军阀，并没有礼遇这些国会议员。无奈，惊魂落魄的议员们又颠沛回到上海。之后，又几经周折，回到广州。这是后话。

　　另一个国会是留在广州的国会议员组成的非常国会。4 月 6 日，留在广州的 300 多名议员召开联席会议，推举孙光庭为参议院主席，陈鸿钧为众议院主席，代行议长职权，通电宣布吴景濂、林森带印潜逃。这些议员召开非常国会，选举岑春煊为大元帅。这便有了同时存在的第三个中华民国国会。

在北方，安福国会垮台，吴佩孚提出召开国民大会主张。

这时，徐世昌想绕过南北国会与岑春煊的广州军政府谈判，段祺瑞想绕开广州军政府，推动安福国会（北方国会）与林森、吴景濂的旧国会（南方国会）合作共同制宪。南北两方面之间的关系、南北内部各方面的关系犹如云雾山中。

1917 年以后，社会变乱不断。各地军阀为争夺地盘，大开杀戒。所幸尚未演变成全国性内战，这期间，南北议和时谈时停，新文化运动、五四运动、联省自治运动、废督裁兵运动的发生对南北政府的政策走向产生重要影响。1919 年 12 月，冯国璋病逝，曹锟成了直系首脑。

1920 年 6 月，直系军阀吴佩孚率军北上直捣北京。7 月 14 日，在张作霖奉军支援下大败皖军（直皖战争）。8 月 4 日，徐世昌下令解散安福俱乐部。8 月 31 日，安福国会（北方国会）宣布闭会。安福国会虽未被明令解散，但实际上已不能履行职权。

1920 年 8 月 1 日，吴佩孚在取得直皖战争胜利后制定了国民大会提纲（八条），提出推倒国会，召开国民大会的主张。吴佩孚的想法得到各地民间的响应，纷纷成立国民大会筹备会、策进会等团体，但遭到了张作霖等军阀的反对。

绕不过去的国会问题，再次摆到南北各方面前。

在北方。1920 年 9 月 10 日，由驻节保定的曹锟领衔，各省军民政长官 31 人联名通电，提出根据旧法，重召国会的建议。然而，安福国会虽已停摆，法律上依然存在；如果宣布安福国会非法，由它选出的徐世昌大总统的合法性就成了问题。徐世昌无路可退，只得下令宣布，1918 年由临时参议院修订的组织法、选举法统统无效，要求内务部依照民国元年的组织法和两院议员选举法，迅速筹备国会选举。

　　但是国会的名义又成为各方争论焦点：恢复民二国会（民国二年召开的第一届国会。后面类同。）南方通不过，因为南方国会一直称自己就是民二国会；保留安福国会，南北都通不过。只得硬着头皮再选出一个"新新国会"（因安福国会称为新国会）。1921年3月21日，国务院通电各省区，要求务必于4月底前完成选举。但全国最终只有苏、皖、鲁、晋、陕、甘、新疆、东三省、蒙古等11省区举行了选举。选出的议员，被称为"新新国会议员"，又称"民十议员"。因达不到召集国会的要求等法理问题均未理顺，选出的"民十议员"无法开会，只得待在北京无所事事。

　　在南方。几乎在安福会国会倒台的同时，在闽南护法取得成效的陈炯明率军占领广州。11月底，孙中山从上海到达广州，军政府任命了新成员，孙中山兼任军内政部长，陈炯明任陆军部长。

　　1921年元旦，孙中山发表新年演讲，宣布巩固中华民国基础，建立正式政府，抵制由北洋军阀控制的北方非法国会和非法总统。

第五节：1921 年 7 月 23 日至 30 日
中国共产党第一次全国代表大会在上海召开
宣告中国共产党诞生

党的一大在上海法租界李汉俊之兄李书城的住宅里开幕。

在浙江嘉兴南湖的一艘游船上举行最后一次会议。

党的一大通过的中国共产党的第一个纲领，确定党的名称为"中国共产党"。

党的一大旗帜鲜明地把社会主义和共产主义规定为自己的奋斗目标。

中国共产党的成立，是中华民族历史上开天辟地的大事变，是近代中国革命历史上划时代的里程碑。

从此，中国革命面貌焕然一新。

1921 年 3 月，在共产国际的建议下，召开了各共产主义组织的代表会议。会议发表了关于共产党组织的宗旨和原则的宣言，制定了临时性的纲领，确立了共产党组织的工作机构和工作计划，表明了党组织对社会主义青年团、工会、行会、文化教育团体和军队的态度。3 月的代表会议，实际上是中国共产党成立前的预备会议，为一大的召开从思想上、政治上、组织上作了重要准备。

1921 年 6 月，共产国际代表马林（荷兰人）和共产国际远东局书记处代表尼克尔斯基（俄国人）先后到达上海，与上海的共产党早期组织成员李达、李汉俊建立了联系。经过几次交谈，他们一致认为应尽快召开全国代表大会，正式成立中国共产党。李达、李汉俊同当时在广州的陈独秀、在北京的李大钊通过书信商议，决定在上海召开中国共产党第一次全国代表大会。上海党的发起组在李达的主持下进行了全国代表大会的筹备工作，并向各地党的组织写信发出通知，要求各派两名代表出席大会。7 月 23 日，来自北京、汉口、长沙、济南、广州和旅日党组织的 13 名各地代表到达上海，出席中国共产党第一次全国代表大会。

　　1921 年 7 月 23 日至 30 日，中国共产党第一次全国代表大会是在极其秘密的情况下召开的。大会先在上海法租界望志路 106 号（李汉俊之兄李书城住宅）召开，后转至浙江嘉兴南湖召开了最后一天的会议。出席大会的代表 13 名，他们是：上海代表李达、李汉俊，北京代表张国焘、刘仁静，湖南代表毛泽东、何叔衡，湖北代表董必武、陈潭秋，山东代表王尽美、邓恩铭，广东代表陈公博，旅日代表周佛海和陈独秀指派代表包惠僧，代表全国 50 多名党员。共产国际派马林和尼克尔斯基参加会议。陈独秀和李大钊因事务繁忙未出席会议。

　　大会的中心议题是正式建立中国共产党。大会开了 7 次会议。马林和尼克尔斯基出席了第一天的会议，对会议的召开表示热烈的祝贺，并介绍了共产国际的情况。在 7 月 24 日的会议上，各地代表报告了工作，交流了经验。7 月 25 日、26 日大会休会，由党纲起草委员会起草党的纲领和今后工作计划。7 月 27 日至 29 日，大会继续进行，详细讨论党的纲领和工作计划。

全体代表在党的性质、纲领和组织原则等主要问题上取得了基本一致的意见。

7 月 30 日晚，在举行第六次会议时，法租界巡捕房的一个暗探突然闯进会场，引起与会人员警觉。会议当即中断，代表们迅速分头离开会场。稍后，法租界巡捕赶来包围并搜查了会议地点。在这种情况下，会议无法继续在上海举行。于是，代表们分批转移到浙江嘉兴南湖，在一艘游船上召开了最后一天的会议。

党的一大确定党的名称为"中国共产党"。大会通过了中国共产党的第一个纲领，明确"革命军队必须与无产阶级一起推翻资产阶级的政权"，"承认无产阶级专政，直到阶级斗争结束"，"消灭资本家所有制"，旗帜鲜明地把社会主义和共产主义规定为自己的奋斗目标，坚持用革命的手段实现这个目标。

党的一大通过的《关于当前实际工作的决议》，要求党集中力量领导工人运动，对开展工人运动的组织工作和宣传工作作了具体规定。大会决定，党应采取独立的政策以维护无产阶级的利益，不同其他党派建立任何联系。

党的一大决定设立中央局作为中央的临时领导机构，选举陈独秀、张国焘、李达组成中央局，选举陈独秀担任书记，张国焘负责组织工作，李达负责宣传工作。

中国共产党的成立，是近代中国革命发展的必然产物，是中国人民在救亡图存斗争中顽强求索的必然产物，是实现中华民族伟大复兴的必然产物，是中国革命历史上划时代的里程碑，是中华民族发展史上开天辟地的大事变，具有伟大而深远的意义。

中国共产党第一次全国代表大会的召开宣告，中国共产党从此走上历史舞台。自从有了中国共产党，中国革命有了坚强的领导核心，灾难深重的中国人民有了主心骨，从根本上改变了近代以来中国人民反帝反封建的斗争屡遭挫折和失败的局面。中国共产党的建立，充分体现了开天辟地、敢为人先的首创精神，坚定理想、百折不挠的奋斗精神，立党为公、忠诚为民的奉献精神。这是中国革命的精神之源，精神之基，精神之本。

中国共产党成立后，中央局依据党的一大通过的纲领和决议，领导各地党组织迅速开展各项工作。1921 年 9 月，陈独秀从广州返回上海，主持召开了中央局扩大会议，着重讨论党团组织发展和工人运动等问题。10 月 4 日陈独秀被法租界逮捕，经多方营救，10 月 26 日被保释出狱。他出狱后，继续致力于党的工作，多次与马林、李达、张国焘等人商议，拟订开展工作的计划。1921 年 11 月，陈独秀以中央局书记的名义签署，向全国各地党组织发出《中国共产党中央局通告》，这是中央领导机构成立后下发的第一份文件。通告对党的组织发展、工人运动、宣传工作提出了计划和要求。

中央局和各地党组织按照通告要求积极开展工作。在宣传马克思主义方面，中央局1921 年 9 月在上海成立人民出版社，由李达负责，出版马克思、恩格斯的《共产党宣言》，列宁的《劳农会之建设》等著作，印发纪念马克思诞辰等小册子数万份，发动党员、团员大年初一走上街头宣传马克思主义。在工人运动方面，1921 年 8 月 11 日在上海成立党领导工人运动的第一个公开机构——中国劳动组合书记部，出版《劳动周刊》，扩大宣传和联络；相继在北京、汉口、长沙、广州、济南等地建立分部。1922 年 8 月总部迁往北京后，在上海也设立了分部。
各分部开设工人夜校、领导罢工斗争。

从此，中国革命的面貌焕然一新。

🔗 **时势链接：**
1921 年：
一国两总统　一国四国会

在南方。1921 年 4 月 2 日，非常国会在广州开会，议决取消军政
府，改总裁制为总统制。4 月 7 日下午，召开国会非常会议，到会参众
两院议员 222 人，推举林森为议长，褚辅成为副议长。会议表决通过
《中华民国政府组织大纲》后选举大总统。孙中山得票 218 张，当选为
中华民国大总统。

1921 年 5 月 5 日，孙中山在广州宣誓就任中华民国大总统。

这样，到了 1921 年 5 月，中国有了两位中华民国大总统：北方是
由段祺瑞控制的安福国会选出的徐世昌大总统，南方是由坚持护法斗争
的国会非常会议选出的孙中山大总统。

实际上，到了 1921 年上半年，就全国而言，有四个均称为中华民
国国会的群体同时存在：

在北方，有对国会被解散强烈不满的新国会议员（民七国会议员，
亦称安福国会议员），有刚刚当选的新新国会议员（民十国会议员）。

在南方，有以林森、吴景濂为参众两院议长的为护法而颠沛流离的
民二国会议员，有留在广州组成非常国会的民二国会议员。

第六节：1922 年 7 月 16 日至 23 日
中国共产党第二次全国代表大会在上海召开
第一次提出彻底的反帝反封建的民主革命任务

党的二大第一次提出彻底的反帝反封建的民主革命任务，第一次通过《中国共产党章程》，第一次提出组织民主的联合战线的主张。

中国共产党在成立后的一年里，通过学习和掌握马克思主义，经过革命斗争的实践，对国际国内形势、中国社会状况、中国革命的基本问题，开始有了进一步的认识。

1919 年巴黎和会后，帝国主义列强掀起瓜分中国的狂潮。由于美国在巴黎和会上没有获得预期利益，遂于 1921 年 11 月至 1922 年 2 月，在华盛顿发起召开了由美国、英国、日本、中国、法国、意大利、荷兰、比利时、葡萄牙 9 国参加的一次国际会议，史称华盛顿会议。会议讨论并签署的《九国关于中国事件适用各原则及政策之条约》（简称《九国公约》），实质上是新的"八国联军"重新瓜分中国的分赃协议。《九国公约》在确认美国所占优势的基础上，由帝国主义列强对中国进行联合统治和共同控制。华盛顿会议后，帝国主义列强都极力扩大各自在华的势力范围，从经济上、政治上加强对中国的掠夺和控制。日、英、美等国对中国的商品输入和在中国新设立的工厂、银行迅速增加。

帝国主义列强之间争夺的加剧及国际格局的新变化，给中国政治局势带来重大影响。由日本和英、美等国列强分别操纵控制的中国各派军阀之间抢夺地盘的纷争更加激烈，1920 年 7 月、1922 年 4 月爆发的直皖战争，第一次直奉战争及后来爆发的军阀混战，都是由日本、英国、美国等帝国主义列强操纵的，中国政局陷入内争迭起、战乱绵延的境地。

在这种形势下，对于中国的出路问题，虽然各派军阀、资产阶级改良派、民主派等政治势力提出各自不同的主张，但都解决不了中国的任何问题。1921 年 4 月，孙中山被在广州的国会非常会议选举为中华民国非常大总统后打算北伐，因陈炯明叛变，他的护法运动完全失败。

中国向何处去？中华民族的前途在哪里？许多爱国志士为此苦恼、彷徨和忧虑。正在此时，年轻的中国共产党把马克思列宁主义和中国革命实际初步结合起来，提出了中国民主革命的纲领。

中国共产党人在同反动统治阶级进行斗争的时候，很快发现，由于外国资本控制着中国大部分近代工业，各地的罢工斗争，都不可避免地同帝国主义发生冲突。在半殖民地、半封建的条件下，中国革命不首先进行反对帝国主义侵略，反对封建军阀统治的斗争，国家就不能独立，人民就不能解放，也就谈不到实现社会主义、共产主义的理想。

中国共产党在探索、制定适合中国国情的革命纲领的过程中，得到了列宁和共产国际的指导和帮助。这对年轻的中国共产党正确把握中国革命前进的方向起了重要作用。在 1920 年七八月间召开的共产国际第二次代表大会上，列宁系统阐述了关于民族和殖民地问题的理论。列宁指出，在第一次世界大战和俄国十月革命后，民族和殖民地问题已经成为世界无产阶级革命的一部分。大会通过的《关于民族和殖民地问题的补充提纲》指出："殖民地革命在初期并不是共产主义革命，然而，如果它从一开始就由共产主义先锋队来领导，革命群众就将逐渐获得革命经验，走上达到最终目的的正确道路。"在革命发展的第一阶段，应当是推翻外国资本主义，完成资产阶级民主革命任务，如土地分配等。列宁的论述和共产国际的文件，对中国革命具有重要指导意义。

为了揭露帝国主义国家利用华盛顿会议进行侵略扩张的面貌，广泛传播列宁的理论，号召远东各被压迫民族开展反帝反封建的民族民主运动，共产国际于1922年1月底至2月初召开远东各国共产党及民族革命团体第一次代表大会。出席这次大会的中国代表团由44人组成，其中有共产党员14人。这是中国共产党成立后第一次正式派出代表参加大型国际会议。

这次大会揭露了华盛顿会议的实质及其瓜分中国的图谋，交流了革命斗争经验，对于中国共产党人认清中国国情和制定中国民主革命的纲领，起到了很大的作用。会议期间，列宁抱病接见了中国共产党代表张国焘、中国国民党代表张秋白和铁路工人代表邓培。他十分关心中国革命问题，希望国共两党实现合作，勉励中国工人阶级和革命群众加强团结，推动中国革命向前发展。

这一时期，党一方面通过革命实践探索中国革命的基本问题，一方面接受列宁关于民族和殖民地问题的理论，逐渐酝酿和形成了一个大体上符合中国国情的革命纲领。

党首先向工会组织和青年团组织宣传反帝反封建的政治主张。1922年5月召开的第一次全国劳动大会和中国社会主义青年团第一次代表大会，接受了中国共产党提出的"打倒帝国主义"、"打倒军阀"的政治口号。

1922年6月15日，中共中央发表《中国共产党对于时局的主张》，指出帝国主义的侵略和军阀政治是中国内忧外患的根源，也是人民遭受痛苦的根源；解决时局问题的关键是，用革命手段打倒帝国主义和封建军阀，建立民主政治；中国共产党主张同国民党等革命党派、革命团体，建立民主主义的联合战线，反对共同敌人，使中国人民从帝国主义和封建军阀的双重压迫下解放出来。

这是中国共产党第一次就中国民主革命的重大问题，向社会各界公开自己的政治主张，也是党运用马克思列宁主义分析中国社会状况，解决职工革命问题的新起点。它为党的二大完成制定党的民主革命纲领的历史任务奠定了基础。

1922年7月16日至23日，中国共产党在上海举行第二次全国代表大会。大会的第一次全体会议在上海原公共租界南成都路辅德里625号举行。出席大会的有党的中央局成员、地方组织的代表等，他们是陈独秀、张国焘、李达、杨明斋、罗章龙、王尽美、许白昊、蔡和森、谭平山、李震瀛、施存统等12人（有1名代表姓名不详），代表着全国195名党员。共产国际代表维经斯基参加了会议。

党的二大的中心议题是进一步讨论和确定党在民主革命时期的纲领问题。陈独秀主持大会并代表中共中央作工作报告。大会经过认真讨论，通过了《世界大势与中国共产党》、《民主的联合战线》、《中国共产党加入第三国际》、《工会运动与共产党》、《国际帝国主义与中国和中国共产党》、《共产党的组织章程》等9个决议案和《中国共产党章程》，发表了《中国共产党第二次全国代表大会宣言》。大会选举了新的中央领导机构——中央执行委员会，陈独秀、张国焘、蔡和森、高君宇、邓中夏为中央执行委员，选举陈独秀为中央执行委员会委员长，蔡和森、张国焘分别负责宣传、组织工作。

党的二大通过的宣言是一份具有重大历史意义的文件。宣言提出了党的奋斗目标是：消除内乱，打倒军阀，建设国内和平；推翻国际帝国主义的压迫，达到中华民族完全独立；统一中国为真正的民主共和国。宣言指出：党的目的是要"组织无产阶级，用阶级斗争的手段，建立劳农专政的政治，铲除私有财产制度，渐次达到一个共产主义的社会"。

党的二大在坚持党的一大规定的党的最高纲领的同时，制定了现阶段民主革命纲领，即党的最低纲领，明确提出彻底反帝反封建的民主革命任务。

党的二大明确提出反帝反封建的民主革命纲领，在中国革命史上是破天荒的。鸦片战争以来，由于历史条件的限制，还没有哪一个阶级或政党，能够正面提出这一政治主张，从而找到解决中国社会主要矛盾的钥匙。年轻的中国共产党成立刚刚一年，就以马克思列宁主义为指导，提出了首先进行民主革命然后再进行社会主义革命的正确纲领，对中国革命具有重大而深远的意义。

党的二大通过的《中国共产党章程》，是党成立后的第一个党章，明确阐明了党的民主集中制原则，对党员条件、党的各级组织的建设和党的纪律作了具体规定。

党的二大通过的《关于"民主的联合战线"的议决案》，号召全国的工人、农民团结在共产党的旗帜下进行斗争；同时提出联合全国一切革命党派，联合资产阶级民主派，组织民主的联合战线，并决定邀请国民党等革命团体举行联席会议，共商具体办法。这样就改变了党的一大文件关于不同其他党派建立任何联系的规定。这是党最早提出关于统一战线的思想和主张，对推动中国革命的发展有着重大意义。

党的二大后，为了贯彻民主革命纲领，建立民主联合战线，中共中央相继派李大钊、陈独秀同孙中山等国民党领导人会晤，商谈国共合作问题。

1922 年 8 月 29 日至 30 日，中共中央执行委员会在杭州西湖举行会议（"西湖会议"），陈独秀、李大钊、蔡和森、张国焘等人和共产国际代表马林出席。马林根据共产国际的指示，建议中国共产党党员以个人资格加入国民党，实现国共合作。会议经过充分讨论，决定在孙中山改组国民党的条件下，由共产党少数负责人先加入国民党，同时劝说全体共产党员以个人名义加入国民党。这次会议是中国共产党关于国共合作政策由党外合作到党内合作的转折点。

最终接受党内合作的方式，其原因除了作为共产国际的一个支部，中国共产党必须服从其决定外，还因为党对中国国情有了进一步的认识。这时的中国共产党是一个比国民党年轻得多的政党，党员数量也少得多，并处在秘密状态，活动受到很大的限制。以共产党员个人身份参加国民党，为党开展公开活动，建立反帝反封建的联合战线开辟了一条新的路径。西湖会议后，李大钊、陈独秀、蔡和森、张国焘等首先以个人身份加入国民党；一年后，西湖会议的决定得到贯彻执行。

𝒪 时势链接：

1922 年：中共主张切中时弊

南北国会重拾于一

1922 年 6 月 15 日，中共中央发表《中国共产党关于时局的主张》，这个重要文献论述的 10 个问题，清醒判明了当时中国的复杂政情，明确指出依靠袁世凯式皇帝总统的军阀恢复国会以维法统和依靠诸侯军阀割据的联省自治，都根本不可能解决中国的时局；提出革命的民主派及革命的社会主义各团体共同建立一个民主主义的联合战线，向封建军阀继续斗争的正确主张。

在南北国会继续对峙的情势下，一部分主张恢复旧国会的力量占据了上风。

在北方，1922 年 5 月 5 日，长江上游总司令孙传芳发表通电，主张请黎元洪复职，召集 1917 年的旧国会，同时要求南北两总统同时下野。江苏督军齐燮元、河南督军冯玉祥等也呼吁"恢复法统，进行统一"。

5 月 24 日，部分第一届国会两院议员在天津成立第一届国会继续开会筹备处。6月1日，召开筹备处第二次会议，由王家襄、吴景濂领衔发表通电，从即日起第一届国会正式恢复职权，宣布徐世昌为非法国会选出，应即下台。

6月2日，由段祺瑞操纵的安福国会选举的大总统徐世昌被迫宣布辞职，从此彻底退出政治舞台。

6月3日，蔡元培、胡适等200余名社会名流联名致电孙中山和广州非常国会，呼吁南北两总统同时下野，敦促国会议员早日北上。北方学者在徐世昌宣布辞职后的第二天就发出强烈呼吁，客观评价了孙中山领导的护法斗争的正义性，反映了全国各界渴望结束战乱、稳定政局的良好愿望。

徐世昌辞职后，6月11日黎元洪在王家襄、吴景濂等国会议员和曹锟等10省督军、省长的劝请下复任总统。

6月12日，黎元洪大总统下令撤销1917年所发布的国会解散令，敦促两院议员克期入都，继续行使职权。

在南方，6月16日，在美英等帝国主义的支持下，陈炯明发动军事政变围攻总统府，孙中山脱险登上永丰舰指挥海军与粤军激战，失利后被迫离开广州去往上海。

陈炯明叛变革命，使孙中山丢掉了依靠南方军阀打倒北方军阀的幻想，也放弃了通过旧国会实现政治抱负的愿望，坚定了实行联俄联共扶助农工政策的决心，在共产国际和中国共产党的真诚支持下，建立黄埔军校和革命武装，支持农民运动和工人运动成为新的北伐的强大阶级力量。

而对于一些仍对重开国会抱有幻想的旧国会议员来说，除了开国会，他们还有什么事可做呢？南方国会议员对徐世昌辞职、黎元洪复职后下达的重开旧国会的总统令还是作出了回应，经过争辩，他们陆续离粤北上参加重开的国会。

1922 年 8 月 1 日，分散多年的身在南北各地的国会议员再度聚会北京，第一届中华民国国会再次正式开会。

由此，第一届国会自 1917 年 6 月 13 日闭会后实现了第二次复会，史称"国会第二次恢复"。从法理上说，尽管重开后的国会立即进入了新一轮的政治纷争，国会乱象还在继续，但国会的第二次恢复，结束了国家政体南北分立、一国三国会、一国两总统的局面，动荡纷乱的中华民国名义上重新由一个国会、一位总统行使职权了。

第七节：1921 年底至 1923 年 2 月
在中国共产党领导下
中国工人运动形成第一次高潮

中国共产党成立后，从中央到地方各级组织都以主要精力领导工人运动。1921 年 8 月，在上海成立了领导全国工人运动的公开机构——中国劳动组合书记部，总部原设在上海，后来迁往北京，并在北京、武汉、长沙、广州、上海建立了分部。劳动组合书记部还创办刊物《劳动周刊》，开办补习学校，派党员深入到工人群众当中去，宣传马克思主义，启发工人觉悟，党在工人中和整个社会上的政治影响日益扩大。

在中国共产党的发动和领导下，中国工人运动很快出现蓬勃兴起的局面。从 1921 年下半年开始，上海、武汉、广东、湖南、直隶等地和铁路、采矿等行业相继爆发工人罢工斗争。1922 年 1 月，长沙华实纱厂罢工工人遭反动军阀赵恒惕屠杀激起全国公愤。从 1922 年 1 月至 1923 年 2 月，持续 13 个月的时间里，全国爆发的罢工斗争达 100 多次，形成了中国工人运动的第一次高潮，锻炼了工人阶级队伍，巩固了党的阶级基础，扩大了中国共产党在全国的政治影响。

——这次工人运动高潮的起点是香港海员大罢工。香港中国海员长期遭受英帝国主义的殖民统治和种族歧视，工资待遇不及白人海员的五分之一，过着非常艰难痛苦的生活。

1921 年 3 月苏兆征、林伟民等人组织成立中华海员工业联合总会。1922 年 1 月 12 日，海员们提高工资的要求在屡遭资方拒绝的情况下，开始举行罢工。在香港工作的中国工人 2 月底举行总同盟罢工支援海员罢工，罢工浪潮很快席卷整个香港。3月 4 日，港英当局血腥屠杀工人，激起广大工人和各阶层群众的强烈义愤，罢工继续扩大，使香港的海上航运、市内交通陷入瘫痪，工厂停产、商店关门，终于迫使港英当局取消封闭海员工会的命令，答应为海员增加 15%—30% 的工资。这场罢工斗争坚持了 56 天，终于取得胜利。香港海员罢工的胜利，有力打击了帝国主义的气焰，极大鼓舞了中国工人阶级。此后，长江船员和上海、苏州、无锡工人相继罢工。1922 年 5 月，中国共产党以中国劳动组合书记部的名义，在广州召开第一次全国劳动大会，形成 10 项决议并发表大会宣言，加强了对日益高涨的工人运动的领导，推动工人运动的发展。

党的二大密切关注工人运动，大会通过关于工会运动的决议案，对各地党组织加强对工人运动的领导提出了要求。

党的二大后，工人运动继续高涨，中国工人阶级日益成长为具有全国影响的重要政治力量。1922 年 8 月，直系军阀控制下的北京政府宣称要重开国会，制定宪法，中国共产党利用这个机会，由中国劳动组合书记部提出劳动法大纲，要求国会通过，并且动员全国工人广泛开展劳动立法运动。这是中国共产党第一次向国会提出的立法大纲。劳动法大纲包括劳动立法的四项原则（即保护工人政治上的自由，改良经济生活，参加劳动管理，对工人实行劳动补习教育）和《劳动立法大纲》19 条（主要内容有：承认劳动者有集会结社、罢工等权利，实行八小时工作制，保护女工、童工，保障劳动者的最低工资等）。劳动法大纲得到各地工人的热烈拥护。这次劳动法立法运动，对推动工人运动的继续高涨起了重要的作用。

1922年下半年，罢工高潮在全国各地普遍兴起。在北方地区，工人运动特别是铁路工人的罢工斗争发展很快。在党的领导下，京汉路长辛店工人罢工、京奉路山海关铁厂工人罢工、唐山制造厂工人罢工、正太路工人罢工等都取得了部分胜利。

在南方地区，湖北、湖南都成立了地方工会，汉冶萍总工会成为最大的产业工会。在风起云涌的罢工斗争中，安源路矿工人大罢工产生重大影响。安源路矿是德国、日本资本控制的汉冶萍公司的一部分，共有1.7万工人，工人们劳动条件差，生活非常困苦。湖南党组织非常关心安源路矿工人的疾苦。1921年秋冬，中共湖南支部书记毛泽东两次到安源调查，向工人进行宣传。1922年安源路矿工人俱乐部（工会）成立。9月初，毛泽东再次来到安源，对罢工进行部署。接着，党组织又派刘少奇到安源和李立山一起组织领导罢工。9月14日举行罢工，迅速得到全国各地工会的声援和社会舆论的支持。由于工人们的坚决斗争和社会各界的声援，路矿当局被迫接受工人们提出的要求，安源路矿工人罢工取得完全的胜利。这次罢工，是中国共产党第一次独立领导并取得完全胜利的工人斗争，是中国工人运动史上的一次壮举。

1922年10月23日，中国共产党在北方领导的开滦煤矿工人大罢工爆发。5万多名矿工参加的罢工坚持了20多天，遭到了帝国主义者和封建军阀的残酷镇压。

　　1923年2月初，中国共产党组织领导了京汉铁路工人大罢工。1923年2月1日，京汉铁路总工会在郑州举行成立大会，遭到大批军警的阻挠和破坏，工人代表不顾生死，冲进会场，宣布京汉铁路总工会成立。当天，反动军警强行捣毁总工会总部。总工会决定自2月4日起进行总罢工。2月4日上午，各种车辆在3小时内全部停开，大罢工开始，从长辛店到江岸1200多公里长的京汉铁路顿时瘫痪。到第三天，武汉各工团代表和江岸1万多名工人举行了大规模的游行示威。京汉铁路工人大罢工的爆发，引起帝国主义列强的恐慌。

　　2月7日，吴佩孚在帝国主义势力的支持下，调动两万多军警镇压罢工工人，制造了"二七惨案"。在汉口、郑州、长辛店等地疯狂杀死工人50余人，伤数百人，逮捕40余人。在同敌人的斗争中，共产党员和广大工人表现得无比坚强。京汉铁路总工会江岸分会委员长、共产党员林祥谦，武汉工团联合会法律顾问、共产党员施洋等壮烈牺牲。

　　"二七惨案"后，中国共产党发表告工人阶级和国民书，号召全国人民和工人阶级团结起来，打倒压迫和残杀工人的军阀，为自由而奋斗。全国各地迅速掀起一个声势浩大的声讨军阀、支援京汉铁路工人的运动。京汉铁路工人大罢工是党领导的第一次工人运动高潮的顶点，进一步显示了中国工人阶级的力量，扩大了中国共产党在全国人民中的影响。它以工人的生命和鲜血唤醒了中国人民，使他们认识到帝国主义和封建军阀是中国各族人民不共戴天的敌人，必须与之斗争到底。

　　这一时期，中国共产党领导的农民运动、青年运动、妇女运动也呈现出新的面貌。1922 年下半年到 1923 年上半年，共产党员彭湃领导的广东海陆丰农民运动轰轰烈烈，迅猛发展。在广西，1923 年 7 月，韦拔群领导的农民革命武装攻打东兰县城，建立革命政权。1926 年底韦拔群加入中国共产党，后将起义队伍改编为红七军主力，参加了邓小平领导的百色起义。在共产党员的发动下，1921 年 9 月，浙江萧山衙前村农民建立起中国第一个农民协会。1923 年 9 月，湖南岳北的工人运动和农民运动相互支援，并成立了岳北农工会。1922 年 5 月 5 日至 10 日，中国社会主义青年团第一次全国代表大会在广州召开，标志着中国共产党领导的中国青年运动出现新局面。党的二大作出的关于妇女运动的决议，推动了妇女运动的发展。党的自身建设在创建时期也取得初步成效，使党以无产阶级先锋队的面貌，迅速从中国各政党和团体中脱颖而出，获得中国工人阶级和劳动群众的信赖，为党领导中国革命走向高潮作了思想上、政治上、组织上的准备。

第八节：1923 年 6 月 12 日至 20 日
中国共产党第三次全国代表大会在广州召开
作出共产党员以个人身份加入国民党的决定
促进第一次国共合作形成

1922 年第一次直奉战争后，由英、美等国支持的曹锟、吴佩孚为首的直系军阀控制了中央政权。1923 年 3 月，他们在洛阳召开军事会议，加紧推行武力统一中国的计划，再次挑起军阀混战。到 1924 年，参加混战的兵力达 45 万人，战火燃遍全国大部分省区。全国经济萧条，生灵涂炭。

中国的政治、经济状况和京汉铁路工人大罢工惨遭吴佩孚镇压的教训，促使中国共产党人采取积极步骤去联合孙中山领导的国民党建立联合战线。

此前，共产国际根据马林的提议，于 1923 年 1 月 12 日作出《关于中国共产党与国民党的关系问题的决议》。决议认为，中国工人阶级"尚未完全形成独立的社会力量"；中国国民党是"中国唯一重大的国民革命集团"，中国共产党在民主革命中同国民党合作是必要的，它的党员应该"留在国民党内"，但共产党要保持自己在政治上的独立性。这个决议传到中国后，对促进国共合作起了重要的作用。

1923 年 6 月 12 日至 20 日，中国共产党第三次全国代表大会在广州举行。出席大会的代表 30 多人，代表全国 420 名党员。共产国际代表马林参加大会。陈独秀代表第二届中央执行委员会作报告。大会的主要议题是讨论共产党员加入国民党问题。

在大会讨论中，发生了激烈争论。陈独秀和马林认为：中国革命目前的任务，只是进行国民革命，不是进行社会主义革命；国民党是代表国民革命运动的党，应成为革命势力集中的大本营；共产党和无产阶级现在都很幼弱，还没有形成一个独立的社会力量。因此，全体共产党员、产业工人都应参加国民党；凡是国民革命的工作，都应当由国民党组织进行。张国焘、蔡和森等承认反帝反封建的国民革命是中国革命的重要任务，但反对全体共产党员特别是产业工人加入国民党，认为那样做就会取消共产党的独立性，把工人运动送给国民党。不难看出，争论双方的认识都有正确的一面，同时又存在片面性。

经过两天的热烈讨论，大会接受共产国际关于同国民党合作的指示，通过《关于国民运动及国民党问题的议决案》、《中国共产党第三次全国代表大会宣言》等文件。这些文件指出：党的现阶段"应该以国民革命运动为中心任务"，采取党内合作的形式同国民党建立联合战线，"共产党员应加入国民党"，"使全中国革命分子集中于国民党"。文件还规定了保持党在政治上、思想上、组织上的独立性等一些原则。

大会选举陈独秀、蔡和森、李大钊、谭平山、王荷波、毛泽东、朱少连、项英、罗章龙为中央执行委员会委员。由陈独秀、蔡和森、毛泽东、罗章龙、谭平山组成中央局，陈独秀为委员长，毛泽东为秘书，罗章龙为会计，负责中央日常工作。

党的三大决定采取共产党员以个人身份加入国民党的方式

实现国共合作，解决了革命发展中的这个重要问题，就能够在孙中山这面旗帜下，通过国共两党的共同努力，广泛发动群众，发展革命力量，加速推进民主革命进程。这既有利于国民党的改造，又有利于共产党走上更广阔的政治舞台。这是党的三大的重要历史功绩。

党的三大以后，国共合作的步伐逐渐加快。党的各级组织做了许多思想工作，动员共产党员和进步青年加入国民党。虽然同国民党相比，这时的共产党还是一个历史很短、人数很少的政党，但是中国共产党通过上述办法，对国民党改组发挥了重大促进作用。1923 年南方的革命形势发生了很大变化。同年 3 月，孙中山在广州建立大元帅大本营，多次击败叛军陈炯明部的进攻，控制了珠江三角洲和广东中部，并拥有一支数万人的军队。广东革命根据地的建立使之成为国民革命运动发展的重要阵地。

🔗 时势链接：

1923 年：

国会再分南北

曹锟贿选当上大总统

国会从此臭不可闻

过去的一年，第二次恢复的民国第一届国会是在杂乱中熬过来的：国会内民六、民八议员合法性之争一直不断；黎元洪复职的合法性争论不断；在组阁、倒阁问题上的争论不断（内阁总理就换过唐绍仪、王宪惠、汪大燮、张绍曾等人）；没完没了的制宪会议仍无结果。曹锟为当选接任总统加紧动作……

一年前被议员和军阀连哄带骗地复职的黎元洪大总统又一次被军阀和政客抛弃了！1923 年 6 月 13 日，黎元洪把印信交给姨太太藏在法国医院，只身离开北京去了天津，在天津车站被直隶省长王承斌胁迫签署辞去中华民国大总统职务的命令。

在南方，1923 年 1 月 15 日，陈炯明宣告下野。2 月 15 日，孙中山重返广州，取消大总统称号，续行大元帅职权。委任谭延闿为湖南省长兼湘军总司令，为开始新的北伐作准备。黎元洪出走后，孙中山致函在北方的议员，希望他们力持正义，以离开国会南下来抵抗窃国权者。

在北方，北京王用宾等国民党议员发出通告，劝国民党议员"全体南下，自由集会"。475 位议员联署，请孙中山速复总统职。6 月 16 日，褚辅成等 200 多名反对派议员在发表《离京宣言书》后到天津、上海集结。大批国会议员南下，宣布在上海召开国会。1923 年 6 月下旬，国会议员陆续从天津到达上海。到 7 月中旬，已有 317 位在上海报到。

7 月 14 日，南下议员在上海湖北会馆举行"移沪集会式"。会议发表宣言，宣布一俟议员人数足够法定，即开正式国会。部分南下议员把黎元洪请到上海出席议员谈话会，因到会议员意见不一，只得作罢。10 月 8 日，黎元洪黯然离开上海赴日本休养，从此淡出政坛。

留在北方的国会议员召开国会，通过宪法，选举总统。按照国会原定的日程，10 月 10 日是公布宪法和选举总统的日子，时间已经相当紧迫。

8 月 24 日，吴景濂在北京召集议员开谈话会，当场议定议员每出席一次会议，发银元百元，以确保有足够人数开会，被部分离京议员以

"行贿罪"告发。9月12日召开总统选举会，因不足法定人数而不欢而散。曹锟以每位议员5000元贿购选票，遭到483位离京议员通电痛斥。10月1日，曹开始向国会议员发放支票，遭议员告发。10月4日，国会宪法会议"二读"通过《中华民国宪法》。国会通告，翌日（10月5日）进行大选。

　　1923年10月5日下午，到院两院议员593人，已凑足法定人数，当即投票，曹锟得票480张，依《大总统选举法》当选为中华民国大总统。

　　10月8日，《中华民国宪法》全文"三读"通过，10月10日公布。争论了10年的宪法，算是尘埃落定。曹锟当日宣誓就职。

　　曹锟贿选，举国哗然。北洋军阀的倒行逆施激起全国人民的愤慨。1923年10月8日，孙中山下令讨伐曹锟，通缉贿选议员，并通告各国使团不得承认伪总统。

　　曹锟贿选丑闻暴露后，全国各地爆发了声势浩大的讨曹怒潮。参与贿选的"猪仔议员"同时成了各地民众和学生抗议的目标。安徽芜湖、安庆先后爆发示威学生打砸贿选议员住宅事件，震惊全国。抗议学生的这种行为，表达了对"猪仔议员"贿选的强烈不满，同时也是对民国国会成立十年来表现的强烈不满。

　　国会众议院议长吴景濂因参与曹锟贿选事件声望大跌，12月21日带着众议院印信逃到天津，虽发表通电示硬，但再也没有机会翻身。这位历经中华民国国会十年风风雨雨、"以殉国殉宪号称于世"、曾四度出任民国国会议长的风云人物，从此结束政治生涯。

　　"猪仔议员"这个恶名，成了当时人们称呼国会的代用词。尽管未参与贿选的279名国会议员宣布成立的国会非常会议作了最后的呼喊，但中华民国国会已山穷水尽，臭不可闻，难逃消逝的厄运。

第九节：1924 年
第一次国共合作正式形成

1922 年，中国共产党人赋予孙中山提出的"国民革命"口号以反帝反封建的新含义，在大革命的浪潮中发挥了唤起和团结民众的重大作用。1923 年 3 月，孙中山在广州建立大元帅大本营，使广东初步成为国民革命运动的重要阵地。6 月，中国共产党三大以后，国共合作的步伐逐渐加快。党的各级组织做了许多思想工作，动员共产党员和进步青年加入国民党，积极推进国民革命运动。1923 年 12 月 25 日，中共中央发出通告，要求每省有一名共产党员当选为国民党代表，出席即将召开的国民党一大。在共产国际和中国共产党力促下，孙中山改组国民党。孙中山排除重重障碍，积极推进国民党的改组工作。他聘请苏联政府代表鲍罗廷为政治顾问，任命廖仲恺和共产党员李大钊等 5 人为国民党改组委员。各地的共产党人李大钊、毛泽东、何叔衡、王尽美等积极参加国民党改组工作。

1924 年 1 月 20 日至 30 日，中国国民党第一次全国代表大会在广州举行。大会由孙中山主持。出席开幕式的代表 165 人中，共产党员有 20 多人，其中包括李大钊、谭平山、林祖涵、张国焘、瞿秋白、毛泽东、李立三等。李大钊被孙中山指派为大会主席团成员。谭平山任共产党党团书记，并代表国民党临时中央执行委员会在大会上作工作报告。在大会选举的中国国民党中央执行委员会中，共产党员李大钊、谭平山、于树德、毛泽东、林祖涵、瞿秋白、张国焘、于方舟、韩麟符、沈定一当选为中央执行委员会委员或中央候补执行委员，约占委员总数的四分之一。在接着召开的国民党一届一中全会上，推选廖仲恺、谭平山、戴季陶为中央常务委员。在成立的国民党中央党部中，共产党员谭平山任组织部长、林祖涵任农民部长、彭湃等三人为部秘书。共产党员加入国民党后，帮助国民党在全国得到空前发展。国民党的许多地方党部实际负责人都是共产党员。

中国国民党第一次全国代表大会召开，标志着国民党改组的完成和第一次国共合作的正式形成，是中国共产党实践民主革命纲领和民主联合战线政策的重大胜利，也是孙中山晚年推进中国革命的一大历史贡献。大会通过的宣言和章程，事实上确立了联俄、联共、扶助农工的三大政策，是国共合作的政治基础。共产党员加入国民党后，在各地积极帮助创建和发展国民党组织；积极支持国民党建立革命军，国共合作创建黄埔军校。

1924年5月，黄埔军校开学。在第一期学员中有陈赓、徐向前、左权等共产党员。周恩来出任黄埔军校政治部主任，恽代英、聂荣臻等共产党员担任政治教官。

国共合作的实现，促进了工人、农民、学生、妇女等革命群众运动的开展。广东沙面工人罢工，打破了二七惨案以来工人运动的消沉状态，各地工人运动在中国共产党领导下逐渐得到复兴。国民党确定农民运动计划，在广州举办农民运动讲习所，在共产党员彭湃、毛泽东等支持下，为广东等20多个省培养700多名农运骨干，有力地促进了全国农民运动的开展。学生运动、妇女运动也都呈方兴未艾之势。

中共三大后，1923 年 7 月，中国共产党发表《第二次对于时局的主张》，首次阐明了"国民会议"的主张，提出以国民会议取代国会，成为民意机关和立法机关，并具有组织政府的权力。

1924 年 10 月 23 日，受革命影响的直系将领冯玉祥在第二次直奉战争期间发动北京政变，推翻直系首领曹锟、吴佩孚控制的北京政府，将所部改称中华民国国民军。

冯玉祥发动北京政变后北方局势开始出现有利于革命的新变化。冯玉祥电邀孙中山赴北京共商国是。段祺瑞、张作霖也不得不发出表示欢迎的电文。孙中山接受冯玉祥的邀请，绕道日本北上。11 月 19 日，中国共产党发表对于时局的主张，重申一年前提出的召开国民会议的主张。

1925 年 3 月 12 日，革命伟人孙中山在北京病逝。孙中山的突然辞世，使全国人民结束军阀混战，实现国家和平稳定的希望再一次破灭，也使所有指望重开旧国会的旧国会议员们的幻想完全破灭。

1924 年冬至 1925 年春，在国共两党共同推动下，全国各阶层纷纷组织国民会议促成会，强烈呼吁铲除封建势力，建立民主共和政体，反对北洋军阀段祺瑞政府召开善后会议。这场国民会议运动和 1925 年夏兴起的废除不平等条约运动蓬勃发展，预示着一场革命风暴即将来临。

第十节：1925 年 1 月 11 日至 22 日
中国共产党第四次全国代表大会在上海召开
第一次明确提出无产阶级在民主革命中的领导权和工农联盟问题

1925 年 1 月 11 日至 22 日，中国共产党第四次全国代表大会在上海召开。出席会议代表 20 人，代表全国 994 名党员。维经斯基参加了大会。陈独秀代表第三届中央执行委员会作工作报告。

这次会议对中国革命的一些基本问题进行了比较系统的探讨，在党的历史上第一次明确提出无产阶级在民主革命中的领导权和工农联盟问题。

关于无产阶级领导权问题，大会指出，中国民主革命是"十月革命后，广大的世界革命之一部分"，对于这场革命，无产阶级"不是附属资产阶级而参加，乃以自己阶级独立的地位与目的而参加"。民主革命"必须最革命的无产阶级有力的参加，并且取得领导的地位，才能够得到胜利"。

关于工农联盟问题，大会强调，中国革命需要"工人农民及城市中小资产阶级普遍的参加"，其中农民是"重要成分"，"天然是工人阶级之同盟者"，无产阶级及其政党如果不发动农民起来斗争，无产阶级的领导地位和中国革命的成功是不可能取得的。大会还提出在"反对国际帝国主义"的同时，既要"反对封建的军阀统治"，又要"反对封建的经济关系"。

　　大会指出，右的倾向是党内主要危险，共产党员要做到，在国民党和党外坚持彻底的民主革命纲领，保持自己的独立性。但是，党的四大对如何实现无产阶级领导权等复杂问题并没有作出明确的、具体的回答，对民族资产阶级等问题也缺乏正确的分析。

　　党的四大修改了党章，选举陈独秀、李大钊、蔡和森、张国焘、项英、瞿秋白、彭述之、谭平山、李维汉为中央执行委员会委员，邓培、王荷波、罗章龙、张太雷、朱锦堂为候补委员。中央执行委员会选举陈独秀、彭述之、张国焘、蔡和森、瞿秋白组成中央局。向警予后补为中央局委员。中央局决定，陈独秀任中央总书记兼中央组织部主任，彭述之任中央宣传部主任，张国焘任中央工农部主任，蔡和森、瞿秋白任中央宣传部委员。其他中央执行委员和候补委员分别负责地方或铁路总工会、青年团、妇女工作。

　　党的四大结束不久，孙中山逝世，在全国人民中引起巨大悲痛。共产党人发表论述孙中山革命思想和革命事业的文章，对这位民主革命的伟大先行者和中国共产党的诚挚朋友表示深切的怀念和敬意。国共两党组织民众进行悼念活动，广泛宣传孙中山的遗嘱和革命精神，一时在各界民众中形成大规模的革命宣传活动。党的四大以后，以工农为主体的革命群众运动进一步发展，为即将来临的大革命高潮奠定了广泛的群众基础。

第十一节：1925 年
五卅运动掀起反帝革命高潮
省港大罢工诞生罢工工人代表大会制度

五卅惨案激起了全国人民的反帝怒潮

党的四大后不久，1925 年在上海爆发的震惊中外的五卅运动，标志着大革命高潮的到来。

五卅运动是从中国最大的工业城市上海开始的。上海是帝国主义势力对华经济侵略的中心，也是中国产业工人最集中的地方。1924 年下半年，在中共上海地方委员会的领导下，建立工人夜校、工友俱乐部，帮助工人提高政治觉悟，曾一度低落的上海工人运动又活跃起来。

1925 年 2 月，在中国共产党领导下，上海日资纱厂工人为反对日本资本家打人和无理开除工人，要求增加工资而举行罢工。中共中央专门组织了指挥这次罢工的委员会。先后参加罢工的有 22 家工厂近 4 万名工人。4 月青岛日资纱厂 2 万多名工人举行罢工。5 月 1 日至 7 日，第二次全国劳工大会在广州举行。大会决定成立中华全国总工会，共产党员林伟民当选为执行委员会委员长，刘少奇、邓培当选为副委员长。大会通过的《中华全国总工会总章》宣布由中华全国总工会统一领导全国的工会。

5 月 7 日，上海日本纺织同业会开会决议，拒绝承认工人组织的工会，要求中国官方取缔工会活动。5 月 15 日，日本资本家宣布内外棉七厂停工，不准工人进厂。该厂工人顾正红率工人冲进工厂，要求复工和发工资。日本大班（相当于厂长）率领打手向工人开枪，打伤 10 多人，顾正红身中 4 弹，伤重身亡。屠杀事件激起上海内外棉各厂工人的愤怒，当天举行罢工抗议。这成为五卅运动的导火线。

事件发生后，中共中央多次召开会议，及时提出指导斗争的方针，两次发布通告，号召工会、农会、学生会及各界团体，各界援助罢工工人，掀起反日爱国运动。上海学生、工人群起响应。

5 月 28 日晚，中共中央在上海召开紧急会议，陈独秀、瞿秋白、彭述之、蔡和森、恽代英、李立三等参加。会议决定以反对帝国主义屠杀中国工人为中心口号，5 月 30 日在租界内举行大规模的反帝示威活动；同时决定成立上海总工会，由李立三等主持。

5 月 30 日，上海 2000 多名大、中学生进行示威游行，又有 100 多人被捕。这更加激怒了广大群众，数千人涌向捕房，要求释放被捕者。租界英国巡捕突然开枪，打死 13 人，打伤数十人，制造了举国震惊的五卅惨案。

当天夜里，中共中央再次举行紧急会议，决定组成行动委员会，组织全上海民众罢工、罢课、罢市，抗议帝国主义者屠杀中国人民。5 月 31 日，上海工人、学生继续抗议示威。

上海人民长期郁积的对帝国主义侵略的仇恨，经过五卅惨案的触发，像火山一样迸发出来。6 月 1 日，开始了声势浩大的反对帝国主义的总罢工、总罢课、总罢市。从 6 月 1 日至 10 日，帝国主义者又开枪打死打伤数十人。英、美、意、法等国军舰上的海军陆战队全部上岸，进行镇压。

6月5日，中共中央发表《中国共产党为反抗帝国主义野蛮残暴的大屠杀告全国民众书》，号召全国人民"应认定废除一切不平等条约，推翻帝国主义在中国的一切特权为其主要目的"。

在中国共产党的领导和推动下，五卅运动的狂飙迅速席卷全国，各阶层群众积极参加反帝爱国运动。北京、广州、南京、重庆、汉口等地成千上万人集会游行，罢工、罢课、罢市。6月7日在汉口，英国士兵开枪打死数十人，重伤30余人，进一步激起全国民众反帝怒潮。五卅运动期间，全国1700多万人直接参加运动，到处响起"打倒帝国主义"、"废除不平等条约"、"为死难同胞报仇"的怒吼声。

中国共产党领导的五卅运动，是中华民族直接反抗帝国主义的伟大运动。它冲破了长期笼罩全国的沉闷的政治空气，大大促进了群众的觉悟，显示了在无产阶级领导下各革命阶级、各阶层民众联合的巨大威力，给了帝国主义和军阀势力一次前所未有的打击。

五卅运动对中国共产党的发展也起了重大作用，中共党员人数从年初党的四大时的994人，到年底猛增到1万人，中国共产党在各地的基层组织得到很快发展，扩大了在群众中的政治影响，党在斗争中受到很大锻炼，初步积累了领导反帝斗争的经验。

省港大罢工沉重打击了英帝国主义

五卅惨案发生后，在广州和香港爆发了规模宏大的省港大罢工。在中共广东临时委员会的领导下,从 6 月 2 日起,广州、香港连续爆发大规模反帝示威游行,声援五卅运动。6 月 19 日,香港海员、电车等工会首先宣布罢工,其他工会随即响应。6 月 21 日,广州沙面洋务工人和各洋行工人宣布总罢工。到 6 月底,省港两地的罢工人数达 25 万。6 月 23 日,香港罢工工人和广州示威群众 10 万人举行上海惨案追悼大会。会后举行的示威游行队伍路过沙基时,突然遭到英国军警的排枪扫射和英、法军舰的炮击,50 余人被打死,170 余人受重伤,轻伤不计其数。省港大罢工坚持 16 个月之久,在中国工人运动史上是空前的,在世界工人运动史上也属罕见。

省港大罢工显示了中国工人阶级的伟大力量和革命精神,给英帝国主义者以沉重打击,10 万罢工工人成为广州革命政府的有力支柱,为准备北伐战争作出了突出贡献,在中国革命史上写下了光辉一页。

省港大罢工期间诞生的罢工工人代表大会制度引人注目。为了加强对斗争的领导,中国共产党发动省港两地工人选出代表,在广州举行罢工工人代表大会。代表大会通过的《省港罢工工人代表大会组织法》和《省港罢工工人代表大会会议规则》明确规定,工人代表大会为最高议事机关,建立完善的罢工工人组织和管理体系,设立具有一定立法权的法制局、一定司法和执法权的纠察队总部等。大会选举的苏兆征等组成的省港罢工委员会,依据组织法和会议规则规定,负责处理有关罢工的一切事宜,卓有成效地领导了封锁香港、审判工贼等重要活动,实际上担负一部分政权组织的任务。有评价认为,省港大罢工的领导机关罢工工人代表大会是"工人政权"的雏形、"是将来中国政府的先声"。这是中国共产党对建立和掌握革命政权的一次大胆尝试和重要实践。

🔗 **时势链接：**

1924 年 10 月 19 日冯玉祥发动北京政变，拘捕曹锟，

段祺瑞再次上台

1925 年 3 月 12 日孙中山在北京病逝

1925 年 4 月：中华民国国会永远退出历史舞台

民国成立以来，国会的命运一直被绑在军阀混战的战车上。得势军阀主宰着议员们的生计和国会的沉浮。到了 1924 年底，民国国会终于快走到头了。

第二次直奉战争爆发后，中国共产党于 1924 年 9 月 10 日发表第三次对于时局的宣言，呼吁全国人民团结起来，在国民革命旗帜下铲除一切军阀势力，从根本上消灭帝国主义在中国既得的一切权益及其势力。孙中山领导的中华民国政府誓师北伐，9 月 12 日，孙中山在韶关以大元帅名义发出讨伐曹锟、吴佩孚布告。

1925 年的春天北京很忙。3 月 12 日，革命伟人孙中山终因医治无效在北京逝世。同时，有三个方面都称是代表国民的会议在召开：

一个是段祺瑞召集的由 166 人组成的善后会议 2 月 1 日开幕，4 月 21 日闭幕，会议通过了《国民代表会议条例》等条例。4 月 24 日，段祺瑞下达"废弃法统令"，取消参、众两院。即废除宪法，废止临时约法，解散国会。

4 月 26 日，京师警察厅的警察驱散国会参众两院警卫，内务部收走国会印信、文件、器具。

1925 年 4 月 26 日，这一天，中华民国参、众两院关门走人！

另一个是由 200 多位代表出席的国民会议促成会全国代表大会 3 月 1 日开幕，4 月 16 日闭幕，大会通过的《国民会议组织大纲》等条例，顺应了孙中山先生逝世后全国各界希望尽快召开国民会议，打倒军阀专制，建立正常国家秩序的强烈愿望。

第三个是民国国会非常会议也在开会，三次发表宣言，宣称继续履行国会职权。

一些拒不接受段祺瑞一套的国会议员，在 1925 年 6 月 5 日以国会非常会议名义发表的谴责"五卅惨案"通电，成为中华民国国会的绝唱。参议院、众议院两院制的中华民国国会从此销声匿迹。

辛亥革命后，无数人把中国的希望寄托在美国式的参议院、众议院两院制的国会身上。从 1911 年 10 月的武昌起义起，到 1912 年的（南京临时）参议院、（北京临时）参议院，在武昌起义不到一年的时间里，中国就把美式两院制搬到了中国的政治舞台上。1912 年底到 1913 年春，中国历史上第一次两院议员的选举燃起了全国人民的希望。1913 年 4 月 18 日，中华民国第一届国会正式开幕，让无数国人寄予厚望。

历史似乎在作弄中国人。谁也没有想到，中华民国第一届国会从 1913 年 4 月 8 日开幕，到 1925 年 4 月 26 日完全退出历史舞台，整整走了 12 年。这期间，一次次地开会—被解散—复会—再被解散：被袁世凯宣布解散一次，被黎元洪被迫宣布解散一次，被段祺瑞宣布解散一次……连资历最老的"民二议员"也讲不清楚究竟聚散了几次。在帝国主义列强的操纵下，在封建军阀的摆布下，美国式的两院制在中国风风光光地出场，认认真真地开幕，跌跌撞撞地演出，凄凄惨惨地消逝。中国人民经过虔诚试验得出的郑重结论是：同日本式的君主立宪制一样，美国式的两院制国会，在中国严重水土不服，中国人必须走出自己的路，创造出适合中国国情的政治制度！

这条路，中国共产党经过 28 年的浴血奋战，终于闯出来了。这就是，中国共产党领导中国人民创造了人民代表大会制度。

1926 年 3 月 18 日，段祺瑞公然血腥镇压在天安门前举行反帝示威的游行群众，造成死 47 人，伤 199 人的惨案，遭到全国人民的愤怒声讨。4 月 9 日段祺瑞在全国人民的怒吼声中被赶下台。段祺瑞操纵的国民代表会议随之烟消云散……

1926 年 7 月开始的国共两党共同进行的北伐战争，经过 10 个月的浴血奋战，将北洋军阀的反动统治打到了崩溃的边缘……

第十二节：**1925 年至 1926 年**
党对中国革命基本问题进行探索
毛泽东发表《中国社会各阶级的分析》
周恩来主政东江　实行各界人民代表大会制度

　　五卅运动把中国革命推向高潮，既为共产党人提供了新鲜经验，又把许多新问题提到共产党人面前。

　　党对中国革命基本问题的认识，经历了一个逐步深入的过程。党的一大、二大、三大、四大都适时对若干问题作出了重要判断和决定，指引中国革命不断向前发展。五卅运动前后，党的领导人陈独秀、李大钊、瞿秋白、毛泽东、蔡和森、邓中夏、周恩来、恽代英等对中国革命的性质和前途问题、资产阶级和农民问题、争取无产阶级领导权问题、武装斗争问题等重大问题，在及时总结革命实践经验的基础上，进行了多方面的思考和探索，作出广泛的论述。如，蔡和森、瞿秋白等关于中国革命性质和前途问题的论述，李大钊、毛泽东等关于资产阶级和农民问题的论述，陈独秀、瞿秋白、邓中夏、刘少奇、周恩来等关于争取无产阶级领导权问题的论述，周恩来、瞿秋白等关于武装斗争问题的论述，等等，为后来党探索中国革命道路作出了开拓性的理论贡献。

　　毛泽东 1925 年 12 月 1 日发表的《中国社会各阶级的分析》，对中国社会各阶级的特性及对革命的态度作了出色的分析；1926 年 1 月发表的《中国农民中各阶级的分析及其对于革命的态度》，初步形成了农村阶级分析的理论，为中国共产党正确认识农民在民主革命中的地位，正确制定对农民的政策，奠定了重要基础。

当时中国共产党的许多重要成员在探索中各自作出的重要论述，初步构成中国共产党关于中国革命的基本思想。这就是：无产阶级领导农民及其他小资产阶级，争取部分民族资产阶级，进行反对帝国主义、反对封建主义的民主革命斗争，推翻以军阀政权为代表的帝国主义和大买办、大地主阶级的反动统治等。它是中国共产党人努力应用马克思主义于中国国情的宝贵成果，对于后来新民主主义革命理论的形成，具有重大的首创意义，从而把党对中国革命基本问题的认识提高到一个新水平。

五卅运动使中国革命形势有了突飞猛进的发展。社会各阶层对帝国主义和北洋军阀的憎恨更加强烈，渴望结束持续十多年的军阀割据和军阀混战的黑暗局面。人们越来越多地把希望转向南方的广州国民政府。

在南方，在蓬勃发展的有利形势下，国共两党进行了统一广东革命根据地的工作。1925年，广州革命政府经过两次东征和南征，消灭了陈炯明等军阀，使四分五裂的广东获得统一，为举行北伐战争准备了比较可靠的后方基地。

1925年7月1日，广州大元帅府改组为中华民国国民政府，汪精卫为国民政府主席。国民政府成立后将黄埔军校校军和广东各系部队统一改编为国民革命军。到年底，共编成6个军，8.5万人。

在统一广东根据地的斗争中，由共产党员起积极作用的黄埔军校校军和第一军战功卓著，在军队设立了党代表和政治部，对以后人民军队的建设产生了重要影响。1925年9月，国民政府决定第二次东征，任命国民革命军第一军军长蒋介石为东征军总指挥，周恩来为政治部主任。在周恩来的领导下，东征军组织了政治宣传队，发动民众，鼓舞士气。东征军连战皆捷，11月底第二次东征胜利结束。周恩来在东征胜利后被国民政府任命为广东东江各属行政委员，负责惠州、海陆丰等下属25个县的行政工作。他同当地党组织一起，为治理东江进行了许多开创性的工作。如，解散旧议会，实行各界人民代表大会制度；委任进步人士当县长；废除苛捐杂税；保护工农运动等。周恩来主政东江，是中国共产党人领导地方行政工作的最初尝试，对共产党人探索和积累政权建设的经验，具有重要意义。

而此时的北方，各派军阀势力之间冲突不断。由日本帝国主义操纵奉系取代直系在北洋军阀中占支配地位。张作霖勾结段祺瑞，操控北京政府，并向南扩张到苏、皖等省。1925年10月，孙传芳纠合福建、江西、江苏等省地方军阀发动反奉战争。在日、英帝国主义者的策划下，张作霖、吴佩孚联手进攻国民军。冯玉祥被迫通电下野。北方的反奉斗争形势急剧逆转。

中国共产党积极推动人民群众进行反奉（张作霖）驱段（段祺瑞）运动。10月下旬至11月下旬，中共北方区委领导的"首都革命"，是力图依靠人民群众进行城市暴动，维护国家主权，推翻封建军阀统治，夺取政权而进行的一次尝试。虽然由于国民党右派的破坏而失败，但它显示了北方地区人民反帝的觉醒和决心，成为北京反奉驱段运动的先导。在"首都革命"的影响下，上海、长沙、开封、南京、汉口等城市先后举行了要求推翻段祺瑞政府的群众示威活动。

1926 年 3 月 12 日，日本军舰掩护奉军进攻大沽口，炮击国民军，国民军予以正当还击。日本竟纠合英国、美国、法国等八国公使向北京政府发出最后通牒。之后，各帝国主义国家 20 余艘军舰群集大沽口，公然施行武力恫吓。为抗议帝国主义者的霸道行径，在中共北方区委的领导下，3 月 18 日，北京各界群众 1 万余人在天安门前举行反对八国通牒示威大会。李大钊为大会主席团成员。段祺瑞执政府卫队竟然开枪射杀请愿群众，造成打死 47 人，打伤 199 人的惨案。全国人民为"三一八"惨案愤怒声讨段祺瑞。虽然 4 月 9 日驻北京的国民军第一军驱逐段祺瑞，推倒了段祺瑞政府，但未能抵挡奉直联军的进攻，使北方局势更加恶化。广大人民纷纷致电广州，要求国民政府出师北伐。

北方和少数民族的革命运动恢复发展

从 1924 年初开始，北方工人运动逐渐打破"二七惨案"后的消沉状态，得到恢复和发展。唐山、青岛、北京和河南郑州、焦作、安阳等地掀起工人运动的新高潮。根据 1925 年 10 月中共中央执委扩大会议的决定，成立中共北方区执行委员会，李大钊任书记，陈乔年任组织部长，赵世炎任宣传部长兼北京地委书记。北方区委领导北京、天津、直隶、山西、察哈尔、热河等及东北、西北一些地区。到 1926 年初，北方区委在北京、天津、唐山、张家口、大连、太原等地组建了十多个地委和几十个支部。1925 年 10 月成立以王若飞为书记的豫陕区委，很快成立河南省农民协会，会员人数 27 万，农民自卫军约十万人。在北方区委的领导下，山东、山西、直隶、热河、察哈尔、绥远、陕西渭南等地农民运动日渐兴起。

在以李大钊为首的北京区委领导下，乌兰夫等在北京蒙藏学校组成了党的第一个少数民族支部，后回到内蒙古地区开展工作，发动群众参加革命斗争。1925 年 10 月，在张家口成立内蒙古人民革命党。11 月，李大钊在张家口主持成立西北农兵工大同盟成立大会。大会选李大钊为大同盟书记、赵世炎为副书记。农兵工大同盟的成立，对西北、内蒙古地区的民主革命运动起了很大的推动作用。

在甘肃，1925 年 10 月，共产党员宣侠父等人在兰州成立中国甘肃特别支部，领导僧侣和藏族人民同军阀马麒展开坚决的斗争。

在广西，为了反抗帝国主义和桂系军阀的统治，从 1922 年春起，壮族青年韦拔群就在东兰、凤山一带从事农民运动，为广西农民运动的兴起奠定了基础。1925 年 12 月，中共梧州地委正式成立（后改为广西特委），南宁、东兰、柳州等地也先后建立了共产党和共青团的组织。1926 年 9 月，韦拔群率领农民武装占领东兰县城，召开全县农民代表会议，成立县农民协会。随后，广西壮族地区普遍成立农民协会，领导壮、汉等民族的群众开展革命斗争，为后来左右江革命根据地的建立奠定了坚实基础。

在湖南，苗、瑶、土家族聚居地区的农民运动也有很大发展。

在海南岛，1925 年建立中国共产党的基层组织，各地相继成立工会、农会、学生会、妇女协会等革命组织。1926 年 3 月琼崖地方工作委员会成立，到年底，全岛共产党员发展到 1000 多人。

党在少数民族地区撒下的革命火种，最终燃成了燎原烈火。

第十三节：1926 年 7 月至 1927 年 4 月
北伐战争所向披靡
湖南农民协会掌握一切权力
上海工人武装起义选举产生上海市民政府

北伐战争是在中国共产党提出的反对帝国主义、反对军阀的口号下进行的，党为北伐进行了认真准备

中国共产党领导的工农运动使中国革命形势有了突飞猛进的发展。

北京"三一八"惨案后，全国人民愤怒声讨段祺瑞。4 月 9 日，国民军第一军驱逐段祺瑞，推倒军政府。4 月 19 日，在奉直联军猛攻下，国民军撤离北京，使北方局势更加恶化。华北、华中各界纷纷要求广州国民政府出师北伐。

这时，广州国民政府的力量也有了进一步增强。两广统一和湖南唐生智驱逐赵恒惕，为国民革命军大举北伐创造了有利条件。

1926 年 2 月 21 日至 24 日，中共中央在北京召开特别会议，认真讨论部署了准备北伐、支持农民运动、准备武装斗争问题。党的各级组织按照中共中央北京特别会议精神，积极为迎接国民革命军的北伐作准备。5 月，在广州同时召开的第三次全国劳动大会和广东省第二次农民代表大会，联合向国民政府请愿，要求从速北伐，打倒军阀，统一中国。

国共合作的北伐战争所向披靡，工农革命运动风起云涌

1926 年 7 月 9 日，北伐战争在"打倒列强，除军阀"的雄壮口号声中正式开始。北伐战争是国共两党共同进行的一场革命的、正义的战争。在北伐的过程中，国共两党虽然有矛盾，但基本上是团结的，能够集中力量对敌。在全国民众的大力支持下，北伐军将士英勇奋战，以生命和鲜血换来了北伐战争的胜利。在 10 个月的时间里，北伐军从广州打到武汉、上海、南京，打垮了吴佩孚、孙传芳两大军阀，歼敌数十万。北洋军阀的反动统治面临崩溃。

与此同时，全国各地奋起斗争，有力配合北伐战争。

在绥远，1926 年 9 月 17 日，从苏联学习回国的冯玉祥在五原誓师，就任国民军联军总司令，宣布参加国民革命。在李大钊、刘伯坚、邓小平等共产党员的帮助下，国民军联军战斗力很快得到提高，10 月初进军陕西，击退直系军阀刘镇华部；李大钊等还争取阎锡山组成反奉联合战线，为冯玉祥实行固甘入陕创造条件。国民军的再起，策应了南方国民革命军的北伐。

在四川，1926 年 9 月 28 日，中共重庆地委召开军事会议，决定成立国民革命军川军各路总指挥部，刘伯承任总指挥，之后，朱德、陈毅也先后到四川。11 月上旬，驻合川、顺庆、泸州三地驻军共同进行起义，以顺庆为根据地，创建了以国民革命军为番号、由中国共产党实际控制的军队，成为中国共产党掌握武装的一次勇敢的尝试，有力地配合了北伐。

随着北伐战争的胜利推进，工农革命群众运动以前所未有的声势蓬勃发展起来。

湖南、湖北、江西的工人运动、农民运动迅速发展。湖南、湖北先后成立省总工会，组织工人纠察队，长沙、武汉、九江相继出现大规模罢工斗争。湖南农民运动异常迅猛。在那些打倒地主政权的地方，农民协会便成了乡村唯一的权力机关。1926年11月，毛泽东担任中共中央农村委员会书记后，决定以湖南、湖北、江西、河南为重点开展农民运动。到11月底，湖南有54个县建立农民协会组织。毛泽东出席湖南省第一次农工代表大会发表演讲，到湖南湘潭等地考察农民运动，写成《湖南农民运动考察报告》，热烈赞颂农民群众打翻乡村封建势力的伟大功绩，强调必须把农民组织起来，彻底摧毁地主阶级的政权和武装，建立农民协会和农民武装，由农民协会掌握农村一切权力，然后进行减租减息、分配土地等斗争。

在工农运动的高潮中，1927年1月至2月，汉口、九江各界群众奋起反抗英国士兵暴行，一举收回英租界，取得反帝斗争史和外交史上的一次重大胜利，使中国人民受到极大鼓舞。

在北伐胜利进军之时，上海工人运动重新高涨。在中国共产党的领导下，1926年6月至9月，上海工人举行十多次罢工斗争。为了迎接北伐军进军上海，1926年秋至1927年春，上海工人连续举行了三次武装起义。

第二次武装起义失败后，中共中央和上海区委立即准备第三次武装起义。决定成立由陈独秀、罗亦农、赵世炎、周恩来等委员组成的最高起义机构——特别委员会，周恩来担任起义总指挥。1927年3月21日，发动上海工人总同盟罢工，随即转为武装起义。起义工人同敌人展开激烈的战斗，取得了第三次武装起义的成功。

第三次武装起义成功后，上海工商学各界举行市民代表会议，选举产生上海特别市临时市政府（即上海市民政府）。1927年3月23日，上海50万人集会，热烈拥护市民政府。

上海工人第三次武装起义是大革命时期中国工人运动的一次壮举，为中国共产党开展城市武装斗争和建立革命政权作了大胆的尝试。虽然上海市民代表会议政府只存在24天就被四一二反革命政变扼杀了，但它在中国人民革命政权建设史上的重要地位和作用不可磨灭。它是在党的领导下最早由民众在大城市建立起来的革命政权，是北伐战争期间工人运动发展的最高峰。中国共产党为此专门发表告全中国工人阶级书，高度评价了上海工人阶级的这一伟大壮举及其重大意义。

中国共产党在大革命运动中发展壮大

在北伐胜利进军和工农运动大发展的有利形势下，中国共产党的队伍继续壮大。到1926年9月，党员达13281人；到1927年4月党的五大召开时，发展到57967人。大革命时期，党先后三次修改章程，为搞好党的各方面建设奠定了比较坚实的基础。

然而，北伐的胜利进军，同时潜藏着巨大的危机。这个危机，就是以蒋介石为代表的国民党右派掌控了国民革命军。

当北伐被正式提上国民政府议事日程之后，时任国民党中央常委、国民革命军第一军军长、黄埔军校校长、国民革命军军事总监的蒋介石，就把北伐看作是扩大自己势力，建立个人独裁统治的极好机会，同时也把共产党看作实现其野心的最大障碍。在北伐开始前，他策划了一系列限制共产党、夺取领导权的阴谋活动。1926年3月20日，蒋介石制造了逮捕共产党人，解除工人纠察队武装，包围苏联领事馆的中山舰事件。中山舰事件成为国共关系发展中的一个转折点。5月15日，国民党二届二中全会通过了蒋介石提出的《整理党务案》，将共产党员排挤出国民党领导机构。蒋介石随后当上了国民党中央常务委员会主席和国民革命军总司令，一手掌控了国民党、国民政府和国民革命军的大权。

在北伐过程中，蒋介石通过收编军阀部队等手段，实力极大地膨胀起来，这就为他后来发动反革命政变准备了条件。

1927年4月12日，蒋介石在上海发动反革命政变，向共产党人和革命群众举起了屠刀。轰轰烈烈的大革命戛然而止。

第十四节：1927 年 4 月 27 日至 5 月 9 日
中国共产党第五次全国代表大会在武汉召开
大会没能承担起挽救革命的历史性任务

在四一二反革命政变发生仅半个月的非常时刻，中国共产党第五次全国代表大会于 1927 年 4 月 27 日至 5 月 9 日在武汉召开。出席大会的代表有 82 人，代表着 57967 名党员。共产国际代表罗易、鲍罗廷、维经斯基等参加了大会。陈独秀主持大会并代表第四届中央执行委员会向大会作了《政治与组织的报告》。报告既没有正确总结经验教训，也没有提出挽救时局的方略，反而继续提出一些错误主张。大会通过了《中国共产党接受共产国际第七次大会关于中国问题决议案之决议》和《政治形势与党的任务决议案》等决议案。大会选举了党的中央委员会和中央监察委员会。

在随后举行的五届一中全会上，选举陈独秀、蔡和森、李维汉、瞿秋白、张国焘、谭平山、李立三、周恩来为中央政治局委员，苏兆征、张太雷为候补委员；选举陈独秀、张国焘、蔡和森（后增补瞿秋白、谭平山）为中央政治局常务委员会委员（周恩来曾代理常委），陈独秀为总书记。

党的五大是在四一二反革命政变发生仅半个月这样一个非常时刻召开的。全党上下最焦虑、最关切的问题是：如何正确认识严峻复杂的局势，如何从危难中挽救革命。大会虽然提出了争取无产阶级的领导权，建立革命民主政权和进行土地革命的一些正确的原则，但对无产阶级如何争取领导权、如何领导农民进行土地革命、如何对待武汉国民政府和国民党，特别是如何建立党的革命武装等迫在眉睫的重大问题，都没有提出有效的具体措施。这次大会，没有能够承担起从危难中挽救革命的历史性任务。

党的五大后，以陈独秀为首的中共中央在共产国际代表鲍罗廷等人指导下作出的一系列决定，都企图以妥协拉住汪精卫、唐生智，不仅于事无补，反而助长了反革命气焰。武汉的汪精卫集团正在向南京的蒋介石集团靠拢，随时都有发生反革命政变的可能，在这种情况下，党内绝大多数干部对陈独秀的领导越来越不满。

这时共产国际提出改组中共中央，明确要求中国共产党公开宣布退出国民党，开展土地革命，武装工农。7月12日，中共中央进行改组，由张国焘、李维汉、周恩来、李立三、张太雷组成中央临时常务委员会。陈独秀从此离开中共中央最高领导岗位。7月13日，中共中央发表对政局的宣言，谴责武汉国民党中央和国民政府的反动行径，宣布撤回参加国民政府的共产党员，严正声明中国共产党将继续支持反帝反封建的革命斗争。

1927年7月15日，汪精卫彻底撕下伪装，叛变革命，大肆逮捕、屠杀共产党人和革命群众。至此，由国共合作发动的轰轰烈烈的大革命宣告失败。中国革命形势转入低潮。

第二部

中国共产党领导中国人民
创造了人民代表大会制度

"只有苏维埃才能救中国！"

只有苏维埃与红军才能救中国。

…………

　　苏维埃现在所处的环境，同过去有了许多不同了，他有了广大的领土，有了广大的群众，有了坚强的红军，他已将许多散漫的力量集中起来（虽然还没有完全集中起来），他已经组织成为一个国家，这就是我们的中华苏维埃共和国。这个国家已经有了他的地方与中央的组织，已经建立临时中央政府。这个政府是一个集中的权力机关，他依靠着广大的民众，依靠着民众的武装力量——红军。这个政府是工农的政府，他实行了工人与农民的革命民主专政，他对于工农是广大的民主，但绝不容许任何地主资产阶级分子参加。他是一个专政，是一个已经具有极大权力的专政，这个专政已经向着全国范围扩大他的影响，他在广大民众中间有了很大的信仰。

…………

　　工农民主专政的苏维埃，他是民众自己的政权，他直接依靠于民众。……他的力量的伟大，是历史上任何国家形式所不能比拟的。

　　苏维埃政权的民主发展到了这样的程度，实在是历史上任何政治制度所不曾有的。而苏维埃依靠这一制度，同广大民众结合起来，他就使苏维埃成为最能发扬民众创造力的机关，使苏维埃成为最能动员民众以适应国内战争适应革命建设的机关，这也是历史上无论什么政府所做不到的。

苏维埃实现了世界上最完满的民主制度。

——毛泽东：《中华苏维埃共和国中央执行委员会与人民委员会对第二次全国苏维埃代表大会的报告》（1934 年 1 月 24 日、25 日）

中国现在可以采取全国人民代表大会、省人民代表大会、县人民代表大会、区人民代表大会直到乡人民代表大会的系统，并由各级人民代表大会选举政府。

——毛泽东：《新民主主义论》（1940 年 1 月）

在中国实行人民代表大会制度，是中国人民在人类政治制度史上的伟大创造，是深刻总结近代以来中国政治生活惨痛教训得出的基本结论，是中国社会一百多年激越变革、激荡发展的历史结果，是中国人民翻身作主、掌握自己命运的必然选择。

——习近平：《在庆祝全国人民代表大会成立六十周年大会上的讲话》（2014 年 9 月 5 日）

江山就是人民，人民就是江山。打江山、守江山，守的是人民的心。

——习近平：《在庆祝中国共产党成立 100 周年大会上的讲话》（2021 年 7 月 1 日）

第二部　前　言

从 1927 年大革命失败到 1949 年中华人民共和国成立的 22 年，是中国共产党领导中国人民经过浴血奋战，从失败走向胜利的 22 年。这是暴风骤雨的 22 年，是气壮山河的 22 年，是翻天覆地的 22 年，是决定中国前途和命运的 22 年。在中国历史上独一无二。

在 22 年中，发生的许多举世震惊的大事件，对中国历史进程的发展和世界格局的演变具有重大而深远的影响。

1927 年，国民党反动派发动的四一二、七一五反革命政变，血腥屠杀共产党员和革命群众。轰轰烈烈的大革命和第一次国共合作宣告失败。

1927 年 8 月 1 日，在以周恩来为书记的中共中央前敌委员会领导下，贺龙、叶挺、朱德、刘伯承等率领 2 万多人的部队在南昌举行起义，打响了武装反抗国民党反动派的第一枪，开启了中国革命的新纪元。

1927 年 8 月 7 日，中共中央在武汉秘密举行紧急会议（八七会议），会议确定了土地革命和武装反抗国民党反动派的总方针。八七会议为党和革命作出了巨大贡献，这是由大革命失败到土地革命战争兴起的历史性转变。

1927 年 9 月 9 日，毛泽东在湘赣边界领导秋收起义。在攻打长沙受挫后，毛泽东果断改变计划，决定从进攻大城市转为向农村进军。三湾改编后，毛泽东带领起义军首先来到井冈山，创建革命根据地。1928 年 4 月下旬，朱德、陈毅率领南昌起义留下的部队来到井冈山，与毛泽东领导的部队会合，成立中国工农红军第四军，朱德任军长，毛泽东任党代表和军委书记。井冈山革命根据地的建立，为中国革命探索出了农村包围城市、武装夺取政权的正确道路。几年里，中央革命根据地和各革命根据地红军党的建设得到加强，土地革命广泛开展，革命根据地迅速发展。红军粉碎了蒋介石向革命根据地和红军发动的多次"围剿"。

1931 年 9 月 18 日，日本帝国主义制造九一八事变，我国东北三省沦为日本的占领地。中国完全变成了一个殖民地、半殖民地、半封建的社会。空前的民族灾难唤起了空前的民族觉醒。中日矛盾逐渐上升为主要矛盾。中国共产党率先高举武装抗日的旗帜，成为抗日战争的起点，揭开了世界反法西斯战争的序幕。

1931 年 11 月 7 日，中华苏维埃第一次全国代表大会在瑞金胜利召开，宣告中华苏维埃共和国正式成立。这是中国历史上第一个全国性的工农兵政权，是中国共产党在敌人残酷"围剿"的形势下，实行新民主主义的伟大尝试。

1934 年 10 月至 1935 年 10 月，中国共产党领导中国工农红军进行了艰苦卓绝的二万五千里长征。1935 年 1 月，党中央在长征途中举行的遵义会议是党的历史上一个生死攸关的转折点。遵义会议事实上确立了毛泽东同志在党中央和红军的领导地位，开始形成以毛泽东为核心的第一代中央领导集体，开启了党独立自主解决中国革命实际问题的新阶段，在最危急关头挽救了党、挽救了红军、挽救了中国革命。遵义会议后，在毛泽东同志的卓越指挥下，红军成功摆脱国民党军队的围追堵截，四渡赤水河，勇夺泸定桥，翻越夹金山，穿越大草地，历经千难万险，于 1935 年 9 月胜利到达陕北，以我们的胜利和敌人的失败而告终，创造了惊天地、泣鬼神的人间奇迹，铸就了伟大的长征精神，实现了中国共产党和中国革命事业从挫折走向胜利的伟大转折。

1935 年 10 月 1 日，中国共产党发表《为抗日救国告全体同胞书》（即 8 月 1 日起草的《八一宣言》），呼吁筹组国防政府和抗日联军，停止内战，一致抗日。

1935 年 12 月 9 日，中国共产党领导的一二·九运动，揭露了日本独占中国的阴谋，极大促进了中华民族的觉醒，标志着中国人民抗日救亡运动新高潮的到来。

1935 年 12 月 17 日至 19 日，中共中央在瓦窑堡召开政治局扩大会议，明确提出建立广泛的抗日民族统一战线，推动日益高涨的抗日救亡运动。

1936 年 12 月 12 日，发生西安事变。西安事变的和平解决对促成以国共合作为基础的抗日民族统一战线的建立起到重要作用。

1937 年 7 月 7 日，日本侵略军悍然发动卢沟桥事变，中国军队奋起抵抗，全民族抗日战争由此爆发。日本帝国主义全面侵华战争开始。1937年12月13日，日本侵略者占领南京。这是鸦片战争以来，中国首都第三次被帝国主义国家占领，我30万同胞惨遭杀害。日本侵略者给中国人民带来无穷的灾难，大好河山被日本侵略者蹂躏。中华民族面临亡国灭种的空前危机。

中国共产党高举抗日救国的大旗，卢沟桥事变发生的第二天就通电全国，号召全中国同胞团结起来抵抗日寇侵略。同日，毛泽东、朱德、彭德怀等红军领导人致电蒋介石，坚定促进国共合作，一致抗日。9月22日，国民党中央通讯社发表《中共中央为公布国共合作宣言》，宣告国共两党重新合作和抗日民族统一战线的形成。

1937年8月22日至25日，中共中央在陕北洛川召开政治局扩大会议。会议通过《抗日救国十大纲领》，对主力部队开赴前线作出部署。8月25日，毛泽东、朱德、周恩来发布命令，宣布红军改名为国民革命军第八路军，开赴华北抗日前线。9月25日，八路军115师首战告捷，取得平型关战役重大胜利，打破了日军"不可战胜"的神话，极大地振奋了全国军民的抗战信心。

1938年5、6月间，毛泽东在延安作《论持久战》的长篇演讲，系统阐明了党的抗日持久战战略总方针，提出了一整套动员人民群众，通过持久战争夺取最后胜利的切实可行办法，大大增强了人们坚持抗战的决心和信心，是中国共产党领导抗日战争的纲领性文献。

1938年9月至11月，党的扩大的六届六中全会在延安举行。会上，毛泽东首次提出并阐述了马克思主义中国化的命题。这次全会规定了党在抗战新阶段的任务，对党领导抗日战争作了战略规划，进一步巩固了毛泽东在全党的领导地位，统一了全党的思想和步调，推动了各项工作的迅速发展。

1938 年冬到 1940 年，全民族抗战由战略防御转入战略相持阶段。这段时期，中国共产党领导的敌后抗战牵制和抗击了大量日军，人民抗日力量成长起来。1940 年 8 月到翌年 1 月，八路军发动的百团大战，给日军以沉重打击。这段时期，国民党投降、分裂、倒退活动日益严重。1938 年 12 月，汪精卫公开投降，拼凑伪国民政府。国民党顽固派不断掀起反共高潮，1941 年 1 月制造的皖南事变震惊中外。中国共产党坚持抗战、团结、进步的方针，同国民党顽固派进行了有理、有利、有节的斗争，在全国的政治地位空前提高，是团结全民族坚持抗战的柱石。

1941 年至 1942 年，是中国人民抗战最为困难的时期。此时，德、日等法西斯的侵略气焰达到顶点。1941 年 6 月，德国向苏联发动大规模进攻。1941 年 12 月，日军偷袭美国珍珠港，挑起太平洋战争。1942 年 1 月，国际反法西斯统一战线形成。在极端困难的情况下，中国共产党在陕北等革命根据地开展大生产运动，自己动手，丰衣足食，对渡过难关、巩固抗日根据地起到了重要作用。

1941 年至 1943 年中国共产党开展整风运动，集中对全党开展马克思主义思想教育，坚持马克思主义同中国实际相结合的方向，使实事求是的思想路线在全党范围深入人心。整风运动收到巨大成效。1944 年 5 月至 1945 年 4 月，党的扩大的六届七中全会通过《关于若干历史问题的决议》，深入总结历史经验，肯定了确立毛泽东同志在全党领导地位的重大意义，标志全党对中国革命基本问题的认识达到在马克思主义基础上的一致。

1945 年 4 月 24 日至 6 月 11 日，中国共产党第七次全国代表大会在延安举行。这次大会担负起总结以往革命经验，迎接抗日战争胜利和引导中国走向光明前途的任务。毛泽东向大会提交《论联合政府》政治报告和作口头报告。党的七大把毛泽东思想确立为党的指导思想并写入党章。毛泽东思想是中国共产党集体智慧的结晶，以独创性理论丰富和发展了马克思主义，实现了马克思主义中国化的第一次飞跃。

1945 年 8 月 9 日，苏联红军开赴中国东北战场，同中国人民一道对日作战。同日，毛泽东发表《对日寇的最后一战》的声明，朱德总司令发布七道全面反攻任务。中国的抗日战争进入全面反攻阶段。各抗日根据地军民向日、伪军发起猛烈全面反攻，解放大片国土。8 月 15 日，日本天皇宣布无条件投降。9 月 2 日，日本代表在投降书上签字。9 月 3 日成为中国人民抗日战争胜利纪念日。10 月 25 日，中国政府在台湾举行受降仪式，被日本占领 50 年之久的台湾以及澎湖列岛，重归中国主权管辖。

中国人民抗日战争是近代以来中国人民反抗外敌入侵持续时间最长、规模最大、牺牲最多的民族解放斗争，也是第一次取得完全胜利的民族解放斗争。据不完全统计，抗日战争期间，中国军民伤亡 3500 多万人。中国直接经济损失 1000 多亿美元，间接损失 5000 多亿美元。中国人民抗日战争的胜利，成为中华民族走向复兴的历史转折点，对世界文明进步具有重大而深远的意义。

中国共产党在全民族抗战中发挥了中流砥柱作用。这是中国人民抗日战争取得完全胜利的决定性因素。在抗日战争时期，在民族危亡的历史关头，中国共产党以卓越的政治领导力和正确的战略策略，指明了中国抗战的前进方向，坚定不移地推动全民族抗战。中国共产党高举抗日民族统一战线的旗帜，坚决维护抗战大局。中国共产党人勇敢战斗在抗日战争最前线，支撑起中华民族救亡图存的希望。中国共产党是领导中国人民争取民族独立和人民解放的坚强核心。

1945 年 8 月 25 日，在日本宣布无条件投降的第十天，中共中央发表《对目前时局的宣言》，明确提出和平、民主、团结的口号，顺应全国人民的热切希望。当晚，中共中央决定毛泽东等赴重庆与蒋介石谈判。8 月 28 日，毛泽东一行飞抵重庆，开始了与蒋介石长达四十多天的"重庆谈判"，充分表达了中国共产党谋求和平的真诚愿望。国共双方于 10 月 10 日签署会谈纪要，即《双十协定》。双方同意，召开政治协商会议，讨论和平建国方案。

《双十协定》刚签订，蒋介石就发出向解放区进攻的密令。到 12 月初，国民党当局用来进攻解放区的兵力达 190 多万。为了保卫人民抗战的胜利成果，壮大人民革命力量，党中央先后派出 11 万军队和 2 万多干部进入东北，成立彭真为书记、陈云为委员的中共中央东北局，统一领导东北地区工作。与此同时，解放区部队连续歼灭 11 万来犯的国民党军队。

　　此时的蒋介石还没有完全做好全面发动内战的准备。1946年1月5日，国共双方达成关于停止国内军事冲突的协定，1月10日，双方下达停战令。同日，政治协商会议在重庆开幕。会议历时22天，达成五项协议后闭幕。第二天中国共产党就发出党内指示，要求全党为实现政协协议而奋斗。

　　1946年6月26日，22万国民党军队大举进攻中原解放区。其后，国民党军队向其他解放区展开大规模进攻。全面内战由此爆发。

　　从1946年6月到1947年6月，人民军队处于战略防御阶段。前八个月粉碎了敌人的全面进攻，取得苏中、晋察冀、东北等战役的胜利，粉碎了国民党企图速战速决消灭人民革命力量的计划。后四个月粉碎了国民党对山东、陕北解放区的重点进攻。一年间，人民军队歼敌112万人，自己军力发展到190多万人。

　　1947年3月18日党中央机关分三部分主动撤离延安。毛泽东、周恩来、任弼时率党中央和人民解放军总部机关，在陕北转战，指挥全国各战场作战。1948年3月23日，毛泽东率总部机关东渡黄河，经山西辗转进驻河北平山县西柏坡。

　　1947年6月，党中央审时度势，当机立断，决定立刻转入战略进攻，将战争引向国民党区域。1947年6月30日夜，刘邓大军12万人一举突破黄河天险，千里跃进，8月末进入大别山区。到11月，歼敌3万余人，建立33个县的民主政权。之后，我另两支野战军也完成向敌占区的突破。三路大军形成紧逼敌长江防线的鼎足之势。

　　1947年9月，中国共产党发出"全国大反攻，打倒蒋介石"

的号召。10 月，中国人民解放军总部发表宣言，响亮提出"打倒蒋介石，解放全中国"的口号。

1947 年 12 月 25 日至 28 日，中共中央在陕北米脂县杨家沟召开中共中央扩大会议（十二月会议或杨家沟会议），毛泽东提交《目前的形势和我们的任务》的书面报告。报告提出了组成民族统一战线，打倒蒋介石，成立民主联合政府的政治纲领，制定了三大经济政策、十大军事原则、加强党的集中统一领导等重要规定和各项具体政策、策略，是"整个打倒蒋介石反动统治集团，建立新民主主义新中国的时期内，在政治、军事、经济各方面带纲领性的文件"，使全党保持高度的统一，有条不紊地开展工作，为迎接即将到来的全国性胜利创造了最重要的条件。

1948 年 9 月 8 日，中共中央在西柏坡召开政治局扩大会议（九月会议或西柏坡会议）。毛泽东首次论述了即将成立的新中国的国体和政体，首次论述人民民主专政。会议为最后打倒蒋介石，夺取全国胜利，建立新中国，从军事上、政治上、组织上、思想上做了重要准备。

1948 年 4 月 30 日，中共中央发出纪念五一国际劳动节口号，提出迅速召开政治协商会议，召集人民代表大会，成立民主联合政府，得到各民主党派、无党派人士和社会各界热烈响应，揭开了中国共产党同各党派、各团体、各族各界人士协商建国的序幕，奠定了中国共产党领导的多党合作和政治协商制度的基础。

1948 年秋，人民解放战争进入夺取全国性胜利的决定性阶段。1948年9月12日至11月2日取得辽沈战役的胜利，1948年11月6日至1949年1月10日取得淮海战役的胜利，1948年11月29日至1949年1月31日取得平津战役的胜利。三大战役共歼灭国民党军队154万人，使国民党的主要军事力量基本上被摧毁，为中国革命在全国的胜利奠定了基础。

1948年12月30日，毛泽东在新年献词中发出"将革命进行到底"的伟大号召。

1949年1月14日，毛泽东发表关于时局的声明，提出愿意在八项条件的基础上，同国民党政府进行和平谈判。1949年元旦，蒋介石被迫发表"求和"声明，1月21日宣布"下野"。

1949年3月5日至13日，中共七届二中全会在西柏坡举行。这是中国共产党在中国人民革命取得全国胜利前夜召开的一次具有重大历史意义的会议，会议规定了党在全国胜利后的各项基本政策。毛泽东告诫全党，夺取全国胜利，这只是万里长征走完了第一步，提出"两个务必"的重要思想。

1949年3月23日，毛泽东率领中央机关离开西柏坡，向北平进发。3月25日进驻北平香山，标志着中国革命重心从农村转向城市。香山成为领导解放战争走向全国胜利、新民主主义革命取得伟大胜利的总指挥部。

4月1日至15日，以周恩来和张治中为首的中共代表团和国民党政府代表团在北平举行谈判，中共代表团提出的《国内和平协定》，限国民党政府在4月20日前表明态度，为实现国内和平做了最后的努力。由于国民党政府拒绝签字，谈判宣告破裂。

1949 年 4 月 21 日，毛泽东主席和朱德总司令发布向全国进军的命令。4 月 20 日夜至 4 月 21 日，人民解放军百万雄师分三路强渡长江，取得渡江战役的胜利。4 月 23 日，人民解放军占领国民党统治中心南京。5 月 27 日，攻占上海。在此前后，解放军继续向中南、西北、西南各省胜利大进军，解放广大国土。蒋介石集团逃往台湾。

1949 年 6 月 30 日，毛泽东发表《论人民民主专政》。

1949 年 6 月 15 日至 19 日，新政治协商会议筹备会第一次全体会议在北平召开。会议一致通过《新政治协商会议筹备会组织条例》，选举毛泽东为主任，周恩来、李济深等五人为副主任的筹备委员会常务委员会，常务委员会下设 6 个工作小组。

1949 年 9 月 7 日，周恩来代表常务委员会向政协代表作报告。9 月 17 日，新政治协商会议筹备会举行第二次全体会议。会议决定将新政治协商会议改名为中国人民政治协商会议。周恩来报告三个月来筹备工作进展情况。会议一致通过工作报告。经各方协商一致产生 662 名代表，具有广泛的代表性，其中共产党员代表约占 44%，各民主党派约占 30%，各界代表约占 26%；妇女代表约占 10%；代表涵盖了各阶级、各阶层、各民族、各不同历史阶段革命运动的代表人物。他们共同宣布并见证了中国人民从此站起来了的历史时刻！他们不可磨灭的伟大贡献，永远载入中国革命的史册。

1949 年 9 月 21 日至 9 月 30 日，中国人民政治协商会议第一届全体会议在北平举行。大会在中国人民解放军进行曲和 54 响礼炮声中隆重开幕。全体代表起立热烈鼓掌达 5 分钟之久。

这是一个具有历史意义的庄严时刻！毛泽东致开幕词。毛泽东宣布，占人类总数四分之一的中国人从此站起来了！朱德、刘少奇、宋庆龄、李济深、何香凝、张澜、黄炎培等88名各方面代表在开幕会上发了言，他们热烈欢呼这个伟大时刻的到来，一致表达在中国共产党的领导下建立新中国、建设新中国的心声和信心。在9月21日、22日的全体会议上，刘少奇、周恩来、董必武分别作了讲话、报告和说明。此后会议进行了几天的充分讨论。9月27日，全体会议一致通过《中华人民共和国中央人民政府组织法》、《中国人民政治协商会议组织法》、《关于中华人民共和国国都、纪年、国歌、国旗的决议》。决定：中华人民共和国的国都定于北平，自即日起改名北平为北京。9月29日，全体会议一致通过《中国人民政治协商会议共同纲领》。9月30日，全体会议选举毛泽东为主席的由180人组成的第一届中国人民政治协商会议全国委员会，选举以毛泽东为主席的由63人组成的中央人民政府委员会，任命周恩来为中央人民政府政务院总理兼外交部长，毛泽东为中央人民政府人民革命军事委员会主席，朱德为人民解放军总司令，沈钧儒为中央人民政府最高人民法院院长，罗荣桓为中央人民政府最高人民检察署检察长。9月30日，中国人民政治协商会议全体会议举行闭幕会，朱德致闭幕词。全体会议发表了由毛泽东起草的《中国人民政治协商会议第一届全体会议宣言》，宣布：中华人民共和国现已宣告成立，中国人民业已有了自己的中央政府。《宣言》宣示：中国的历史，从此开辟了一个新的时代。

　　1949年10月1日下午，在北京天安门广场隆重举行中华人民共和国成立开国大典，30 万群众参加并见证了这一历史性的时刻。下午 3 时毛泽东庄严宣布："中华人民共和国中央人民政府今天成立了！"广场一片欢腾。接着，毛泽东按动电钮，中华人民共和国国旗——五星红旗冉冉升起。全场肃立。54 尊礼炮齐鸣 28 响，象征着中国共产党领导中国人民英勇奋斗的 28 年艰辛历程。国旗升起后，毛泽东宣读中华人民共和国中央人民政府公告，郑重宣告："本政府为代表中华人民共和国全国人民的唯一合法政府。凡愿遵守平等互利及互相尊重领土主权等项原则的任何外国政府、本政府均愿与之建立外交关系。"之后，进行阅兵式和群众游行，至晚 9 点 25 分。"中华人民共和国万岁！""毛主席万岁！"的口号响彻云霄。

中国人民革命的胜利，彻底改变了近代以来 100 多年中国积贫积弱、受人欺凌的悲惨命运，从根本上改变了中国社会的发展方向，为实现由新民主主义到社会主义的转变和建立社会主义制度，创造了政治前提，为实现国家富强和人民幸福，实现中华民族的伟大复兴开辟了广阔的道路。

中国共产党在领导人民革命的过程中，积累了丰富的经验，锻造了克敌制胜的法宝。

1939 年 10 月 4 日，毛泽东在《〈共产党人〉发刊词》中指出："统一战线问题，武装斗争问题，党的建设问题，是我们党在中国革命中的三个基本问题。正确地理解了这三个问题及其相互关系，就等于正确地领导了全部中国革命"，"十八年的经验，已使我们懂得：统一战线，武装斗争，党的建设，是中国共产党在中国革命中战胜敌人的三个法宝，三个主要的法宝。

这是中国共产党的伟大成绩，也是中国革命的伟大成绩。"

毛泽东全面、详尽地分析了党成立以来十八年三个法宝在三个历史阶段的特点及其相互关系，指出："十八年的经验告诉我们，统一战线和武装斗争，是战胜敌人的两个基本武器。统一战线，是实行武装斗争的统一战线。而党的组织，则是掌握统一战线和武装斗争这两个武器以实行对敌冲锋陷阵的英勇战士。这就是三者的相互关系。"

毛泽东在论述土地革命战争阶段党的武装斗争历史时说："这时，我们党已经建立了独立武装队伍，已经学会了独立的战争艺术，已经建立了人民政权和根据地。我们党已经能够把武装斗争这个主要斗争形式同其他许多的必要的斗争形式直接或间接地配合起来。"

毛泽东在论述党在土地革命战争阶段的建设时说："党开辟了人民政权的道路，因此也就学会了治国安民的艺术。党创造了坚强的武装部队，因此也就学会了战争的艺术。所有这些，都是党的重大进步和重大成功。"

在回顾中国人民革命从大革命失败到中华人民共和国成立的历史时，我们会强烈地感受到那些惊天动地大事件对中国革命的巨大影响。同时也能强烈感受到，从井冈山革命根据地到解放区的土地革命和由千千万万人民大众选举产生的人民政权建设对于人民革命的极端重要性。这是由于中国共产党领导的武装部队保卫着人民选举产生的政权和人民的生命财产，人民政权履行着"治国安民"的职责，为千千万万的老百姓的衣食住行办事操心。中国人民切身感受到，共产党真好，国民党真糟，他们打心底拥护共产党，全心全意地跟着共产党推翻三座大山！

让我们走进历史，了解那些看上去没有那么轰轰烈烈然而却重要无比的人民政权诞生和发展的艰辛曲折的历程，了解中国共产党在和凶恶敌人的斗争中领导人民创造人民代表大会制度的艰辛探索和光辉历程。

第十五节：1927 年 8 月 1 日
南昌起义打响了武装反抗国民党反动派的第一枪

1927 年 4 月 12 日，蒋介石在帝国主义和江浙财阀的支持下，在上海发动四一二反革命政变，屠杀共产党人和革命群众。7 月 15 日，汪精卫向共产党人和革命群众举起了屠刀。短短的几个月中，几十万共产党员和革命群众惨遭杀害，神州大地笼罩在腥风血雨之中。轰轰烈烈的大革命和第一次国共合作宣告失败，中国革命处于命悬一线的紧要关头。

在严酷的斗争和血的教训中，党深刻认识到，没有革命的武装，就无法战胜武装的反革命，就无法担起领导中国革命的重任，就无法改变中国人民和中华民族的命运，就无异于听任整个中国变成黑暗的中国。中国共产党毅然决然地向国民党反动派发起了英勇反击。南昌起义、秋收起义、广州起义、海陆丰起义、琼崖起义、黄麻起义、确山起义等武装起义的一次次爆发，向世人宣告，中国共产党人和革命群众没有被吓倒、被征服、被杀绝，他们从地上爬起来，揩干净身上的血迹，掩埋好同伴的遗体，又继续战斗了。

在严酷的斗争和血的教训中，党逐渐认识到，中国革命必须走建立革命根据地，农村包围城市，武装夺取政权的道路。毛泽东同志领导开创的井冈山革命根据地，开辟了中国革命的新道路。

在严酷的斗争和血的教训中，党深刻认识到，革命的武装必须绝对服从党的领导。党对军队的绝对领导，是人民军队永远不变的军魂。这一根本原则和制度，发端于南昌起义，奠基于三湾改编，定型于古田会议，是人民军队完全区别于一切旧军队的政治特质和根本优势。

在严酷的斗争和血的教训中，党深刻认识到，实行土地革命，让广大农民翻身得解放，为人民的利益而斗争，是践行党的初心和使命的具体体现，是革命根据地得以存在和发展的社会基础。革命根据地三年多的土地革命，极大地激发了广大农民的革命积极性，他们拥护共产党，积极参加红军，形成了血肉相连的党群关系、军民关系。

在严酷的斗争和血的教训中，党深刻认识到，党领导工农革命群众建立的革命根据地，必须实行工农兵代表大会制度，民主选举产生各级苏维埃政府，绝不走资产阶级议会制的老路。中华苏维埃第一次全国代表大会宣告成立的中华苏维埃共和国是中国历史上第一个全国性的工农兵政权，是中国共产党在极端困难的情况下，实行新民主主义的伟大尝试。

在革命遭受严重失败的极为严峻的形势下，要不要坚持革命？如何坚持革命？中国共产党以武装起义的实际行动回答了这两个根本性的问题。

1927 年 7 月 12 日，根据共产国际执行委员会的指示，中共中央进行改组，由张国焘、李维汉、周恩来、李立三、张太雷任中央临时政治局常务委员会委员。陈独秀从此离开中共中央最高领导岗位。中共中央临时政治局临危受命，7 月 13 日，中共中央发表《对政局宣言》，谴责国民党的反动行径，宣布撤回参加国民政府的共产党员，严正声明继续支持反帝反封建的革命斗争。

7月15日，汪精卫集团彻底背叛革命，对共产党人和革命群众实行大屠杀、大逮捕，国共合作宣告失败。

面对极为严峻的形势，中共中央临时政治局决定，举行南昌起义，同时还决定在工农运动基础较好的湘、鄂、粤、赣四省发动秋收起义。8月3日颁发的《关于湘鄂粤赣四省农民秋收暴动大纲》指出，"这次暴动要夺取一切政权于农民协会"，"除夺取乡村政权外，于可能的范围应夺取县政权，联合城市工人贫民（小商人）组织革命委员会，使成为当地的革命中心"，并"实行中央土地革命政纲"。随后，中央指示湖南省委，秋收暴动的主要目的就是要发动土地革命，并且要求把南昌起义和秋收暴动汇合起来一致向前发展。

7月中旬，中央临时政治局决定成立以周恩来为书记的前敌委员会，负责指挥南昌起义。1927年8月1日凌晨，在周恩来为首的前委领导下，贺龙、叶挺、朱德、刘伯承等率领部队2万余人，举行了南昌起义。为了争取和团结国民党中愿意继续革命的人士，这次起义的部队仍然沿用国民革命军的番号。起义军在转战广东途中，因寡不敌众，遭到失败，被迫转移各地坚持斗争。朱德、陈毅率800多人转入粤赣湘边界地区开展游击战争。

南昌起义打响了武装反抗国民党反动派的第一枪，宣告了中国共产党人不畏强暴、坚持革命的坚强决心，在全党和全国人民面前树起一面革命武装斗争的大旗，标志着中国共产党独立地领导革命战争、创建人民军队和武装夺取政权的开始。

第十六节: 1927 年 8 月 7 日　汉口
八七会议为挽救党和革命作出巨大贡献

为了审查和纠正党在大革命后期的严重错误，决定新的路线和政策，中共中央于 1927 年 8 月 7 日在湖北汉口召开紧急会议（即八七会议）。部分中央委员，候补中央委员，中央监察委员，中央军委，共青团中央，中央秘书处，湖南、湖北的代表和负责人 22 人出席会议。共产国际代表罗米纳兹参加了会议。会议由瞿秋白、李维汉主持。在极其险恶的环境下，会议只开了一天。

会议通过《中国共产党中央执行委员会告全党党员书》等文件，要求坚决纠正党在过去的错误，号召广大党员和革命群众继续战斗。

会议总结大革命失败的教训，讨论党的工作，确定了土地革命和武装反抗国民党反动派的总方针。

会上，罗米纳兹、瞿秋白分别作过去和今后工作的报告。许多同志作了发言。毛泽东在发言中对军事斗争问题和农民土地问题都提出了重要意见。关于军事斗争问题，毛泽东鲜明地提出，"以后要非常注意军事。须知政权是由枪杆子中取得的"。

关于土地革命，会议指出，在中国，封建土地制度是帝国主义和封建买办势力反动统治的重要基础，解决农民土地问题始终是革命的根本问题。会议明确提出，中国革命进到一个新阶段——土地革命的阶段。会议决定，要用"平民式"的革命手段来解决土地问题，没收大、中地主的土地，分给佃农或无地农民，实行"耕者有其田"制度。实行土地革命，既反映了中国革命的根本问题，又适应了现实斗争的需要。

关于武装起义，会议明确提出，党的现实最主要的任务是有系统地、有计划地、尽可能地在广大区域内准备农民的总暴动。会议决定调派最积极的、坚强的、有斗争经验的同志，到各主要省区发动和领导农民暴动，组织工农革命军队，建立工农革命政权，解决农民土地问题。会议作出的关于农民斗争和职工运动的议决案中，提出"乡村政权属于农民协会"的口号和实现"工农独裁"的目标。

会议通过的决议案规定，在党的六大之前，由中央临时政治局执行中央委员会的一切职权。会议选出中央临时政治局，苏兆征、向忠发（后叛变）、瞿秋白、罗亦农、顾顺章（后叛变）、王荷波、李维汉、彭湃、任弼时等9人被选为委员，邓中夏、周恩来、毛泽东、彭公达等7人被选为候补委员。8月9日，中央临时政治局会议选举瞿秋白、李维汉、苏兆征为常务委员会委员。

八七会议确定土地革命和武装反抗国民党反动派总方针，明确提出要建立工农革命政权。实行土地革命是武装起义的目的，建立人民政权是开展土地革命的前提。没有革命的武装，就没有人民的政权；没有革命的政权，就谈不上土地革命。实行土地革命，开展武装斗争，建立工农革命政权，三大任务，相互关联，缺一不可。在中国革命的危急关头，中国共产党及时总结经验教训，重新明确革命方向，作出影响深远的历史性决策。

　　八七会议是中国共产党历史上一次极为重要的会议，这次会议对于挽救大革命失败所造成的危局，实现党的战略转变起了重要作用。它在我党历史上是一个转折点，给正处在思想混乱和组织涣散中的中国共产党指明了新的出路，为挽救党和革命作出了巨大贡献。

第十七节　1927 年 9 月
毛泽东领导秋收起义队伍上了井冈山

八七会议后，各地武装起义相继展开。在武装起义后，建立什么样的政权，成为中共中央迫切需要解决的问题。

1927 年 8 月 9 日，中央临时政治局在给湖南省委的指示中明确提出，要建立工农民主专政的革命政权，具体为：在乡村一切权力归农民协会；在城市一切权力归革命委员会；宣传上提出革命委员会胜利后应当召集工会、农民代表及革命的小商人代表选举会议，成立正式的"民权政府"。

八七会议后，中央决定派毛泽东为特派员，与彭公达一起到湖南，改组省委，领导秋收起义。

8 月中、下旬，改组后的湖南省委两次召开会议，根据八七会议精神讨论和制定秋收起义计划。毛泽东指出，湖南秋收暴动，单靠农民的力量是不行的，应以百分之六十的精力注意军事运动，实行在枪杆子上夺取政权，建设政权。会议决定要与国民党彻底划清界限，旗帜鲜明地以中国共产党的名义号召群众。会议决定成立以毛泽东为书记的中共前敌委员会，领导湘赣边界的秋收起义。会后，毛泽东到江西安源，向当地党组织负责人传达八七会议精神和起义计划。

9 月初，毛泽东在安源召开军事会议，部署起义。参加湘赣边界起义的主力有原国民革命军第二方面军的警卫团，湖南、湖北部分农军，安源煤矿的工人武装约 5000 人。秋收起义队伍不再沿用国民革命军的番号，而将部队统一编号为工农革命军第一军第一师，下辖三个团。

9月9日，湘赣边界秋收起义按预定计划爆发。起义后，由于敌强我弱和叛徒叛变，在攻打中心城市长沙受挫后，毛泽东果断改变计划，率部队退到浏阳文家市集结，主持召开前敌委员会议，决定保存实力，到敌人统治薄弱的农村山区寻找落脚点。从进攻大城市转到向农村进军，这是中国人民革命发展史上具有决定意义的新起点。

9月29日，毛泽东领导起义军在江西省永新县三湾村进行了著名的三湾改编，将党的支部建在连上，成立各级士兵委员会，实行民主制度，在政治上官兵平等。由此从组织上确立了党对军队的领导，是建设无产阶级领导的新型人民军队的重要开端。

毛泽东在率起义军南下途中，经过调查研究，选定罗霄山脉中段的井冈山地区作为立足点。10月3日，起义部队向井冈山进发，10月27日，到达井冈山的茨坪，从此开始了创建井冈山农村革命根据地的艰苦斗争。

9月19日，中共中央临时政治局会议通过的决议案作出了"现在的任务不仅宣传苏维埃的思想，并且在革命斗争新的高潮中应成立苏维埃"的决定。此后，中国的苏维埃运动开始兴起。

第十八节：1927 年 10 月至 1928 年 10 月
毛泽东领导开创井冈山革命根据地
坚决为建立以宁冈为中心的罗霄山脉中段政权而奋斗

1927 年 10 月，毛泽东率领秋收起义的工农革命军，开始创建以宁冈为中心的井冈山革命根据地的艰苦斗争。毛泽东确定在井冈山建立革命根据地，是因为，这个地区群众基础比较好，大革命时期各县曾建立过党的组织和农民协会；这里地势险要，易守难攻；周围各县有自给自足的农业经济，便于部队筹款筹粮；地处湘赣边界，距离国民党统治中心较远，敌人的统治力量比较薄弱。因此，毛泽东反复教育干部战士，坚决为建立以宁冈为中心的罗霄山脉中段政权而奋斗。

从 1927 年 10 月至 1928 年 2 月，以毛泽东为书记的前敌委员会领导井冈山军民，利用敌人兵力空虚的大好时机，积极发展，逐步开创了工农武装割据的局面。工农革命军首先在边界各县进行打土豪的游击暴动，建立县、区、乡各级工农民主政权。

1927 年 11 月工农革命军攻占茶陵县城，成立湘赣边界第一个红色政权——茶陵县工农兵政府，谭震林任主席。

1928 年 2 月中旬，打破国民党军队的进攻。至此以宁冈为中心的井冈山根据地初步形成。

1928 年 4 月 24 日前后，毛泽东率部队同朱德、陈毅率领的南昌起义队伍在宁冈胜利会师。确定将两部合编为工农红军第四军，由朱德任军长，毛泽东任党代表。在第四军第一次党代表大会上，毛泽东当选为书记。

5月20日，毛泽东在茅坪主持召开了湘赣边界党的第一次代表大会，选举产生中共湘赣边界第一届特委会，毛泽东任书记。

5月下旬，湘赣边界工农兵苏维埃政府宣告成立，下设土地、军事、财政、司法四个部和工农运动、青年、妇女三个委员会；边界各县、区、乡都成立了工农兵苏维埃政府。以毛泽东为首的边界特委和工农兵苏维埃政府领导了轰轰烈烈的土地革命，推翻了几千年来的封建土地所有制，广大贫苦农民分得了祖祖辈辈梦寐以求的土地，建立了由自己当家作主的政府，一个全新的政权模式在中国的土地上诞生了！

从1927年冬至1928年冬，井冈山根据地发动群众在打倒土豪的基础上，开展分田斗争。1928年5月至7月，边界各县掀起分田高潮。1928年底，湘赣边区苏维埃政府颁布由毛泽东起草的《井冈山土地法》，得到贫苦农民的拥护和支持。

1928年5月、10月，毛泽东在湘赣边区党的第一次、第二次代表大会上，提出并形成工农武装割据，农村包围城市，武装夺取政权的思想，这是对马克思列宁主义关于武装夺取政权学说的重大发展，为争取中国革命的胜利指明了唯一正确的道路。

这个时期，广东的工农革命运动也蓬勃发展。1927年11月，彭湃领导的海陆丰农民暴动成功，首次召开了县一级工农兵代表大会，选举产生陆丰县、海丰县苏维埃政府。12月11日张太雷等领导的广州起义爆发，建立了第一个城市苏维埃政府——广州公社。

1928 年 11 月 25 日，毛泽东向中共中央作了《井冈山的斗争》的报告，在报告县、区、乡各级民众政权"普遍地组织了"的基础上，分析了存在的问题，指出其原因是"缺乏对于代表会这个新的政治制度的宣传和教育""封建时代独裁专断的恶习惯深中于群众乃至一般党员的头脑中，一时扫除不净，遇事贪图便利，不喜欢麻烦的民主制度"。报告提出了建立工农兵代表会需要高度重视的几个基本原则问题：实行民主集中主义的制度，将其普遍地真实地应用于群众组织；建立工农兵代表会制度，（就必须依据中央的大纲）制定详细的各级代表会组织法；党要执行领导政府的任务，党的主张，除宣传外，执行的时候必须通过政府的组织。这些原则，为后来的红色根据地苏维埃政权建设奠定了理论基础、提供了基本遵循。

在中国共产党领导下，在井冈山、赣南闽西、湘鄂赣、鄂豫皖、闽浙赣、湘鄂西、右江和陕西华渭地区、海南岛等地建立了苏维埃政权。这些区域的工农苏维埃政府在同国民党反动统治进行艰苦卓绝的斗争中，顽强地探索和试验，不断总结经验，逐步走出一条适合中国国情的代表最广大人民利益的政权建设路子，代表着中国革命发展的新方向，是中国国家制度选择的最新成果。

第十九节：1928 年 6 月 18 日至 7 月 11 日
中国共产党第六次全国代表大会在苏联莫斯科举行
1928 年至 1930 年
党的各地组织得到恢复和发展
陈独秀因非组织活动被开除出党
毛泽东、朱德领导的赣南闽西革命根据地得到发展
王明"左"倾教条主义给革命造成极大损失

大革命失败后，中国革命进入共产党独立领导的新时期。

这一时期党发动了一系列武装起义，但革命形势依然处于低潮。由于党还处于幼年阶段，政治上还不成熟，对中国社会性质和中国革命的性质、动力、前途等重大问题，党内还存在认识上的分歧和争论。因此，召开一次党的全国代表大会已经刻不容缓。

党的六大的召开，经过了近一年时间的酝酿和准备。八七会议即提出过召开六大的问题。1927 年 11 月，中央临时政治局扩大会议通过了召开六大的决议；1928 年 2 月，又一次讨论了召开六大的问题，决定 3 月底召开。由于国内白色恐怖十分严重，很难找到一个能够保证安全的地方开会。不久，中共中央决定，在中国共产党派代表团出席共产国际等国际会议期间，党的六大在莫斯科召开，共产国际来电同意。4 月 2 日，中共中央临时政治局常委会开会，决定李维汉、任弼时留守，邓小平为留守中央秘书长。从 4 月下旬起，瞿秋白、周恩来等 100 多位

代表秘密前往莫斯科。

中共中央领导人到达莫斯科后，开始进行紧张的大会筹备工作。苏联和共产国际主要领导人斯大林、布哈林亲自给予指导。6 月 9 日，斯大林会见瞿秋白、苏兆征、李立三、向忠发、周恩来等，正确解释了对中国革命性质和形势的看法。6 月 14 日、15 日，布哈林以共产国际代表的身份，与瞿秋白、周恩来、邓中夏、蔡和森、李立三等 21 人谈话，对涉及中国革命的重大问题交换了意见。斯大林、布哈林的谈话，对中共六大的召开，具有重要的指导意义。

1928 年 6 月 18 日至 7 月 11 日中国共产党第六次全国代表大会在莫斯科召开。出席大会的代表 142 人，其中有选举权的代表 84 人。瞿秋白代表第五届中央委员会作政治报告，周恩来作组织报告和军事报告，李立三作农民问题报告，向忠发作职工运动报告。布哈林代表共产国际作《中国革命和中国共产党的任务》的报告。大会通过了关于政治、军事、组织、苏维埃政权、农民、土地、职工、宣传、民族、妇女、青年团等问题的决议，通过了修改后的《中国共产党党章》。

党的六大明确指出，中国仍然是半殖民地半封建社会，中国革命现在阶段的性质是资产阶级民主革命。大会通过的决议案指出："驱逐帝国主义者，完成中国的真正统一"；"彻底的平民式的推翻地主阶级私有土地的制度，实行土地革命"；"力争建立工农兵代表会议（苏维埃）的政权"是当前中国革命的"中心任务"。

党的六大明确指出，当前中国的政治形势是处在两个革命高潮之间，即低潮时期。由于帝国主义势力不会轻易放弃在中国的特权，中国国内的矛盾在向前发展，统治阶级内部的冲突也在日益发展，新的广大的革命高潮是不可避免的。

党的六大制定了党在这个时期的总路线是，争取群众，准备起义，而不是立即举行全国性的起义。为了完成党在各方面的任务，大会强调必须加强党的组织建设和思想建设，积极恢复和发展各级组织，发扬党内民主，实行集体领导，肃清各种错误倾向，努力加强自身的战斗力及党的无产阶级化。大会总结党领导的军事运动和红军建设的经验，提出了加强军事斗争的任务，指出，必须努力扩大农村革命根据地，发展红军，实行土地革命，建立苏维埃政权。这对坚持走农村包围城市道路的井冈山等革命根据地的党组织和革命群众是很大的鼓舞。

党的六大选举了由23名委员、13名候补委员组成的第六届中央委员会。之后召开的六届一中全会，选举苏兆征、项英、周恩来、向忠发、瞿秋白、蔡和森、张国焘为中央政治局委员，选举苏兆征、向忠发、项英、周恩来、蔡和森为政治局常委，选举向忠发为中央政治局主席兼中央政治局常委会主席，周恩来为中央政治局常委会秘书长。

党的六大召开期间，共产国际决定改变派代表到中国指导革命的办法，采取设中共驻共产国际代表团的措施。六大结束后，瞿秋白、张国焘、邓中夏、王若飞等人即作为中共代表，常驻莫斯科，瞿秋白为代表团负责人。

党的六大是一次具有重大历史意义的会议。会议认真总结大革命失败以来的经验教训，集中解决了当时困扰党的两大问题，即中国社会性质和革命性质问题与革命形势和党的任务问题，基本统一了全党思想，使党摆脱被动局面，实现工作转变，对中国革命的恢复和发展起了积极作用。

党的六大后，党的各级组织建设得到加强。在八七会议后，中共中央已决定设立北方局、南方局、长江局，作为中央的派出机构，实际指导恢复和重建各地党组织。为在国民党统治区做好地下工作，中共中央建立起一套保密工作制度，使党组织和党员能够得到掩护，坚持长期斗争。党的六大后，中共中央非常重视加强党的各级组织建设。从 1928 年 9 月到年底，中央政治局多次召开常委会，讨论和解决广西、河南、安徽、湖北、湖南、江苏、江西、广东等十多个省地方党组织的改组、重建工作。中央还委派周恩来等到顺直、江苏等地处理棘手问题，使之顺利解决。经过不懈努力，党的组织有了较大发展。到 1929 年 6 月，全国党员增加到 6.93 万人；到 1930 年 9 月，全国党员人数已达到 12.23 万人。

党的六大后，工人运动得到恢复和发展，突出表现是掀起了全国范围的反日浪潮。1928 年发生的济南惨案，激起全国人民的无比愤怒。在各地党组织的领导下，上海、长沙、汉口、青岛等地爆发大规模反日大罢工。席卷全国的反日斗争，打击了日本帝国主义的气焰。这时，农民运动、学生运动、妇女运动、左翼文化运动等都有发展，一定程度上打击了国民党的反动统治，扩大了革命的影响。

党的六大后，党还同陈独秀分裂党的活动进行了斗争。

大革命失败后，陈独秀被停职而离开中共中央的领导岗位。1929 年春，陈独秀开始在中国共产党内组织中国的"托洛茨基派"，秘密进行小组织活动。1929 年 8 月，中共中央发布通告，号召全党开展反对托派的斗争，并决定将托派骨干分子一律清除出党。但是，陈独秀等人不接受党的教育和挽救，并公开反对六大路线，继续进行宗派活动。为此，中共中央于 1929 年 11 月 15 日作出决定，把陈独秀、彭述之等人开除出党。

党的六大后，党领导的农村革命根据地不断得到巩固和扩大，影响最大的，首推毛泽东、朱德领导开辟的赣南、闽西革命根据地。

中国革命的实践表明，党的六大路线基本是正确的。由于历史的局限，党的六大也存在一些缺点。1944 年 3 月，周恩来在中央党校作的《关于党的"六大"的研究》的报告，客观评价了党的六大历史贡献，同时对因六大的缺点而产生的消极影响作了深入分析。

从 1929 年至 1930 年，国内国际形势发生了一些重要变化。北洋军阀覆灭和国民党新军阀统治建立的过程中，东北"易帜"，实现了表面上的全国统一。在帝国主义国家支持下，蒋、桂、冯、阎等各派新军阀频繁混战，加深了全国各阶层人民的苦难。

在这种形势下，中共中央本应正确认识形势，抓住有利时机，推进革命事业的发展。遗憾的是，党的六大后，由于李立三"左"倾冒险，特别是王明"左"倾教条主义的错误领导，给革命根据地和白区革命力量造成极大损失。中央革命根据地第五次反"围剿"失败，红军不得不进行战略转移，经过艰苦卓绝的长征转战陕北。

在1930年9月至1931年9月的一年间，中共中央的领导机构进行了几次改组。党的六届四中全会之后的两次重大改组，使王明"左"倾教条主义在党内居于领导地位，对党和革命事业产生了极为严重的消极后果。

在1930年9月党的六届三中全会上，毛泽东重新当选为中央政治局候补委员，朱德等当选为中央委员。会议还决定建立苏区中央局。这些措施对以后的中国革命的发展有着不可忽视的积极作用。

在1931年1月召开的党的六届四中全会上，瞿秋白、李立三、李维汉退出中央政治局，新选王明、任弼时、陈郁、刘少奇、王克全为政治局成员，决定由向忠发、周恩来、张国焘为中央政治局常委会委员。共产国际远东局提出王明为候补常委。中共六届四中全会后，中共中央的领导权实际上由王明所操纵，王明"左"倾教条主义方针开始在各地贯彻，大批优秀的共产党员和干部在党内斗争中受到诬蔑和伤害，给党造成了重大损失。

1931年4月，中央政治局候补委员顾顺章在武汉被捕叛变，6月担任中央政治局常务委员会主席的向忠发在上海被捕叛变。这两个人的叛变给中共中央机关和中央领导人的安全造成极大威胁。在周恩来等人的领导下，党采取果断措施，迅速将中央机关和中央主要领导干部转移到安全地带或撤离上海。

在他们离开上海前，1931年9月下半月成立临时中央政治局，由博古、张闻天、康生、陈云、卢福坦（后叛变）、李竹声（后叛变）六人组成，博古、张闻天、卢福坦任中央常委，博古负总的责任。以博古为首的临时中央，继续贯彻"左"倾教条主义路线。

第二十节：1930 年 1 月至 1931 年 11 月
筹建中华苏维埃共和国的过程曲折艰辛

八七会议后，中国共产党领导的工农武装迅速发展，到
1930 年，中国革命形势有了很大改观。全国共产党员增加到 12
万多人；全国红军已有 13 个军 6 万多人。打破国民党军队三次
大规模"围剿"后，"工农武装割据"的革命根据地已经取得
重大发展。

毛泽东、朱德领导的赣南和闽西革命根据地连接成一片，
并开展了分田运动，分得土地的农民积极支持红军和苏维埃政
府。鄂豫皖、湘鄂西、赣东北等革命根据地也都有相当规模，
苏维埃政权和红军武装不断壮大。但是，由于战争环境等因素
的制约，十几块苏区各自为政，基层政权的层次、管辖区域、
组织形式、颁布的法规和政策等都互不统一，制约了苏维埃运
动的进一步发展。客观形势需要建立一个对各根据地实行统一
领导的机构。中华苏维埃共和国的建立被提上日程。

1930 年 1 月 20 日，中共中央政治局会议决定召开全国苏维
埃区域代表大会，"以解决当前一切重要问题"。

1930 年 5 月 20 日，全国苏维埃区域代表大会在上海秘密召
开，毛泽东、朱德没有出席被选为名誉主席。会议通过了《全
国苏维埃区域代表大会宣言》、《苏维埃组织法》、《暂行土地
法》、《劳动保护法》等决议和法令，决定于 1930 年 11 月 7 日
召开"第一次全国工农兵贫民苏维埃大会，建立全国工农兵贫

民自己的政府"。同时决定，由中共中央、中华全国总工会、各苏维埃区域、各红军、各革命团体的代表组成全国苏维埃代表大会中央准备委员会（中准会），以领导中华苏维埃第一次全国代表大会的准备工作。

1930 年 9 月 12 日，中准会在上海举行，通过了《选举条例》、《中华苏维埃共和国（宪法）大纲草案》、《暂行土地法》、《劳动保护法》和全国苏维埃代表大会主要议程，决定将中准会转移到中央苏区，并将代表大会延期到 12 月 11 日（广州暴动纪念日）。后因国民党对苏区的"围剿"，大会被迫两次延期。

中原大战获胜后的蒋介石，立即调头调集兵力向红军和革命根据地发动了大规模的"围剿"。从 1930 年 12 月底到 1931 年 1 月初，在中央革命根据地各级苏维埃政府和人民群众支持下，毛泽东、朱德领导红军在龙冈全歼国民党第十八师一万人，活捉师长张辉瓒。接着，在东韶继续大胜敌军，取得第一次反"围剿"胜利，这也是中国工农红军建立三年来对国民党军队取得的最巨大的胜利。

1931 年 1 月 15 日，根据中共中央的决定，中共苏区中央局在江西宁都成立，项英任代理书记，毛泽东、朱德、曾山为委员，并成立以项英为主席的中央革命军事委员会，朱德、毛泽东任副主席。苏区中央局成立后，面临的最紧迫任务是打破国民党军队的第二次"围剿"。经过多次会议的激烈争论，采纳了毛泽东的作战方针，在毛泽东、朱德指挥下，取得了第二次、第三次反"围剿"的胜利。三次反"围剿"的胜利，使长期被分割的赣南和闽西两块革命根据地连成一片，形成了以瑞金为中心的中央革命根据地，它的范围扩展到二十八个县，总面积五万多平方公里，人口二百五十多万。在革命根据地内，广泛发动群众，建立和恢复党、团组织，建立苏维埃政权，给农民分配土地，动员一万二千多名群众参加红军，为建立中华苏维埃共和国创造了条件，奠定了基础。

到这个时候，毛泽东关于以"农村为中心"实行"工农武装割据"的各方面具体路线都已大体形成，从而把中央八七会议确定的总方针具体化，终于开辟了"农村包围城市，武装夺取政权"这条中国革命的成功之路。

第三次反"围剿"胜利后，毛泽东到瑞金叶坪同中央苏区中央局会合。1931 年 10 月 11 日，担任中共苏区中央局代理书记。受中共中央委托，苏区中央局为中华苏维埃共和国的成立承担了选举大会代表、酝酿确定苏维埃中央政府组成人员名单、起草文件、制定法规、确定具体会址和会期等筹备工作。

为尽早成立一个全国性的苏维埃政权，早在 1931 年 2 月，中央政治局会议就决定毛泽东为中华苏维埃共和国临时中央政府主席候选人。5 月 9 日，中共中央政治局决议，把"建立苏维埃中央临时政府与各区政府来对抗南京国民政府，公布与实施苏维埃政府的一切法令"作为"苏区最迫切的任务"，并将筹备工作交由周恩来任书记的中共苏区中央局负责。6 月 1 日，苏区中央局发表《第一次全国苏维埃代表大会宣言》，宣布将于 8 月 1 日召开全国苏维埃代表大会。6 月 20 日，中华苏维埃中央军委发布通令，决定改在 11 月 7 日举行。

国民党军队的第三次"围剿"刚刚失败，日本突然发动了震惊世界的九一八事变，在四个多月内占领我国东北三省。这个严重的事实，使中日之间的民族矛盾逐步上升到主要地位，使国内的阶级关系发生重大变动。

九一八事变后，毛泽东、朱德、贺龙、彭德怀等在 9 月 25 日联名发表文告指出，"现在日本帝国主义的军队已经占领了满洲最重要的一切城市，用枪炮炸弹屠杀着满洲劳苦的工农群众与兵士，把满洲已经完全看做是他们的殖民地了"，坚决主张抗日。

中共六届四中全会后，以王明为代表的"左"倾教条主义已经在中共中央取得统治地位，他们根本不能正确地估量全国局势中出现的这种重大变化，把日本侵略我国东北看作是"反苏战争的导火线"，提出要"武装保卫苏联"。在对待国民党"围剿"问题上，他们把所谓"中间派"视为"最危险的敌人"，一味强调"进攻路线"，把反对这种冒险行动的主张一概斥为右倾机会主义，并利用组织手段把他们的一套强行推行到红军和革命根据地。

1931 年 11 月初，由博古负总责的临时中央政治局派出的中共中央代表团，在瑞金主持召开中央苏区党组织第一次代表大会（即赣南会议），毛泽东以苏区中央局代理书记身份出席会议。这次会议，对根据地问题、军事问题、土地革命路线问题展开了争论。毛泽东坚持认为，中央革命根据地从实践中形成的一整套路线和方针是正确的，参加会议的几个中心县委书记也列举大量事实支持毛泽东的看法。然而，中央代表团却对毛泽东和中央苏区的工作进行了多方面的批评和指责。会议根据临时中央的指示，设立中央革命军事委员会，取消红一方面军总司令和总政委、总前委书记。这样，就把毛泽东排除出中央苏区红军中的领导地位。尽管如此，中共临时中央仍认为赣南会议对毛泽东批判得很不够，批评中央代表团没有能够完全贯彻中央的"进攻路线"和"反右倾"纲领。由于毛泽东在党内外享有很高的威望，中共临时中央经过讨论后致电苏区中央局："人民委员会主席一人，决定由毛泽东担任；副主席二人，张国焘与项英出任"。

为保卫革命根据地、加强苏区和红军党的建设、创建苏维埃政权作出卓绝贡献的毛泽东是在遭受严厉批判的情况下出任中华苏维埃共和国临时中央政府主席的。

第二十一节：1931 年
九一八事变　日本侵占东北三省与华北北部
1931 年 11 月 7 日至 11 月 20 日
中华苏维埃共和国第一次全国代表大会在瑞金隆重召开
各革命根据地工农民主政权得到发展

1931 年 11 月 7 日，在十多架国民党军队飞机的空袭后，中华苏维埃共和国第一次全国代表大会在江西瑞金叶坪隆重开幕。出席大会的代表分别来自中央苏区和闽西、赣东北、湘赣、湘鄂西、海南等苏区、红军部队和设在国民党统治区的全国总工会、全国海员总工会等，共 610 人。越南、朝鲜的来宾也应邀出席。

大会的主要议程有：（1）接受中共中央向大会提出的苏维埃宪法、劳动法、土地法、红军问题、经济政策、工农检查问题等决议草案，并确定毛泽东代表中共苏区中央局作政治问题报告；项英作劳动法报告；张鼎丞作土地法报告；朱德作红军问题报告；周以栗作经济政策问题报告；邓广仁作工农检察问题报告；任弼时作苏维埃宪法问题报告；王稼祥作少数民族问题报告。（2）选举中华苏维埃共和国中央执行委员会，组成中华苏维埃共和国中央执行委员会，并组织临时中央政府。9 日至 17 日，大会听取了各项报告并通过了相关决议。

关于宪法大纲的起草和通过，极具传奇性。这是由于，大会召开之后，苏区中央局才接到中共临时中央的电报，电告了由周恩来为中华苏维埃共和国起草的《宪法大纲》17条原则要点。接到中央的电报后，根据中共中央的指示精神，大会主席团第二次会议作出组织宪法起草委员会的决议，由任弼时、王稼祥、毛泽东、曾山、张鼎丞等17人组成，讨论起草宪法大纲。指定在苏联接受过系统马列主义教育、有革命法律研究和苏联司法实践经历的梁柏台担任执笔人，迅速按照17条原则起草《宪法大纲》初稿，16日、17日连续两天讨论了《宪法大纲》初稿，形成了提交大会的《宪法大纲草案》，同时电报中共中央。18日召开全体代表大会，进行审议，经过热烈讨论，一致通过《中华苏维埃共和国宪法大纲》。这是中国历史上第一个由人民代表机关正式通过并公布实施的宪法大纲，具有重大的里程碑意义。

大会通过了《中华苏维埃共和国宪法大纲》、《中华苏维埃共和国土地法》、《中华苏维埃共和国劳动法》、《中华苏维埃共和国经济政策》等法律、法令。选举产生了中华苏维埃共和国中央执行委员会，为全国苏维埃代表大会闭会期间的最高权力机关，选举毛泽东、项英、张国焘、周恩来、朱德等63人为中央执行委员。设立中华苏维埃中央革命军事委员会，朱德任主席，王稼祥、彭德怀任副主席。宣告中华苏维埃共和国成立。11月20日大会闭幕，毛泽东致闭幕词。

1931年11月27日，毛泽东在中华苏维埃共和国中央执行委员会第一次会议上，当选为中央执行委员会主席和人民委员会主席，项英、张国焘（未到职）为副主席。会议还决定了中央政府的各部部长（人民委员），决定中华苏维埃共和国临时中央政府设在江西瑞金。于是，瑞金成为中华苏维埃共和国的首都，成为全国苏维埃运动的心脏和枢纽。

1931 年 12 月 1 日，由毛泽东、项英、张国焘签署的《中华苏维埃共和国中央执行委员会布告》第一号发布，庄严宣布中华苏维埃共和国成立。从此，一个真正代表工农民主利益的全新政权在中国大地诞生。

中华苏维埃第一次全国代表大会的召开和中华苏维埃共和国临时中央政府的成立，具有重大的历史意义。这是中国历史上第一个由工农大众当家作主选举产生的中央政府。当时，各个革命根据地仍处在被分割的状态，临时中央政府的成立，一定程度上加强了对各根据地和各路红军的统一指挥，在政治上也产生很大的影响。代表大会通过的一系列法规和决议案，在初步总结经验的基础上，为临时中央政府和各根据地的立法和施政方针确定了共同遵守的基本准则，具有不可磨灭的历史贡献和历史地位。

在国民党重重包围的恶劣环境下创建完全由工农大众当家作主的全新政权，本身就是一项极为艰巨的开创性工作，加上由于继续贯彻王明"左"倾教条主义路线的以博古为代表的临时中央在党内处于统治地位，临时中央政府成立之初的工作就更为艰难。

中华苏维埃共和国临时中央政府成立后不久，毛泽东主持中共苏区中央局会议讨论指导了由赵博生（中共秘密党员）、董振堂领导的国民党第二十六路军一万七千人在宁都起义，加入红军改编为红五军团，并按照古田会议决议的精神，建立党的领导，加强政治思想工作。宁都起义胜利和红五军团诞生，极大增强了红军的力量，红军的力量由第一次反"围剿"时的四万多人发展到六万多人。宁都起义发生的第二天（12月15日），原在上海没有到任的中共苏区中央局书记周恩来进入闽西苏区，月底到达瑞金主持苏区中央局工作。

1932年4月，毛泽东在周恩来的支持下，以中央政府主席身份指挥红军东路军取得漳州战役胜利。在占领漳州后，他坚持"没有调查研究，就没有发言权"，在调查研究的基础上，制定了较前更加完善的城市政策，受到了当时在漳州的陈嘉庚先生的称赞，也为后来苏区政府制定符合实际情况的城市政策进一步积累了经验。

中华苏维埃第一次全国代表大会建立的苏维埃共和国，实行工农兵代表大会制度。工农兵代表大会包括乡（市）、区、县、省和全国五级。工农兵代表大会制度，既保证工农劳苦大众选举能够代表自己意志和利益的代表参加政权，又能保证在民主集中制基础上的集中。这种直接选举和间接选举相结合的工农兵代表大会代表选举制度，符合革命根据地实际，符合中国国情，具有强大的生命力，成为中国共产党领导中国人民创造的人民代表大会制度的重要基础。其原则，在后来的抗日战争时期、解放战争时期得到坚持和考验。新中国成立后实行的人民代表大会制度，继承和坚持了这一原则，至今得到遵循。

从1931年11月至1934年1月，中央根据地进行了三次民主选举。为了保证根据地人民能够真正有效地行使选举权和被选举权，并做好选举工作，苏维埃政府颁布了选举法细则，对相关问题都作了明确的规定，有效地指导和有力地推动了各地工农兵代表大会的产生并行使权力。

1931 年 11 月后，仅在中央根据地范围内，就先后建立了江西、福建、闽赣、粤赣、赣南等省苏维埃政府。到 1935 年 1 月，先后建立过的县级苏维埃政府有 250 多个。

在其他地区，先后建立过湘赣、湘鄂赣、闽浙赣、鄂豫皖、湘鄂西、川陕、闽东、湘鄂川黔、陕甘边和陕北、大金等省级（或相当于省级）的苏维埃政府。

各级苏维埃政府是比较精干的政府。临时中央政府各个部正副部长一般只有 3 至 5 人。人民委员会每次召开会议，少则半天，多则一天。

临时中央政府重视司法建设，初步建立起具有鲜明阶级性和时代特征的法律体系。

各级苏维埃政府非常注意廉政建设，坚决地开展反腐肃贪斗争，得到根据地人民的支持。

各级苏维埃政权做了大量有益于人民的工作，得到广大人民的真诚拥护。群众踊跃参军参战，积极发展生产，支援革命战争。

中国革命走的是农村包围城市、武装夺取政权的道路，这就决定了，中国共产党夺取全国政权，走的是先有基础政权，后有中央政权，由分散到集中，从局部到全国的发展道路。在长期艰苦卓绝的革命战争中，各革命根据地为中国共产党人提供了进行创造性实践的伟大阵地。中国共产党领导的革命根据地政权建设，是开辟人民政权建设的重要实践，为党逐渐学会治国安邦，积累了宝贵经验。

各根据地政权建设的实践，还造就了一大批治党、治国、治军的领导干部和各方面人才。在临时中央政府执行委员会主席毛泽东的带领下，中央政府各部门和各级政府的许多干部为根据地的建设辛勤工作，形成了自力更生、艰苦奋斗、不怕牺牲、无私奉献、密切联系群众、为老百姓办实事的优良传统和作风，涌现了一大批德才兼备、奋发有为、全心全意为人民服务的优秀领导干部，他们中的很多同志成为后来进行的抗日战争和解放战争的领导骨干，成为新中国党和国家的领导中坚。

中华苏维埃共和国第一次全国代表大会，是中国共产党领导中国人民创造人民代表大会制度的历史上第一座伟大的丰碑！

🔗 时势链接：
九一八事变和抗日救亡运动的兴起

正当国民党统治集团调动兵力大规模"围剿"红军的时候，日本帝国主义发动了武装侵略中国东北的战争。

日本对侵略中国蓄谋已久。在清朝末年，日本通过发动甲午战争和1904年至1905年在中国东北进行的日俄战争等侵略行动，迫使清政府签订不平等条约，侵占中国台湾，并把中国东北的南部地区强行划入自己的势力范围。日本在中国东北设立关东都督府等殖民机构，建立关东军，对东北进行全面的政治、军事控制和经济掠夺。1927年6月至7月，日本政府召开东方会议，确立了先占领中国东北、内蒙古进而侵占全中国的侵略目标。1929年爆发的世界经济危机后，日本统治集团更急于发动侵略中国的战争，加快对外侵略扩张的步伐。1931 年上半年，日本加紧进行武装侵略中国的部署，精心策划了震惊中外的九一八事变，在世人面前完全暴露其占领中国的狼子野心。

　　1931 年 9 月 18 日，日本关东军自行炸毁沈阳北郊柳条湖附近南满铁路的一段，反诬中国军队破坏铁路，以此为借口，突然袭击中国军队和沈阳城。9 月 19 日，日军侵占沈阳，随即在几天内侵占安东（今丹东）、海城、营口、辽阳、鞍山、铁岭、本溪、抚顺、四平、长春、吉林等 20 多座城市及其周围广大地区。9 月辽宁（除锦州、辽西）、吉林两省沦陷，11 月黑龙江基本沦陷。1932 年 1 月和 2 月，锦州及辽西、哈尔滨沦陷。在短短四个多月内，整个中国东北沦为日本的占领区。

　　日本所以能够如此轻而易举地实现其侵略计划，主要是以蒋介石为首的国民党政府对日本的侵略实行不抵抗政策的结果。九一八事变前，日军已在中国东北制造多起事端，其占中国东北的野心早已昭然于世。当时蒋介石既忙于军阀混战，更忙于"围剿"红军。1931 年 7 月至 9 月，蒋介石调集 30 万大军对中央苏区进行第三次"围剿"，并亲赴南昌督战。电令张学良，对日军的寻衅不予抵抗。九一八事变后，蒋介石鼓吹"攘外必先安内"、"先清内匪再言抗日"，继续集中精力"围剿"红军。

　　日本帝国主义对东北三省的大规模侵略强烈地震动了中国社会，一个群众性的抗日救亡运动很快在全国兴起。各界民众团体和知名人士，纷纷发表通电，抗议日本侵略暴行，要求国民党政府抗日。中共中央和中华苏维埃临时政府多次发表宣言，号召工农红军和全国民众以民众革命战争驱逐日本帝国主义。九一八事变后，毛泽东、朱德、贺龙、彭德怀等于 9 月 25 日联名发表文告，揭露日本侵略暴行，坚决主张抗日。

上海、南京、北平、天津、汉口、太原、芜湖、长沙、重庆、桂林等大中城市举行大规模抗日救国群众大会和反日大罢工，掀起了抗日救亡运动热潮。

从 1931 年 10 月开始，东北人民迅速组建为数众多的抗日义勇军，打击日本侵略军，揭开了东北抗日游击战争的序幕。

日本侵占中国东北后，很快发动侵略上海的战争。1932 年 1 月 28 日夜，发动对上海闸北区的进攻（即一·二八事变），蔡廷锴、蒋光鼐率领第十九路军英勇抵抗，坚持一个多月，取得重大战果。上海各界民众和全国各地民众纷纷支援。中国共产党通过上海党组织发动群众支援前线。上海数十万军民同仇敌忾英勇抵抗。

九一八事变后，日本按照预定计划，加紧在中国东北建立傀儡政权，1932 年 3 月 9 日，在吉林省长春宣布成立以清朝末代皇帝溥仪为"执政"的伪"满洲国"。日本通过加强殖民统治，很快把东北变成侵略华北乃至全中国的战略基地。

1933 年 1 月，日军攻占山海关。2 月向热河进犯，3 月热河全省沦陷。日军迅即南下，向长城上的军事要隘喜峰口、古北口等地进犯，侵略矛头直指北平、天津。驻守长城的西北军、东北军等部队奋起抵抗两个多月，虽重创日军，但由于得不到有力支援而失败。日军侵占长城各口后，相继侵占张北、密云、平谷、唐山、三河、香河等地，造成包围平津态势。5 月，国民党政府在日本胁迫下签订《塘沽协定》，实际上承认了日本对中国东北三省和热河省的侵占，使整个华北门户洞开，为日军进一步扩大侵略提供了条件。

在民族危机日益严重的形势下，中国共产党高举抗日救亡的旗帜。1933 年 1 月 17 日，中共中央以中华苏维埃共和国中央执行委员会主席毛泽东，副主席项英、张国焘和中国工农红军革命军事委员会主席朱德的名义发表宣言，首次提出中国工农红军在三个条件下同任何武装部队订立共同对日作战的协定。1 月 26 日中共中央给满洲各党部和全体党员发出指示信，要求建立反帝统一战线，与日本帝国主义及其走狗斗争。5 月 15 日，中共满洲省委作出接受中央指示的决议，决定建立抗日联合军指挥部，开展反日游击运动。

第二十二节：1930 年 9 月起
各革命根据地民主选举各级苏维埃代表大会代表

在同国民党进行严酷军事斗争的极端困难的环境下，为了组织好中华苏维埃共和国成立前代表的选举，中准会和苏区中央局克服重重困难，作了认真准备。

1930 年 9 月 12 日，"中准会"通过了《中国工农兵会议（苏维埃）第一次全国代表大会选举条例》及《中国工农兵会议（苏维埃）第一次全国代表大会苏维埃区域选举暂行条例》和《中国工农兵会议（苏维埃）第一次全国代表大会反动统治区域选举法公函》，9 月 26 日发布，对苏区和敌占区的代表选举分别作了部署。在极端复杂困难的情况下，各革命根据地和选举单位依照三个条例的规定选举产生了出席中华全国苏维埃第一次代表大会的代表，为大会的胜利召开奠定了基础。

中华苏维埃共和国实行各级工农兵代表大会制度，工农兵代表大会包括乡（市）、区、县、省和全国五级。《中华苏维埃宪法大纲》规定：苏维埃公民直接选派代表参加工农兵代表大会，讨论和决定一切国家的地方的政治事务。根据这一规定，符合条件的选民按一定比例直接选举产生工农兵代表大会代表，组成工农兵代表大会，并选举产生苏维埃政府组成人员，区、县、省工农兵代表大会，均由下一级代表大会按一定比例选举的代表组成，并产生区、县、省苏维埃政府组成人员。中华苏维埃全国代表大会，由各省工农兵代表大会所选举的代表组成，并选举产生中华苏维埃共和国中央政府组成人员。各级工农兵代表大会闭会期间，由其选举的各级执行委员会代行权力，对各级工农兵代表大会负责。这种在民主选举基础上产生的工农兵代表大会制度，既能保证工农劳苦大众选举能够代表自己意志和利益的代表参加政权，又能保证在民主基础上的集中，体现了民主集中制的原则。

根据中华苏维埃第一次全国代表大会通过的《中华苏维埃宪法大纲》规定的原则，中华苏维埃共和国中央执行委员会第一次全体会议通过了《中华苏维埃共和国的选举细则》、《中华苏维埃共和国选举委员会的工作细则》。1933 年 8 月 9 日，中央执行委员会颁布了《苏维埃暂行选举法》，为后来举行的地方苏维埃选举和第二次全国代表大会代表的选举提供了法律依据。

中华苏维埃共和国成立后颁布的几个选举规定具有与清末民初的议员选举本质区别的鲜明特点：

首先是明确体现了工农民主政权的国家性质。《中华苏维埃共和国中央执行委员会与人民委员会对第二次全国苏维埃代表大会的报告》指出："苏维埃最广泛的民主，首先表现于自己的选举。苏维埃给予一切被剥削被压迫的民众以完全的选举权与被选举权，在女子的权利与男子同等。工农劳苦群众对这样的权利的取得，乃是历史上的第一次。"

其次是选举分为直接选举和间接选举。以乡市为基层单位，进行直接选举，即乡、城市苏维埃分别由全乡、全市各选举大会选出的代表组成；区、县、省、全国苏维埃代表大会的代表则是间接选举产生。

　　最后是选举程序规范。主要分为 7 步：一是成立选举委员会，负责宣传和组织；二是选民登记；三是划分选举单位；四是提出候选人名单；五是向选民作报告；六是准备提案；七是召开选举大会。

　　《中华苏维埃共和国宪法大纲》以及《中华苏维埃的选举细则》、《苏维埃暂行选举法》所规定的各级工农兵代表大会的职权及其选举原则，在后来的抗日根据地、解放区的各级人民代表会中都得到坚持和贯彻。新中国成立后，这些原则在宪法和选举法中都得到继续坚持和贯彻。经过革命战争烽火锤炼和新中国成长发展检验的证明，直接选举和间接选举产生人民代表的选举办法，是深得中国人民赞成和拥护、符合中国国情的好制度。

第二十三节：**1931 年 11 月 18 日 瑞金**
《中华苏维埃共和国宪法大纲》
——具有里程碑意义的治国纲领

1931 年 11 月 18 日，中华苏维埃第一次全国代表大会通过的《中华苏维埃共和国宪法大纲》（以下简称宪法大纲），是中国共产党领导中国人民制定的第一部国家宪法。全文由前言和 17 条组成。

宪法大纲 17 条的主要内容为：

中华苏维埃共和国的根本法（宪法）的任务，在于保证苏维埃区域工农民主专政的政权和达到它在全中国的胜利；

中国苏维埃政权所建立的是工人和农民的民主专政的国家，苏维埃全部政权是属于工人、农民、红军及一切劳苦民众的；

中华苏维埃共和国之最高政权为全国工农兵会议（苏维埃）的大会，在大会闭会的期间，全国苏维埃临时中央执行委员会为最高政权机关，中央执行委员会下组织人民委员会，处理日常政务，发布一切法令和议决案；

在苏维埃政权领域内的工人、农民、红军士兵及一切劳苦民众和他们的家属，不分男女、种族（汉、满、蒙、回、藏、苗、黎和在中国的台湾、高丽、安南人等）、宗教，在苏维埃法律前一律平等，皆为苏维埃共和国的公民。凡上述苏维埃公民在 16 岁以上均享有苏维埃选举权和被选举权；

以彻底改善工人阶级的生活状况为目的，制定劳动法，宣布 8 小时工作制，规定最低限度的工资标准，创立社会保险制度与国家的失业津贴；

以消灭封建制度及彻底地改善农民生活为目的，颁布土地法，主张没收一切地主阶级的土地，分配给（雇农）贫农中农，并以实现土地国有为目的；

采取一切有利于工农群众并为工农群众所了解的走向社会主义的经济政策；

以彻底地将中国从帝国主义榨压之下解放出来为目的，宣布中华民族的完全自主与独立，不承认帝国主义在华的政治上经济上的一切特权，宣布一切与反革命政府订立的不平等条约无效，否认反革命政府的一切外债。在苏维埃区域内，帝国主义的海陆空军绝不容许驻扎，帝国主义的租借地无条件地收回，帝国主义手中的银行、海关、铁路、航业、矿山、工厂等一律收归国有，在目前可允许外国企业重新订立租借条约继续生产，但必须遵守苏维埃政府一切法令；

以极力发展和保障工农革命在全中国胜利为目的，宣布拥护和参加革命的阶级斗争为一切劳苦民众的责任，逐渐实行普遍的兵役义务；

以保证工农劳苦民众有言论、出版、集会、结社的自由为目的，反对地主资产阶级的民主，主张工人农民的民主；

以保证彻底地实行妇女解放为目的，承认婚姻自由，实行各种保护妇女的办法，使妇女能够参加全社会经济的政治的文化的生活；

以保证工农劳苦民众有受教育的权利为目的，在进行阶级战争许可的范围内，应开始施行完成免费的普及教育，首先应在青年劳动群众中施行；

以保障工农劳苦民众有真正的信教自由的实际为目的，绝对实行政教分离的原则，一切苏维埃公民有反宗教的宣传的自由，帝国主义的教会只有服从苏维埃法律时才能许其存在；

承认中国境内少数民族的民族自决权，努力帮助弱小民族脱离帝国主义、国民党、军阀等的压迫统治，发展自己的民族文化和民族语言；

宪法大纲还对保护受反动统治迫害的革命战士、在苏维埃区域内从事劳动的外国人权利、与苏联的联盟作出规定。

宪法大纲的划时代意义

第一，宪法大纲是中国共产党自 1921 年成立以来，第一次将党的宗旨、党的政治纲领和治理国家的主张转变为国家意志，并以国家宪法的形式确定下来的极其重要的文献，具有划时代的历史意义。一苏大通过的劳动法，将宪法大纲确定的工人阶级的地位、权利等具体化，保障了工人群众的切身利益；一苏大通过的土地法，使得广大贫苦农民拥有了自己的土地。宪法大纲和劳动法、土地法，在中国历史上第一次庄重地将工人、农民的利益放在高于一切的地位，并予以法律的保障，确实是前无古人、开天辟地的第一回。在中国共产党领导下，全中国工人、农民和其他劳苦民众自己当家做主人，高举反对帝国主义、封建主义、官僚资本主义的大旗，维护和保障最广大人民群众的根本利益和政治经济文化等各项权利，废除帝国主义在中国的一切特权，维护国家主权、领土完整，维护民族团结，与清末新政、民国初年制定的宪法或宪法性文件有着本质的区别。

第二，为各革命根据地工农政权建设确定了原则，指明了方向。1927年蒋介石反革命政变后，不断加大对共产党领导的革命根据地的"围剿"，大规模逮捕和屠杀共产党人和革命群众，制造白色恐怖，中国共产党处在极端艰难的时期。一方面，以毛泽东为代表的党内坚持正确路线的同志，领导红军开创了井冈山革命根据地，建立了赣南闽西革命根据地等各革命根据地，同时通过调查研究，从实际出发，制定了一整套符合实际的政策，创建工农兵政权，艰苦支撑红军的反"围剿"，大力改善根据地人民群众的生活。另一方面，当时在党内，处于统治地位的以王明为代表的"左"倾教条主义路线，强行推行攻打中心城市等冒险主义方针，排斥和打击毛泽东等坚持正确路线的同志，拒绝在苏区实行已经证明是正确的政策。因此，从党内来看，在这种情况下中华苏维埃共和国第一次全国代表大会得以在瑞金召开，并通过宪法大纲和劳动法、土地法和经济政策法令，从一定程度上凝聚了党内的最大共识，在各根据地对敌斗争和政权初创最艰难的时刻，提供了工农政权建设的最高法律依据，成为党号召工农群众顽强奋斗的光辉旗帜，对于增进党和各级苏维埃政府的凝聚力和战斗力，加强苏维埃政府的工作，起到了十分及时的重要的规范和指导作用。

第三，宪法大纲所确定的苏维埃政权建设的根本原则，为后来逐步形成的人民代表大会制度建设提供了基本原则和设计架构。

1941年9月10日，毛泽东在《反对主观主义和宗派主义》一文中指出："过去我们的党很长时期为主观主义所统治，立三路线和苏维埃运动后期的'左'倾机会主义都是主观主义。苏维埃运动后期的主观主义表现更严重，它的形态更完备，统治时间更长久，结果更悲惨。这是因为这些主观主义者自称为'国际路线'，穿上马克思主义的外衣，是假马克思主义。"毛泽东的这段重要论述是今天我们在阅读和理解这段激烈而悲壮的苏维埃运动史时尤其需要把握和领会的。这是因为，对于我们后辈来说，无数革命先烈用生命和鲜血换来的经验和教训都是极为宝贵的财富！

第二十四节：1930 年至 1934 年
毛泽东通过深入调查研究对苏维埃政权建设进行正确指导

重视调查研究，坚持从实际出发，是毛泽东极为突出的特点。从秋收起义到井冈山斗争，再到开辟赣南和闽西革命根据地，再到后来担任中华苏维埃临时中央政府主席，不论局势怎样险恶，无论身处怎样境地，毛泽东从不放松对周围环境的现状和来源进行周密的调查研究，努力按照不断变化的实际情况来决定行动方针。毛泽东强调，不做调查没有发言权；不做正确的调查同样没有发言权。从秋收起义到红军被迫长征，对于涉及中国革命前途命运的重大问题，毛泽东都不辞辛苦地进行调查研究，撰写了许多对后来中国革命产生重要影响的著名的调查报告。笔者集中阅读了其中的 4 篇调查（笔者简称为一县、一区、两乡调查）和 1 篇文章（《乡苏怎样工作》）。从政权建设的角度看，一县、一区调查（寻乌县、兴国县永丰区），是毛泽东在井冈山根据地创立时期的 1930 年进行的，主要是解决了新生政权依靠谁、打倒谁、团结谁、为了谁这个根本问题和如何建设的问题。两乡调查（长冈乡、才溪乡）则是毛泽东在中华苏维埃第二次全国代表大会召开前的 1933 年进行的，主要解决乡一级政权成立后，怎样工作的问题。《乡苏怎样工作》系统阐释了两乡调查得出的结论，成为对苏维埃代表大会建设乃至于后来人民代表大会制度建设的基本指导文件。

1931 年中华苏维埃共和国成立前：
1930 年 5 月的《寻乌调查》

古田会议后，红四军回师赣南，1930 年 5 月，红四军攻克寻乌城，在这里停留了一个月，环境比较安定。利用这个机会，毛泽东在寻乌县接连开了十多天座谈会，进行社会调查。这是他以前没有过的规模最大的一次调查。寻乌县地处闽粤赣三省交界处，明了了寻乌县的情况，三省交界各县的情况大概相差不远。关于调查的目的性，毛泽东说，是由于对"中国的富农问题我还没有全般了解的时候，同时我对于商业状况是完全的门外汉，因此下大力来做这个调查"。毛泽东把这次调查的结果，整理写成了《寻乌调查》。这个调查，对寻乌县的地理环境、交通、经济、政治、各阶级的历史和现状等，进行了全面而详细的考察分析。不仅调查了农村，还调查了城镇，尤其调查了城镇的商业和手工业状况及其历史发展过程和特点。《寻乌调查》可以称为上个世纪三十年代中国华南城乡的全景图，其调查的社会面之广、对各阶级情况了解之深、对各行各业情况了解之细，出人意料，令人惊叹。全文分五章三十八节，共八万多字，是笔者迄今见到的毛泽东写得最长的调查报告：第一章寻乌的政治区划；第二章寻乌的交通；第三章寻乌的商业；第四章寻乌的旧有土地关系；第五章寻乌的土地斗争。

读了《寻乌调查》几乎不敢想象，毛泽东在赣南山区同国民党军队激烈战斗的间隙，居然有"静气"坐下来，在一个小县城待上十几天去列数家珍。如，对寻乌城市场的观察，细到逐一罗列十六七家大、小杂货店的店主姓名、籍贯、生意种类，

并略举有一百三十一种商品的名目：牙粉、牙刷、铅笔、钢笔、
粉笔……中山扣、白骨扣、乌骨扣、海螺扣、阴阳扣。……洋
油、马灯、不灯（即草灯）、宝盖灯、洋瓷桌灯、莲花宝盖灯、
三练洋灯、四方带灯、六角带灯……

在调查寻乌旧有的土地关系中，将地主分为公共地主（又
细分为 A 祖宗地主、B 神道地主、C 政治地主），个人地主（又
细分为大地主、中地主、小地主及其他们的政治态度），等等。

连方言、俚称、俗语毛泽东都原样照记，概不遗漏。为什
么这样做？毛泽东写道：对于商业的内幕始终是门外汉的人，
要决定对待商业资产阶级和争取城市贫民群众的策略，是非错
不可的。……我们研究城市问题也是和研究农村问题一样，要
拼着精力把一个地方研究透彻，然后于研究别个地方，于明了
一般情况，便都很容易了。

经过对寻乌的调查，毛泽东懂得了城市商业状况，掌握了
分配土地的各种情况，解剖了各种社会阶级，得到了正确的阶
级估量，定出正确的斗争策略，为后来苏区制定正确对待城市
贫民和商业资产阶级政策、农村阶级政策、土地政策等，提供
了实际依据，为加强苏区政权建设打下重要政治基础。

在进行寻乌调查的同时，毛泽东进行了深入的理论思考，
写出了他的名作《反对本本主义》，提出了一个重要命题："没
有调查，没有发言权"，调查就是解决问题；得出一个极端重要
的结论"马克思主义的'本本'是要学习的，但是必须同我国
的实际情况相结合"。这些观点，为加强中央苏区政权建设提供
了基本遵循，是毛泽东长期坚持的基本原则，成为毛泽东思想

的基本组成部分。

1931 年 10 月的《兴国调查》

10 月底，毛泽东在新余县罗坊对兴国县永丰区的情况，进行了一个星期的调查。他了解到，永丰区位于兴国、赣县、万安三县交界，分为四个乡，人口总共八千八百人。毛泽东和参加调查会的八个同志每天开两次甚至三次会，有时开至夜深。毛泽东写道，"一切结论，都是由我提出得到他们八个同志的同意，然后写下来的，有些并未做出结论，仅叙述了他们的答话"，他认为，"过去红色区域弄出了许多错误，都是党的指导与实际情况不符合的原故。所以详细的科学的实际调查，乃非常之必需。这次调查，一般说来仍不是很深入的，但较之我历次调查要深入些"。他特别说明了这个调查的缺点，由于敌人的进攻，儿童、妇女、交易、物价等方面没有调查的内容。

毛泽东在《兴国调查》前言里，总结了这次调查的特点：一是做了八个家庭的调查，这是他从来没有做过的，而没有这种调查，就不可能有农村的基本概念；二是调查了各阶级在土地斗争中的表现，是他在寻乌调查中做了而没有做得完全的。

1934 年中华苏维埃共和国第二次全国代表大会召开前：

1933 年 11 月的《长冈乡调查》和《才溪乡调查》

1933 年 11 月，在筹备中华苏维埃共和国第二次全国代表大会期间，毛泽东就乡苏维埃政权建设及其运行问题，先后深入到江西省兴国县长冈乡、福建省上杭县才溪乡进行了一次著名的农村调查，为指导苏区基层政权建设搜集第一手材料。这次调查，形成了两篇经典著作：《长冈乡调查》和《才溪乡调查》。这两篇文章于 1934 年 1 月在江西瑞金召开的中华苏维埃共和国第二次全国代表大会上，作为会议材料印发给到会的全体代表，当时均为油印的单行本，题目分别是《乡苏工作的模范（一）——长冈乡》和《乡苏工作的模范（二）——才溪乡》。他们通过运用马列主义的立场、观点和方法，对两地人民在根据地的政权建设、经济建设、扩大红军以及文化教育等方面的工作进行了全面系统和周密的调查，作出了科学的总结，为农村革命根据地的建设提供了宝贵的经验，增强了苏区建设的信心，极大推动了中华苏维埃的各项工作，成为毛泽东"没有调查就没有发言权"和"真心实意为群众谋利益"重要思想的代表性著作，长期以来，得到了理论界、学术界以及党和国家各级机关工作者的推崇。

《长冈乡调查》全文近两万字，分别记录了有关政治区划及户口、代表会议、此次选举、乡苏下的委员会、地方部队、群众生活、公债的推销、合作社运动等二十个方面的内容。其中，代表会议、此次选举和乡苏下的委员会三个方面用了约五千字篇幅，是全文的重点内容。

《才溪乡调查》全文近万字，分别记录了行政区划、代表会议、此次选举、乡苏下的委员会、扩大红军、经济生活、文化教育等七个方面的内容。其中，代表会议、此次选举和乡苏下的委员会三个方面用了近三千字的篇幅，也是全文的重点内容。

毛泽东在两个调查中指出，无数的下级苏维埃工作同志，在许多地方创造了许多动员群众的很好的方法，他们与群众打成一片，他们的工作收到了很大的成效，上级苏维埃人员的一种责任，就在于把这些好的经验收集整理起来，传播到广大区域中去。两个调查所收集的经验，就是两地若干项主要工作的概略的总结，"但这种总结已足引起我们的极大注意，已足使我们郑重称赞他们的工作为'苏维埃工作的模范'，因为他们与群众的关系十分密切，他们的工作收得了很大的成效。发扬这些经验，收集更多的经验，供给一切落后的乡苏、市苏以具体的榜样，使他们的工作提高到先进乡苏、市苏的地位，团结千百万群众于苏维埃的周围，争取一切苏维埃工作适合于粉碎敌人'围剿'的要求，这就是我们的目的。"

1934 年 4 月 19 日的《乡苏怎样工作》

毛泽东首先明确提出乡苏维埃工作的方向与原则：乡苏维埃（与市苏维埃）是苏维埃的基本组织，是苏维埃最接近群众的一级，是直接领导群众执行苏维埃各种革命任务的机关。在国内战争环境内，战争动员工作十分紧张，群众生活需要更加改善，因此极力改善乡苏（与市苏）的工作，健全乡苏的组织与领导，使它能够完全适合发展革命战争与改善群众生活的要求，是非常重要的事。改善乡苏工作的方向，应该朝着最能够接近广大群众，最能够发挥群众的积极性与创造性，最能够动员群众执行苏维埃任务，并且最能够争取任务完成的速度，使苏维埃工作与革命战争、群众生活的需要完全配合起来，这是苏维埃工作的原则。

乡苏究竟应该怎样进行他们的工作呢？毛泽东从乡苏主席团的工作、代表会议的工作、村的组织与工作、乡与村的委员会、乡苏与群众团体的联系、革命竞赛与突击队、区苏对乡的领导七个方面作了详细的规定。如规定，乡代表会议是全乡最高政权机关，主席团是代表会议闭会后的全乡最高政权机关；主席团会议五天开一次、代表会议通常十天开一次。对乡主席团主席、副主席的工作、代表会议的开法、乡与村委员会的设置等等都作了说明。

今天重温毛泽东的四篇调查和《乡苏怎样工作》，会让我们找到人民代表大会制度和我国宪法体现的基本原则和基本规定的源头，对在同国民党气势汹汹的"围剿"中傲然挺立的革命根据地工农政权肃然起敬！

从1931年11月初赣南会议到1934年10月长征开始，毛泽东的处境是十分艰难的。尽管他出任中华苏维埃政府主席，实际上一直身处逆境，遭受着党内"左"倾机会主义路线接连不断的批判和不公正待遇。他许多行之有效的正确主张，被严厉地指责为"狭隘经验论"、"富农路线"、"保守退却"、"右倾机会主义"，在不短的时间内，甚至被剥夺了工作的权利。这种"残酷斗争，无情打击"又来自党内。在严酷的考验面前，毛泽东以坚强的信念、宽阔的胸怀、钢铁般的意志，自觉维护党的统一，坚持正确的路线和主张。无论在前期的漳州战役、乐宜战役等作战指挥上，中期对中央苏区经济建设、政权建设、土地改革的领导，还是后期在会昌、于都的短期工作，他都竭尽全力地作出了重要的贡献。

第二十五节：**1934 年 1 月 22 日至 2 月 1 日**

第二次全国苏维埃代表大会在瑞金隆重召开

毛泽东作报告：

苏维埃的民主制度，实在是历史上任何政治制度所不曾有的

苏维埃实现了世界上最完满的民主制度

中华苏维埃共和国第二次全国苏维埃代表大会（以下简称二苏大）1934 年 1 月 22 日至 2 月 1 日在江西瑞金隆重召开。

1933 年 9 月下旬，蒋介石调集 100 万军队，对中央苏区展开疯狂的第五次"围剿"。这时，毛泽东已经离开红军的领导岗位，第五次反"围剿"由临时中央负责人博古和共产国际军事顾问李德指挥。他们废弃过去几次行之有效的积极防御方针，在实行军事冒险主义方针失败后转变为军事保守主义方针，结果是敌人步步推进，红军节节抵御，屡遭严重损失。1934 年 10 月，红军被迫撤离中央根据地，开始史无前例的伟大长征。

面对国民党军队咄咄逼人的猖狂进攻，二苏大开得从容不迫，秩序井然。1 月 22 日，大会由中华苏维埃共和国中央执行委员会主席、人民委员会主席毛泽东主持并致开幕词。1 月 24 日下午与 25 日上午，毛泽东代表两个委员会向大会作报告。1 月 27 日，毛泽东作《关于中央执行委员会报告的结论》的报告。2 月 1 日，毛泽东主持并致闭幕词。大会在雄壮的《国际歌》声中结束。

会议期间，第二次全国苏维埃代表大会先后发出致苏联工农群众及红色战士电、给后方伤病战士电、给东北部人民革命军及义勇军电、给在国民党狱中被难革命战士慰问电、给全国红军指战员电，分别向他们通报大会盛况并致以革命的敬礼！

大会通过了《中华苏维埃共和国宪法大纲》、《第二次全国苏维埃代表大会关于国徽国旗及军旗的决定》、《关于红军问题的决议》、《关于苏维埃经济建设的决议》、《苏维埃建设决议案》、《第二次全国苏维埃代表大会关于中央执行委员会报告的决议》、《第二次全国苏维埃代表大会宣言》。

毛泽东向大会的报告长达 4 万多字。1934 年出版的中央苏区刊物编者按这样写道：在报告中指出了中国与世界革命发展的形势，总结了中央政府成立以来苏维埃运动在各方面的很可宝贵的经验，提出了当前的具体战斗任务。这个报告的大纲是：（一）目前形势与苏维埃运动的发展，（二）帝国主义的进攻与苏维埃政府对于反帝运动的领导，（三）帝国主义国民党的"围剿"与苏维埃政府反对"围剿"的斗争，（四）两年来苏维埃各项基本政策的实施，其中分为武装民众与建设红军，对于反革命的镇压，劳动政策，土地革命，财政政策，经济政策，文化建设，婚姻制度，民族政策等九项，（五）苏维埃在粉碎五次"围剿"争取全国胜利面前的具体战斗任务。今将报告全文披露于此。

毛泽东的报告（一），首先分析二苏大召开时面临的严重形势，明确提出了苏维埃政权的历史任务：

今天我们所处的时期，正是中国革命形势更进一步尖锐化的时期。

目前中国时局的重心，是广大的国内战争，是革命与反革命生死存亡的斗争，是工农苏维埃政权与国民党地主资产阶级政权的尖锐的对立。

两个政权对立的日益尖锐化，不能不促进两个政权之间日益激烈的决死的斗争。目前正是在两方面斗争决定胜负的历史的时期，反革命的五次"围剿"正在继续着四次"围剿"粉碎之后大规模的向着我们前进。苏维埃政权的历史任务，就是号召组织领导全苏区全中国一切革命的民众进入这一伟大的决战中，动员广大工农群众加入红军，提高红军的政治教育与军事技术，扩大地方武装和游击队，发展广泛的游击战争，加强苏维埃对于各苏区红军的集中统一的领导，加强苏维埃各方面工作的速度与质量，加强苏维埃财政机关与经济机关的工作，以保证革命战争中的物质需要，开展工人的阶级斗争，组织工人群众的革命积极性到粉碎敌人的斗争上面来，开展农民的土地斗争，动员广大农民群众为着夺取土地与保卫土地而斗争，号召全苏区全中国一切工农劳苦群众以一切牺牲一切努力给予战争，这样去彻底粉碎帝国主义国民党的五次"围剿"，阻止殖民地化中国的道路，争取苏维埃的一省与几省首先胜利以至全中国范围的胜利。

毛泽东的报告（二），着重指出：

临时中央政府成立以来两个年头中间，国内最大的事变，就是帝国主义的进攻及反革命对于革命的第四次与第五次"围剿"。

从一九三一年九月十八日开始的日本帝国主义的强盗战争，从残酷的飞机大炮的屠杀中占领了东三省与热河，控制了平津，还正在向着内蒙及整个华北准备其更大规模的杀人战争。英帝国主义从西藏向四川进攻。法帝国主义准备侵入云贵。美帝国主义则欲将长江流域及福建置于其直接统治之下。所有这些帝国主义，都在以奴役中国民族为目的，以消灭中国苏维埃政权为目的，以准备进攻苏联为目的，同时还以准备帝国主义强盗之间的第二次世界大战为目的，向着广大的中国领土伸张其毒手与阴谋。而中国地主资产阶级国民党，却在一切奉送帝国主义的方针之下，断送了几百万里的土地，对日本及一切帝国主义的进攻，采取了可耻的不抵抗主义，以一切中国劳苦民众的利益为代价，换得帝国主义政治上经济上与军事上的帮助，以便利其集中力量对于苏维埃政权的进攻。

在全面分析了国民党与苏维埃在对帝国主义两种完全不同的行动之后，毛泽东指出：

苏维埃与帝国主义的直接的广大的冲突，是一天一天的逼近了。这就要求苏维埃十分的加强对于一切反帝斗争的领导，苏维埃应当成为全国民众反帝斗争的组织者与领导者。苏维埃政府只有用尽一切力量使民众明了当前的危机与国民党的罪恶，依靠了广大民众反帝国主义反国民党的觉悟程度与组织力量的提高，才能顺利的执行自己神圣的任务——以民族革命战争与革命的国内战争推翻帝国主义国民党在中国的统治。

毛泽东的报告（三），对苏维埃政府的反"围剿"斗争，明确指出：

中国苏维埃与工农红军在全中国民众的拥护之下，由于中国共产党的正确领导，已经成为不可战胜的力量。同时，苏维埃与红军的胜利，更加兴奋了全中国的劳苦民众，使他们认识只有苏维埃与红军才是真正为了民族的独立自由而战，只有苏维埃与红军才能救中国。

……苏维埃在全国民众对于他们的信仰日益增长中，在国民党及一切反革命派别的欺骗日益破产中，对坚决的粉碎五次"围剿"，阻止帝国主义殖民化中国的道路，由革命的一省与数省首先胜利，以至在全国范围内的胜利，证实这一句名言："只有苏维埃才能救中国！"

毛泽东的报告（四），在全面分析两年来苏维埃的各种基本政策的实施之前，首先分析了苏维埃所处的环境与任务。

在论述苏维埃的环境时毛泽东说：

苏维埃的过去时期，他是生长于游击战争中，他是从许多极小的地方生长起来，这些地方是各自独立而没有联合，每一苏区的四周都是敌人的世界，敌人对于苏区是每时每刻的摧残与压迫。然而他能够战胜这些敌人，他是从战胜敌人无数次的压迫中间生长和发展起来的。这就是苏维埃的环境。

苏维埃现在所处的环境，同过去有许多不同了，他有了广大的领土，有了广大的群众，有了坚强的红军，他已将许多散漫的力量集中起来（虽然还没有完全集中起来），他已经组织成一个国家，这就是我们的中华苏维埃共和国。这个国家已经有了他的地方和中央的组织，已经建立临时中央政府。这个政府是一个集中的权力机关，他依靠着广大的民众，依靠着民众的武装力量——红军。这个政府是工农的政府，他实行了工人和农民的革命民主专政，他对于工农是广大的民主，但决不容许任何地主资产阶级分子参加。他是一个专政，是一个已经具有极大权力的专政，这个专政已经向着全国范围扩大他的影响，他在广大民众中间有了很大的信仰。他与过去游击战争时代的情形大大不同了。然而战争仍是经常的生活，并且更加广大与激烈，原因是这个专政与国民党地主资产阶级专政之间的对立一天天尖锐起来，现在已经进到了两方面即将决定胜负的时期，帝国主义国民党的极大规模的"围剿"是摆在他的面前。这就是苏维埃现在的环境。

这种环境决定了他的任务，就是他必须用全部力量去动员民众、组织民众，与武装民众，必须一晚不停地去进攻他的敌人，去粉碎敌人对于他的"围剿"。他的任务是革命战争，是集中一切力量去开展革命战争，用革命战争去打倒敌人的那个专政，并且还要打倒强大的帝国主义统治，因为帝国主义是敌人那一个专政的拥护者和指挥者。他打倒帝国主义与国民党的目的，为的是要统一中国，实现资产阶级性的民主革命，并且要使这个革命在将来能够转变到社会主义的革命去。这就是苏维埃的任务。

为了巩固已经胜利的工农民主政权，为了发展这个专政到全国范围内去，为了动员，组织，武装全苏区全中国的工农劳苦群众，以坚决的革命战争推翻帝国主义与国民党的统治，来巩固和发展这个专政，并且为了从现时资产阶级性的工农民主专政，准备转变到将来社会主义的无产阶级专政，苏维埃必须施行各种必要的基本的政策，这就是苏维埃一切政策的出发点。

接着，毛泽东依次报告并阐述了苏维埃各项政策的实施情况。

关于苏维埃的武装民众与建设红军，毛泽东报告并阐述道：

为着反对敌人的"围剿"，为着进行革命战争，苏维埃的第一个任务就是武装民众，组织坚强的铁的红军，组织地方部队与游击队，组织工业进行战争的给养与运输。

在回顾了两年来中央革命军事委员会的建立，统一了全国红军的领导，粉碎了敌人的四次"围剿"并且取得了反对五次"围剿"的第一步胜利；红军比两年前扩大了几倍；广泛扩大赤少队与游击队；保证红军长期的给养供给与运输等方面取得的极大成绩后，毛泽东指出：

更大规模的革命战争是在我们的面前，苏维埃武装民众政策更加显示了他绝顶重要性，一刻不放松去武装民众，去从切实的工作中，以最快的速度，实现一百万铁的红军的创造，是苏维埃最基本的战斗的任务。

关于苏维埃的民主制度，毛泽东阐述道：

工农民主专政的苏维埃，他是民众自己的政权，他直接依靠于民众。他与民众的关系必须保持最高程度的密切，然后才能发挥他的作用。苏维埃具有绝大的力量，他已经成为革命战争的组织者与领导者，而且也是群众生活的组织者与领导者，他的力量的伟大，是历史上任何国家形式所不能比拟的。但他的力量完全依靠于民众，他不能够一刻离开民众。苏维埃政权需要使用强力去对付一切阶级敌人，但对于自己的阶级——工农劳苦群众，则不能使用任何的强力，而他表现出来的只是最宽泛的民主主义。

苏维埃最宽泛的民主，首先表现于自己的选举。苏维埃给予一切被剥削被压迫的民众以完全的选举权与被选举权，在女子的权利与男子同等。工农劳苦群众对这样的权利的取得，乃是历史上的第一次。……第一，关于选民登记。用红榜白榜的办法将有选举权的居民与无选举权的居民实行严格的划分。……第二，关于成分比例。为了保证无产阶级在苏维埃政权中的领导骨干，采用了工人及其家属十二名选举代表一人，农民及贫民五十人选举代表一人的办法，……第三，关于选举单位。……即是农民以村为单位进行选举，工人则单独为一个单位进行选举。第四，关于参加选举的人数。……一九三二年两次选举，与一九三三年下半年的选举，许多地方到了百分之八十以上的选民，……第五，关于候选名单。一九三三年下半年进行的选举，实行了候选名单制度，使选民在选举之前就有应否选举某人的准备。第六，关于妇女的当选，现在多数的市乡苏维埃，妇女当选为代表的占了百分之二十五以上。部分地方如上杭的上才溪乡……妇女占了百分之六十。下才溪乡，占了百分之六十六。……第七，关于工作报告。即是由乡苏市苏在选举以前，召集选民开会，报告苏维埃的工作，并引导选民批评这种报告。……所有这些，都使民众对于行使管理国家机关的权利的基本步骤——苏维埃的选举，有了完满的办法，保证了苏维埃政权巩固的基础。

其次苏维埃的民主，见之于市与乡的代表会议。市乡代表会议制度是苏维埃组织的基础，是使苏维埃密切接触于广大民众的机关，……其最显著的特点在于（一）……将全体居民适当分配于各个代表的领导下……，使各个代表对于其领导的居民发生固定的关系。这样便使民众与苏维埃在组织上连成了一片。（二）乡苏市苏的代表，按其住所接近，在三个至七个代表之中选举一人为代表主任，其任务是在乡苏及市苏主席团指导之下，分配和指导其领导下各代表的工作，传达主席团的通知于各个代表，召集其领导下居民开会，解决其领导下居民中的较小的问题。一村之内，并须有一个总的代表主任，负领导全村工作之责。这样使市乡主席团与代表之间密切的联系起来，并使村的工作得到了有力的领导。（三）在乡苏维埃与市苏维埃之下，组织各种经常的及临时的委员会，如优待红军委员会，水利委员会，教育委员会，粮食委员会，卫生委员会等，其数可以多至数十，吸引群众中大批的积极分子参加这些委员会的工作，不但乡有委员会，村亦应该有某些必要的委员会。这样便把苏维埃工作组织成了网，使广大民众直接参加了苏维埃的工作。（四）乡苏及市苏的选举，规定每半年举行一次（区苏亦半年一次，县苏省苏则每年一次），这样便使民众的新的意见容易涌现到苏维埃来。（五）在两次选举之间，代表有犯重大错误的，得由选民十人以上的提议经选民半数以上之同意撤回之，或由代表会议通过开除之。……所有这些都是苏区中许多地方在实行着的市乡苏维埃的特点。大家都可以看见，苏维埃政权的民主发展到了这样的程度，实在是历史上任何政治制度所不曾有的。而苏维埃依靠这一制度，同广大民众结合起来，他就使苏维埃成为最能发扬民众创造力的机关，使苏维埃成为最能动员民众以适应国内战争适应革命建设的机关，这也是历史上无论什么政府所做不到的。区以上各级苏维埃政权机关完全建筑于市乡苏维埃的基础之上，由各级的工农兵代表大会与执行委员会而组成，政府工作人员由选举而任职，不胜任的由公意而撤换，一切问题解决根据于民意，所以苏维埃政权是真正广大民众的政权。

其次苏维埃的民主，还见于给予一切革命民众以完全的集会结社言论出版与罢工的自由。……苏维埃政府下每个革命的人民，都有发表自己意见的权利，苏维埃并且给予一切尽可能的物质条件下的便利（会场，纸张，印刷机关等），一切为了反对帝国主义国民党的集会结社与言论出版，苏维埃总是极力的领导着。苏维埃所不允许的，只是那些剥削分子的反革命自由。

不但如此，为了巩固工农民主政权，苏维埃必须吸引广大民众对于自己工作的监督与批评。每个革命的民众都有揭发苏维埃工作人员的错误缺点之权。当着国民党贪官污吏布满全国人民敢怒而不敢言的时候，苏维埃制度之下则绝对不容许此种现象。苏维埃工作人员中如果发现了贪污腐化消极怠工以及官僚主义的分子，民众可以立即揭发这些人的错误，而苏维埃则立即惩办他们决不姑息。这样充分的民主精神也只有苏维埃制度下才能存在。

最后，苏维埃的民主精神还见之于其行政区域的划分。苏维埃取消了旧的官僚主义的大而无当的行政区域，把从省至乡各级苏维埃的管辖境界都改小了。这是什么意思？这是使苏维埃密切接近于民众，使苏维埃因管辖地方不大得以周知民众的要求，使民众的意见迅速反映到苏维埃来，迅速得到讨论与解决，使动员民众为了战争为了苏维埃建设成为十分的便利。……这里应该指出：关于村的划分是重要的一节。因为乡苏维埃之下，执行苏维埃工作的最便利的方法，是以村为单位去动员民众，依靠了村的适当的划分，村的民众组织的建立，村的代表与代表主任对于全村的有力的领导，乡苏的工作才能收到最大的成效。

毛泽东得出结论：苏维埃实现了世界上最完满的民主制度。

接着，毛泽东在报告（四）中依次报告了苏维埃如下重大政策的出发点和实施要点：苏维埃对于地主资产阶级的态度、苏维埃的劳动政策、苏区的土地革命、苏维埃的财政政策、苏维埃的经济政策、苏维埃的文化教育、苏维埃的婚姻制度、苏维埃的民族政策。

毛泽东的报告（五），提出了苏维埃在粉碎五次"围剿"争取全国革命胜利面前的具体战斗任务，重点对红军建设方面、经济建设方面、苏维埃建设方面、领导反帝斗争和白区工作作出部署并提出要求。关于苏维埃建设方面，毛泽东对加强和改进中央执行委员会与人民委员会的工作，加强和改善省苏、乡苏、市苏、村和街道的工作，开辟新苏区的工作，发展苏维埃的民主，反对官僚主义和命令主义，保持苏维埃与广大民众的密切联系，提高苏维埃工作的速度与质量，执行劳动法、土地法，文化教育政策、镇压反革命分子政策等都提出了明确的要求。

中央革命根据地历史资料文库记载了毛泽东报告结束时的情形：（演讲完，随着雷鸣一样的掌声）

第二十六节：1934 年 10 月至 1936 年 10 月

1934 年 10 月：

中央红军被迫长征

1935 年 1 月、2 月　从遵义到鸡鸣三省

遵义会议挽救了党、挽救了红军、挽救了中国革命

1935 年 10 月：

红军长征胜利到达陕北

1936 年 10 月：

三大红军主力在西北胜利会师

1934 年 1 月中共六届五中全会以后，由于王明"左"倾冒险主义的错误领导，导致中央苏区的第五次反"围剿"失败，迫使红军放弃革命根据地，踏上了战略转移的漫漫征程，开始了世界历史上前所未有的壮举。长征初期，"左"倾冒险主义变成逃跑主义，导致湘江战役使红军遭受巨大损失。

1934 年 12 月 18 日，中央政治局在贵州黎平召开会议，会议经过激烈争论，根据毛泽东的建议，通过决议，放弃到湘西北的计划，改向贵州北部进军。

1935 年 1 月 7 日，中央红军占领黔北重镇遵义。一个决定党和红军命运的转折点正在到来。

1935 年 1 月 15 日至 17 日，根据毛泽东、王稼祥等同志的建议，中共中央在遵义召开政治局扩大会议，集中解决具有决定意义的军事和组织问题。出席会议的中央政治局委员有毛泽

东、张闻天、周恩来、朱德、陈云、博古，候补委员有王稼祥、刘少奇、邓发、何克全（凯丰），还有红军总部和各军团负责人刘伯承、李富春、林彪、聂荣臻、彭德怀、杨尚昆、李卓然和中央秘书长邓小平。李德和担任翻译工作的伍修权列席了会议。会议对第五次反"围剿"失败的原因进行了激烈讨论。博古、周恩来、张闻天分别作专题报告，毛泽东接着作了长篇发言。王稼祥、周恩来、朱德、刘少奇等多数与会同志相继发言，不同意博古的总结报告，同意毛泽东、张闻天、王稼祥提出的纲领和意见。会议最后指定张闻天起草决议，委托中央政治局常委审查，然后发到支部讨论。张闻天根据与会多数人特别是毛泽东发言的内容，起草了《中央关于反对敌人五次"围剿"的总结的决议》。这个决议在中共中央离开遵义到达云南省扎西县境内后召开的会议上正式通过。

遵义会议改组了中央领导机构，选举毛泽东为中央政治局常委；决定取消"三人团"，仍由朱德、周恩来为军事指挥者，周恩来为军事指挥上最后下决心的负责者。

"三人团"的由来是：第五次反"围剿"失败后，为筹划中央红军撤离中央苏区事宜，1934 年夏天，中央决定成立由博古、李德、周恩来组成"三人团"。政治上由博古作主，军事上由李德作主，周恩来负责督促军事准备计划的实施。遵义会议作出取消"三人团"的决定，实际上取消了李德在军事上的最高决定权。

1935 年 2 月 5 日，中央红军在行军途中，在川滇黔一个鸡鸣三省的村子召开中央政治局常委会议，这就是中共党史、军事史上著名的鸡鸣三省会议。会议根据毛泽东的提议，决定由张闻天代替博古负中央总的责任；决定以毛泽东为周恩来在军事指挥上的帮助者。会议还讨论和决定中央红军的行动方向和中央苏区问题，作出了一系列重大决策和重要部署。鸡鸣三省会议是遵义会议的继续和补充，对全面贯彻遵义会议精神起到重要作用。

3月4日，中革军委设置前敌司令部，以朱德为司令员，毛泽东为政治委员。其后，鉴于作战情况瞬息万变，指挥需要集中，毛泽东提议成立"三人团"全权指挥军事。3月中旬，成立由毛泽东、周恩来、王稼祥组成的新的"三人团"，以周恩来为团长，负责指挥全军的军事行动。在战争环境下，这是中央最重要的领导机构。

遵义会议在中国革命最危急的关头，依据民主集中制的原则，独立自主地解决了党中央的组织问题，结束了王明"左"倾教条主义在中央长达四年之久的统治，确立了毛泽东在党中央和红军的领导地位，挽救了党，挽救了红军，挽救了中国革命。遵义会议是中国共产党第一次独立地运用马克思列宁主义基本原理解决自己的路线方针政策的会议，是中国共产党历史上一个生死攸关的转折点，标志着中国共产党在政治上走向成熟。

遵义会议后，中央红军在新的中央领导的指挥下，展开了机动灵活的运动战。在毛泽东的指挥下红军四渡赤水，佯攻贵阳，威逼昆明，抢渡金沙江，经过四个月同敌人的周旋和战斗，摆脱了几十万国民党军队的围追堵截，粉碎了蒋介石的计划和部署，取得了战略转移中的决定意义的胜利。

在毛泽东的指挥下，中央红军继续北上。在经过少数民族聚居区时，严格执行党的民族政策，得到少数民族群众的支持和帮助。红军总参谋长刘伯承同大凉山彝族部落首领果基约达（小叶丹）杀鸡歃血为盟，实现了民族团结，使红军胜利通过这个地区。5月下旬，红军强渡大渡河，飞夺泸定桥，翻越夹金山。6月18日，中共中央和中央红军主力到达川西北的懋功地区，与先期到达的红四方面军会师。

此后，中共中央同张国焘分裂和危害党中央和红军的阴谋进行了坚决的斗争，坚持先行北上。中央机关和红军改编后的右路军，穿越荒无人烟的大草地。1935年9月12日，中央政治局在甘肃省迭部县俄界召开扩大会议，通过关于张国焘错误的决定，并将北上红军改称"陕甘支队"。陕甘支队于9月17日突破天险腊子口，第二天占领哈达铺。9月29日，中央政治局常委在榜罗镇开会，正式决定前往陕北。之后顺利翻越六盘山，于10月19日到达陕北吴起镇。至此，中央红军主力行程二万五千里，纵横11省的长征胜利结束。

1935年11月3日，中华苏维埃共和国中央政府决定成立中国工农红军西北革命军事委员会。同日，西北军委宣布恢复红一方面军番号。

11月7日，中共中央机关到达陕甘根据地的中心瓦窑堡。

红一方面军到达陕北后，立即迎击国民党军队的"围剿"。11月20日至24日，在直罗镇取得歼敌一个师又一个团的重大胜利，为中共中央把全国革命的大本营放在西北举行了奠基礼。

红四方面军和红二方面军，也战胜了千难万险，克服张国焘的分裂主义，共同北上，于 1936 年 10 月与红一方面军会师。三大主力红军在西北胜利会师。

红军的长征是以我们的胜利和敌人的失败而结束的。长征的胜利，充分表明中国共产党及其领导的中国工农红军是一支不可战胜的力量。

长征铸就了伟大的长征精神。这就是：把全国人民和中华民族的根本利益看得高于一切，坚定革命的理想信念，坚信正义事业必然胜利的精神；为了救国救民，不怕任何艰难险阻，不惜付出一切牺牲的精神；坚持独立自主、实事求是，一切从实际出发的精神；顾全大局、严守纪律、紧密团结的精神；紧紧依靠人民群众，同人民群众生死相依、患难与共，艰苦奋斗的精神。

长征的胜利，成为中国革命转危为安的关键，它宣告了中国共产党和红军肩负着民族希望，胜利实现了北上抗日的战略转移，实现了中国共产党和中国革命事业从挫折走向胜利的伟大转折，开启了中国共产党为实现民族独立、人民解放而斗争的新的伟大进军。

第二十七节：**1935 年 12 月 17 日至 25 日**
瓦窑堡会议作出震撼全国的决策：
为抗日救国，中国共产党决定
将苏维埃工农共和国改为苏维埃人民共和国

1935 年夏，日本帝国主义以侵吞华北五省为直接目的，加紧侵略华北。1935 年 8 月 1 日，中国共产党发表《为抗日救国告全体同胞书》（即《八一宣言》），宣言建议一切愿意参加抗日救国事业的党派、团体、名流学者、政治家和地方军政机关进行谈判，共同筹组国防政府和抗日联军，呼吁各党派和军队首先停止内战，以便集中一切国力为抗日救国的神圣事业而奋斗。

1935 年 12 月 17 日至 25 日，中共中央在陕北瓦窑堡召开政治局会议。这次会议，是从十年内战到抗日战争的伟大转折时期中召开的一次极其重要的会议。会议通过了毛泽东起草的《中央关于军事战略问题的决议》，指出，在日本帝国主义变中国为殖民地的形势下，党的总任务是"以坚决的民族战争，反抗日本帝国主义进攻中国"，确定了党正确的战略原则和红军作战指挥的基本原则，决定了建立抗日民族统一战线的策略。会议通过了《中共中央关于目前政治形势与党的任务决议》，决议指出，党的策略路线是在发动、团聚和组织全中国全民族一切革命力量去反对当前主要的敌人日本帝国主义。确定要建立最广泛的抗日民族统一战线，明确指出党内主要危险是"左"倾关门主义。为了适应抗日统一战线的需要，决议宣布将苏维埃工农共和国改为苏维埃人民共和国，将"工人、农民和城市小资产阶级的政府"改为工人、农民、城市小资产阶级和"其他阶级中愿意参加民族革命的分子"的政府。

1935 年 12 月 27 日，根据瓦窑堡政治局会议决议精神，毛泽东在党的活动分子会议上作了《论反对日本帝国主义的策略》的报告。1935 年 1 月，中共中央在贵州遵义举行的政治局扩大会议建立了以毛泽东为代表的新的中央的领导，改变了过去"左"倾机会主义的领导。但那次会议是在红军长征途中召集的，所以只能够对于当时最迫切的军事问题和中央领导机构问题作了决议。红军长征到达陕北之后，中共中央才获得可能去有系统地说明政治策略上的诸问题。对于这类政治策略上的问题，毛泽东的这篇报告作了最完整的分析。

毛泽东的报告分为四个部分。

毛泽东严肃指出：目前形势的基本特点，就是日本帝国主义要变中国为它的殖民地……现在是日本帝国主义要把整个中国从几个帝国主义国家都有份的半殖民地状态改变为日本独占的殖民地状态。……这种情形，就给中国一切阶级和一切政治派别提出了"怎么办"的问题。反抗呢？还是投降呢？或者游移于二者之间呢？

毛泽东逐一分析了中国各个阶级怎样回答这个问题，明确指出：党的任务就是把红军的活动和全国的工人、农民、学生、小资产阶级、民族资产阶级的一切活动汇合起来，成为一个统一的民族革命战线。

在报告中，毛泽东第一次专章论述了"人民共和国"问题。

毛泽东指出："如果说，我们过去的政府是工人、农民和城市小资产阶级联盟的政府，那末，从现在起，应当改变为除了工人、农民和城市小资产阶级以外，还要加上其他阶级中愿意参加民族革命的分子。"

毛泽东第一次系统论述了"为什么要把工农共和国改变为人民共和国"这个事关全局的重大问题。指出："我们的政府不但是代表工农的，而且是代表民族的。……但是现在的情况，使得我们要把这个口号改变一下，改变为人民共和国。这是因为日本侵略的情况变动了中国的阶级关系，……工人农民是这个共和国的基本群众。给城市小资产阶级、知识分子及其他拥护反帝反封建纲领的分子以在人民共和国政府中说话做事的权利，给他们以选举权和被选举权，不能违背工农基本群众的利益。工农基本群众的代表在人民共和国政府中占了大多数，共产党在这个政府中的领导和活动，都保证了他们进来不危险。中国革命的现时阶段依然是资产阶级民主主义性质的革命，不是无产阶级社会主义性质的革命，这是十分明显的。……革命的转变，那是将来的事。在将来，民主主义的革命必然要转变为社会主义的革命。何时转变，应以是否具备了转变的条件为标准，时间会要相当地长。不到具备了政治上经济上一切应有的条件之时，不到转变对于全国最大多数人民有利而不是不利之时，不应当轻易谈转变。"

在红军刚刚到达陕北的1935年底，中国共产党就毅然作出改工农共和国为人民共和国，高高举起了建立抗日民族统一战线这面光辉大旗，彰显了中国共产党与全国人民团结一致抗日救国的真诚愿望和坚定信心。同时也为后来建立人民代表大会制度奠定了政治基础。

从此，"人民"二字与"工农"二字经常出现在毛泽东的讲话和中共中央的文件中，分别表达既相互联系又有区别的内涵。中国共产党主张今后将建立人民共和国，到那时，召开由人民的代表参加的大会，应当是顺理成章的事。从这个意义上看，瓦窑堡会议是人民代表大会制度史上具有基石般重大意义的会议。

到了1940年1月，毛泽东在《新民主主义论》中第一次提出人民代表大会这一名称的时候，离瓦窑堡会议已经四年多了。

$\mathscr{O}$ 时势链接：

日本制造华北事变，为全面侵华作准备

中国共产党发表三个抗日宣言，呼吁停止内战，一致抗日

"一二·九"运动

《塘沽协定》签订后，日本更加肆无忌惮，进一步加快侵占华北步伐。1935年5月、6月，日本相继制造河北事件和张北事件，侵占了包括北平、天津、河北、察哈尔两省在内的大片华北地区，猖狂扶持华北的汉奸傀儡政权，妄图把华北变成第二个"满洲国"。关外、关内的中国人民惨遭日本侵略者的蹂躏。

在中华民族面临生死存亡的紧要关头，中共驻共产国际代表团于10月1日以中华苏维埃共和国中央政府和中国共产党中央委员会的名义在法国巴黎出版的《救国报》上发表《中国苏维埃政府、中国共产

党中央为抗日救国告全体同胞书》（即《八一宣言》）。宣言明确提出：
"抗日则生，不抗日则死，抗日救国，已成为每个同胞的神圣天职！"
呼吁全国各党派、各军队、各界同胞，不论过去和现在有任何政见和利
害的不同，有任何敌对行动，都应当停止内战，集中一切国力为抗日而
奋斗。宣言提出抗日救国十大纲领。

  《八一宣言》公布之时，中共中央正在长征途中，并未获悉八一宣
言的内容。到达陕北不久，中共中央即于 1935 年 11 月 13 日发布《为
日本帝国主义并吞华北及蒋介石出卖华北中国宣言》，指出："在亡国
灭种的紧急关头，我们的出路，只有坚决（地）武装起来，开展反对
日本帝国主义侵略的民族革命战争"，提出中国工农红军愿同一切抗日
的中国人民联合起来，反对日本帝国主义。11 月中旬，在正式接到八
一宣言的内容后，中共中央于 11 月 28 日以中华苏维埃共和国中央政府
主席毛泽东、中国工农红军革命军事委员会主席朱德的名义发表《中
华苏维埃共和国中央政府、中国工农红军革命军事委员会抗日救国宣
言》。《八一宣言》和中共中央之后的两个宣言在全国各地传开后，在
社会各阶层引起强烈反响，有力地推动了全国抗日救亡运动的高涨。

  1935 年 12 月 9 日，在北平爆发了大规模学生抗日救国游行请愿活
动。在中共北平临时工委的组织指挥下，东北大学、清华大学、燕京大
学、师范大学、中国大学、北京大学等高校和部分中学学生涌上北平街
头，举行声势浩大的抗日救亡游行，向国民党当局提出六项抗日民主要
求，随即遭到国民党军警的残酷镇压，30 多人被捕，数百人受伤。为
抗议国民党政府的镇压，从 12 月 10 日起，北平各校学生宣布总罢课。
12 月 16 日，再次发动大规模示威游行，并汇集到天桥广场，召开市民
大会，通过"收复东北失地"、"反对华北任何傀儡组织等决议"，把学
生抗日救亡运动推向高潮。

在北平学生的英勇斗争影响下，天津、保定、太原、西安、济南、杭州、上海、武汉、成都、重庆、广州、南宁等城市爆发学生抗日集会和示威游行。各地工人纷纷举行罢工，支援学生斗争。一二·九运动极大促进了中华民族的觉醒，标志着中国人民抗日救亡运动高潮的到来。

第二十八节：**1936 年至 1937 年**
"停止内战，一致抗日"　　国共第二次合作
卢沟桥事变　全面抗战爆发
八路军奔赴抗击日寇最前线
上海沦陷，南京沦陷，30 多万同胞惨遭杀戮

1936 年 5 月 5 日，毛泽东以中华苏维埃人民共和国中央政府主席名义、朱德以中国人民红军革命军事委员会主席名义，向"南京国民政府，军事委员会，全体海陆空军，全国各党派各团体，各报馆，一切不愿意当亡国奴的同胞们"发出《停战议和一致抗日通电》，呼吁南京当局，"在亡国灭种的紧急关头，理应幡然改悔，以'兄弟阋于墙外御其侮'的精神，在全国范围首先在陕甘晋停止内战，双方互派代表，磋商抗日救亡办法"，号召全国凡属不愿意做亡国奴的团体、人民、党派赞成中国共产党的主张，促进停止内战，一致抗日。

1936 年 8 月 25 日，中国共产党中央委员会致信中国国民党中央执行委员会（即毛泽东起草的《中国共产党致中国国民党书》），系统全面地阐述了中国共产党的最新主张：

"提议立即召集由全国人民及全国愿意抗日的武装队伍选举出来的抗日救国代表大会，决定抗日救亡大计，由此大会选举统一全国的国防政府与组织抗日联军，实行大规模的抗日战争。"

"中国共产党、中国苏维埃政府与中国红军，今特郑重宣言：我们赞助建立全中国统一的民主共和国，赞助召集由普选权选举出来的国会，拥护全国人民和抗日军队的抗日救国代表大会，拥护全国统一的国防政府。我们宣布：在全中国统一的民主共和国建立之时，苏维埃区域即可成为全中国统一的民主共和国的一个组成部分，苏区人民的代表将参加全中国的国会，并在苏区实行与全中国一样的民主制度。"

中国共产党在国家和民族生死存亡的关键时刻，作出这样的决定，为最终形成抗日民族统一战线作出了伟大的贡献。

1936 年 10 月下旬，在中国共产党的领导下，在甘肃、宁夏交界的豫旺、海原一带回民聚居区，建立了陕甘宁省豫海县回民自治政府，县各界群众代表大会通过的《陕甘宁省豫海县回民自治政府条例》，使党的民族自治纲领第一次得到实施，这是中国共产党领导建立的最早的冠以自治名称的民族自治政权，是我国民族自治政权建设的开端，同时也是人民代表大会制度建设的重要开端。

1936 年 12 月 12 日，发生了西安事变。中共中央迅速确定了和平解决西安事变的正确方针，毛泽东直接领导了中国共产党处理西安事变的工作。受中共中央委派，周恩来赴西安协助张学良、杨虎城处理事变，进行了卓有成效的工作。通过谈判，迫使蒋介石接受中国共产党的六项主张。

西安事变的和平解决，基本结束了长达十年的内战，为开始第二次国共合作，建立抗日民族统一战线提供了前提，成为由国内战争向抗日民族战争的转折点。

1937 年 2 月 10 日，中国共产党致电国民党五届三中全会，再次重申了停止内战，一致对外的五项要求。明确表示，如果国民党三中全会将五项要求定为国策,中国共产党为了达到全国一致抗日的目的,愿意作出如下四项保证:在全国范围内停止推翻国民政府之武装暴动方针;苏维埃政府改名为中华民国特区政府,红军改名为国民革命军,直接受南京中央政府与军事委员会之指导;在特区政府区域内实行普选的彻底的民主制度;停止没收地主土地之政策,坚决执行抗日民族统一战线之共同纲领。

五项要求和四项保证,重申了中国共产党在民族危机深重的新形势下的一系列重大政策,得到全国民众的热烈支持。毛泽东亲自给蒋介石、阎锡山、杨虎城、宋哲元、李宗仁、白崇禧、何香凝等人写信或致电,力陈抗日救国大义。亲自接待国民党中央考察团,多次会见外国记者,介绍中国共产党关于抗日民族统一战线的主张。

1937年2月至7月中旬,中国共产党代表周恩来、秦邦宪、叶剑英、林伯渠等与国民党代表蒋介石、宋子文等多次举行谈判,促蒋抗日。

为了迎接全民族抗日的新形势,1937年5月2日至14日,在延安召开中国共产党全国代表会议。这是一次代表性广泛、意义重大的会议。毛泽东作了《中国共产党在抗日时期的任务》的政治报告和《为争取千百万群众进入抗日民族统一战线而斗争》的结论,指出,由于中日矛盾成为主要矛盾,国内矛盾降到次要和服从的地位而产生的国际关系和国内阶级关系的变化,形成了目前形势的新的发展阶段,提出巩固和平、争取民主、实现抗战的任务,阐明在抗日民族统一战线中坚持无产阶级领导权的极端重要性。会议批准了毛泽东的报告和遵义会议以来中央的政治路线，为迎接全国抗日战争的到来在政治上、思想上、组织上作了重要准备。

1937年7月7日，日本帝国主义挑起震惊中外的卢沟桥事变，悍然发动全面侵华战争。国民革命军第29军英勇抵抗，第132师师长赵登禹等官兵壮烈牺牲。七七事变的第二天，中国共产党中央委员会就通电全国，呼吁："全中国的同胞们，平津危急！华北危急！中华民族危急！只有全民族实行抗战，才是我们的出路！"号召全国人民为保卫国土流尽最后一滴血！全国各界愤起支援英勇抗敌的第29军。

1937年7月15日，中共中央发布由周恩来起草的《中共中央为公布国共合作宣言》，向全国同胞提出中国共产党关于全民族团结抗日的总纲领和总目标，就中国共产党的四项诺言再郑重向全国宣言，再次表明中国共产党光明磊落、大公无私的态度，为达成全国抗日民族统一战线做出最大的努力。

1937年8月13日，日军大举进攻上海，淞沪会战爆发。8月中旬，周恩来、朱德、叶剑英等在南京同蒋介石举行五次谈判，蒋介石被迫同意将在陕北的中央红军改编为国民革命军第八路军。

1937年8月22日至25日，中共中央在陕北洛川召开具有重大历史意义的政治局扩大会议。毛泽东作了关于军事问题和国共两党关系的报告。会议通过了《中国共产党抗日救国十大纲领》和宣传鼓动提纲等重要文件，对主力部队开赴前线和保卫陕甘宁根据地作出部署。为了适应战争形势的需要，会议决定毛泽东任中央革命军事委员会书记，朱德、周恩来为副书记。8 月 25 日，毛泽东、朱德、周恩来以中共中央军委主席和副主席的名义发布命令，宣布红军改名为国民革命军第八路军（9 月改称为第十八集团军），朱德为总指挥、彭德怀为副总指挥，任弼时为政治部主任、邓小平为副主任，叶剑英为参谋长、左权为副参谋长，开赴华北抗日前线。

9 月 25 日，八路军 115 师取得平型关战役胜利，这是中国军队自抗战以来的首次大捷。10 月间，又将南方十三个地区的红军游击队改编为国民革命军陆军新编第四军。

1937 年 9 月 22 日，在中国共产党的多次催促下，国民党中央通讯社才发表中国共产党提出的《中共中央为公布国共合作宣言》。9 月 23 日，蒋介石在庐山发表谈话，公开承认共产党在全国的合法地位。至此，抗日民族统一战线正式形成，第二次国共合作开始。

随后，陕甘宁革命根据地的最高政权机关苏维埃西北办事处正式更名为陕甘宁边区政府，成为特区政府。关于特区政府如何建设问题迅速摆上了议事日程。1937 年 10 月，毛泽东在《目前抗战形势与党的任务报告提纲》中写道："迅速解决特区问题。解决特区政府的原则：1. 保持党的领导；2. 使特区成为中华民国的一部分的地方政府；3. 保持特区为抗日的先进地区、全国民主化的推动机和新中国的雏形。"

1937 年 11 月太原失守后，华北战场的抗日战争进入一个新阶段。毛泽东及时作出新的战略部署，指示八路军放手发动群众，建立晋察冀、晋西南、晋西北、晋冀豫抗日根据地，建立抗日民主政权，为开创整个华北抗战新局面奠定了可靠基础。

1937 年 11 月 12 日，日军攻陷上海。

1937 年 12 月 13 日，日军占领南京，制造了灭绝人寰的南京大屠杀，30 多万中国同胞惨遭杀戮。

中华民族到了生死存亡的最危急时刻。

🔗 **时势链接：**

1936 年：西安事变，促成第二次国共合作

1937 年：中华民族遭受空前灾难的一年

东北抗日联军率先奋起抗日

局部抗战是从东北地区开始的。从 1932 年起，中国共产党领导十余支抗日游击队和抗日义勇军一起，广泛开展游击战争，打击日本侵略者。在中国共产党的领导下，1936 年 2 月，杨靖宇、赵尚志、周保中等发起组织东北抗日联军。从 1936 年初到 1937 年秋，东北抗日联军已建立起 11 个军，共 3 万余人。抗联在白山黑水之间的广大地区开展游击战争，同日本侵略者进行殊死搏斗，有力打击日本在中国的殖民统治，支援和鼓舞了全国的抗日救亡运动。

1935 年华北事件后，中共中央将反蒋抗日方针改为逼蒋抗日的方针。1936 年 4 月 25 日，中共中央发表《为创立全国各党各派的抗日人民阵线宣言》，首次公开把国民党列为抗日民族统一战线的对象。8 月 25 日，中共中央发出致中国国民党中央委员会并转全体国民党员的信，倡议在抗日的大目标下，国共两党实行第二次合作。

西安事变和平解决，促成第二次国共合作

1936 年 12 月 12 日，发生了震惊中外的西安事变。张学良、杨虎城在西安扣留了前来部署"剿共"的蒋介石，囚禁几十名国民党军政要员，敦促蒋介石进行抗战。中国共产党坚决主张以和平方式解决西安事变引起的问题，派出周恩来作为中共中央全权代表参加谈判，促成西安事变的和平解决。西安事变的和平解决粉碎了日本帝国主义者的阴谋，促成了第二次国共合作，基本结束了十年内战的局面。

卢沟桥事变和全国抗战的开始

1937 年 7 月 7 日，日本帝国主义以制造卢沟桥事变为起点，发动了全面侵华战争。

1937 年 7 月 7 日夜，日军以"军事演习"为名，向中国驻军发起进攻，并炮轰宛平县城，中国驻军奋起抵抗。卢沟桥事变（七七事变）标志中国全面抗战的开始。

卢沟桥事变爆发后，日本向华北增兵，迅速扩大侵略战争。

7 月下旬日军向北平、天津发动大规模进攻，7 月 29 日北平失守，7 月 30 日天津失守。

8 月初，日军向华北腹地大举进攻。

8 月 13 日，日军在上海虹口向中国军队进攻，淞沪战役开始。11 月 12 日，日军完全占领上海。

日军占领上海后，立即转兵直逼中国的首都南京。12 月 13 日，日军占领南京。这是第二次鸦片战争后，中国首都第三次被帝国主义国家所占领。空前的灾难降临到南京人民头上。日军进入南京后，烧杀抢掠，无恶不作，施行了灭绝人寰的大屠杀，30 多万中国平民和被俘士兵惨遭集体枪杀、焚烧、活埋。在日军进入南京后的一个月中，发生 2 万起强奸、轮奸，妇女们被奸淫后惨遭屠杀、毁尸，惨不忍睹。南京变

成一座尸横遍野、满目凄凉的死城。

日本侵略者对中国人民的屠杀远不限于南京。卢沟桥事变后，仅1937 年至 1940 年，日军制造的百人以上的大屠杀就达 500 多起。如在晋北，日军在 30 天中连续血洗天镇、阳高等十多个县，屠杀中国百姓 1.6 万余人。1938 年 5 月底，日军飞机连续对广州进行大轰炸，近万名市民被炸死，伤者不计其数。

日本侵略者对中国人民犯下的罪行罄竹难书！

在这中华民族最危急时刻，中国共产党领导的八路军开赴抗日最前线，创建抗日根据地，广泛开展抗日游击战争，打击和消灭日本侵略军。1938 年 3 月，第五战区司令官李宗仁接受周恩来、叶剑英的建议，在中国共产党领导的山东、河北人民抗日游击队的有力支援下，运用阵地战和运动战相结合的战法，在台儿庄歼灭日军 1 万余人，取得了抗战以来国民党正面战场最重大的胜利。1938 年 6 月，在中国共产党领导的八路军、新四军的有力配合和支援下，国民党正面战场展开了历时四个月的武汉会战，英勇抵抗日军的进攻，击毙伤日军 4 万余人，大大消耗了日军的有生力量，成为中国抗日战争由战略防御转入战略相持阶段的转折点。

第二十九节：1938 年 9 月 29 日至 11 月 6 日　延安
中国共产党六届六中全会召开
正式确立了毛泽东在全党的领导地位
毛泽东第一次提出"要使马克思主义在中国具体化"

1938 年 9 月 14 日至 27 日，中央政治局举行会议，王稼祥传达了共产国际极为重要的指示。共产国际的指示，肯定了中共一年来的政治路线是正确的；中共在复杂环境和困难条件下真正运用了马克思列宁主义；在中共中央领导机关中，要以毛泽东为核心解决统一领导问题，中央领导机关要有亲密团结的空气。共产国际的指示和这次政治局会议，维护了以毛泽东为核心的中央的团结一致和统一领导，为六届六中全会的顺利召开作了重要准备。

10 月 12 日至 14 日，毛泽东代表中共中央作《论新阶段》的政治报告。报告共包括八个部分，明确指出中国抗日战争将进入一个新阶段，抗日民族统一战线必须以新姿态出现，才能应对战争的新局面，提出"坚持抗战，坚持持久战，力求团结与进步"的抗战总方针。

1938 年 9 月 29 日至 11 月 6 日，中国共产党六届六中全会在延安召开。这是在中国共产党历史上一次具有十分重大意义的中央全会，是 1928 年党的六大以来到会人数最多的一次中央全会。

11 月 5 日、6 日，毛泽东作结论报告，着重论述了统一战线中的独立自主问题和全党从事组织人民的抗日武装斗争问题。全会确定了坚持抗日民族统一战线的方针，在统一战线中有团结又有斗争，既统一，又独立。

为了使全党切实担负起自己的历史重担，毛泽东号召要努力学习马克思主义理论，研究民族的历史和当前运动的情况和趋势，第一次提出"使马克思主义在中国具体化"的科学命题。这在中国共产党历史上具有深远意义。

会议批准了以毛泽东为首的中央政治局的正确路线，确立了毛泽东在全党的领导地位，确定了中国共产党在抗战新阶段的基本方针和任务。

党的六届六中全会后，毛泽东对使马克思主义在中国具体化进行了深入系统的思考，作出了中国革命处于新民主主义阶段的科学论断，提出了新民主主义的科学理论，成功领导了中国共产党和中国革命的伟大实践，开创了在殖民地、半殖民地、半封建社会条件下领导中国人民加强政权建设的全新局面。

在毛泽东新民主主义理论的指引下，陕甘宁边区和各抗日根据地的抗日民族统一战线政权建设不断得到加强，有力地保障了人民的生产生活和艰苦卓绝的抗日战争。

第三十节：1937 年至 1939 年
八路军、新四军创建大片敌后抗日根据地　建立抗日民主政权
晋察冀军政民代表大会选举产生边区政府

太原失守后，华北地区的正面战场作战基本结束，中国共产党领导的敌后游击战争上升到主要地位。八路军各师主力分别在晋察冀、晋东南、晋西北、晋西南开展游击战争，实现了在山西的战略展开。1938 年 4 月以后，八路军实行大幅度分兵，向河北、豫北、山东、热河、绥远等华北广大敌后区域发展游击战争，开辟了广大的敌后战场。

要在敌后开展并坚持持久广泛的游击战争，就必须建立巩固的根据地；要建立根据地，就必须有军队、有政权、有共产党的组织、有广大群众的支持。这是各根据地建立的基本条件。八路军、新四军根据中共中央和毛泽东的战略部署，通过分兵发动群众，开展独立自主的敌后游击战争，收复被国民党军队丢失的大片国土，整顿社会秩序，恢复和发展党组织，建立抗日民主政权，开辟了许多大块的抗日根据地。

首先建立的是晋察冀抗日根据地。1937 年 10 月，八路军一一五师主力组织工作团，由五台山南下，分赴晋东北、察南、冀西，建立战地动员委员会、抗日救国会等半政权性质的组织，广泛发动群众、武装群众，开展游击战争，收复许多县城。人民群众踊跃参战，部队迅速扩大。11 月 7 日，根据中共中央的决定，成立晋察冀军区，聂荣臻为司令员兼政治委员。晋察冀

军区成立后，通过开展广泛的游击战争，粉碎了日军的进攻，晋察冀抗日根据地发展到30余县。

建立人民自己的政权，是巩固晋察冀抗日根据地的迫切需要。1938年1月10日，晋察冀边区军政民代表大会在冀西阜平召开。出席这次会议的有共产党员、国民党员、各抗日军队和抗日群众团体的代表，有工人、农民、开明绅士和资本家的代表，有蒙、回、藏等少数民族的代表，还有五台山的和尚与喇嘛的代表，共140余人。他们代表着边区30余县的广大民众。会议经过民主选举，成立了晋察冀边区行政委员会，宋劭文为主任委员，胡仁奎为副主任委员。这是敌后由共产党领导建立的第一个统一战线性质的抗日民主政权。边区政府成立后，颁布和实施各方面的政策法令，改变了国民党留下的混乱局面，稳定了社会秩序，使抗战力量得到迅速发展。

从1937年至1939年，八路军、新四军遵照毛泽东和党中央的部署指示，相继建立晋西北和大青山抗日根据地（八路军一二〇师）、晋冀豫抗日根据地（八路军一二九师）、晋西南抗日根据地（八路军一一五师）、山东抗日根据地（八路军山东纵队）、华中抗日根据地（新四军）等。各抗日根据地通过宣传共产党的抗日政策，减租减息、合理负担等工作，调动群众抗战热情，建立各种形式的抗日武装和抗日民主政权。各根据地的抗日民主政权保护群众利益，维护社会秩序，为开展抗日游击战争提供了有力支撑。同时，严酷的抗战又锻炼和检验着抗日民主政权，各根据地在实践中积累了大量丰富的民主政权建设经验，成为后来人民代表大会制度的源泉。

第三十一节：1939 年 1 月至 1944 年 12 月　延安
从陕甘宁边区议会、陕甘宁边区参议会到陕甘宁边区人民
代表会议

陕甘宁边区是中共中央所在地，是各抗日根据地的总后方。
1937 年 9 月 6 日，原陕甘宁革命根据地苏维埃政府正式改称陕
甘宁边区（1937 年 11 月至 1938 年 1 月改称陕甘宁特区政府）。
做好陕甘宁边区的工作，对于全局具有极为重大的意义。毛泽
东用很大的精力研究和指导陕甘宁边区的工作。

早在第二次国共合作谈判进行的过程中，中国共产党就对
加快陕甘宁边区的民主政治建设作出了部署。

中华苏维埃共和国临时中央政府驻西北办事处制定《陕甘
宁边区议会及行政组织纲要》。1937 年 5 月 12 日，公布《陕甘
宁边区选举条例》，确定在陕甘宁边区实行议会民主制度，各级
议会议员由选民直接选举产生。从 1937 年 5 月起，陕甘宁边区
进行不分阶级、不分党派、不分宗教信仰、男女平等、民族平
等的民主选举。到 10 月底，已完成了乡、区、县的选举，成立
各级议会和民主政府。1937 年 12 月，经选举产生 500 多名边区
议会议员。由于战争环境等原因，边区议会未能及时召开。

为了抗日民族统一战线的需要，1938 年 11 月，陕甘宁边区
政府发布通令，宣布陕甘宁边区议会改为参议会，所选的边区
议会议员改为边区参议会议员。由于原先选出的议员，一部分
已经离开边区上了抗日前线，边区政府决定召开各县议员复选

会，互推原议员的 50% 出席边区参议会。鉴于原先选出的边区议会议员绝大多数为共产党员，边区政府特聘 12 名民主人士为边区参议员。

1939 年 1 月 17 日至 2 月 4 日，陕甘宁边区第一届参议会在延安召开。到会参议员 146 名。毛泽东出席开幕式，并作了讲演。会议听取了林伯渠的政府工作报告，讨论并通过《陕甘宁边区抗战时期施政纲领》和《陕甘宁边区政府组织条例》、《陕甘宁边区选举条例》、《陕甘宁边区法院组织条例》、《陕甘宁边区土地条例》等法规，讨论和通过统一战线动员案、发展国防经济案、优待抗日军人家属案等 12 件重要提案。这些提案，会后均由边区政府执行了。参议会经过民主选举，选举高岗为议长，张邦英为副议长，选举常驻参议员；选举林伯渠为边区政府主席，高自立为副主席和其他边区政府委员；选举雷经天为边区高等法院院长。毛泽东在会上提出边区的建设方向是要成为"抗战的堡垒"和"民主的模范"，他还提出 1939 年边区的施政方针是：大大发展国防经济，发展农业、手工业，改良人民生活；发展国防教育，办初级的高级的学校，开展识字运动，使边区人民大大提高文化水准；大大推进国防的民众运动，加强军事训练。2 月 6 日，边区政府委员会召开第一次会议决定了各厅厅长。毛泽东指导下的陕甘宁边区第一届参议会开辟了根据地民主政治的新局面，朱德评价说："在中国，由议会选举政府，决定施政方针，边区是第一个。"它实际上成为后来人民代表大会制度的雏形。

从 1940 年 1 月毛泽东正式提出关于人民代表大会制度的理

论，作为国家政体的实验，经历了抗日战争中、后期和人民解放战争时期将近十年的时间。对于施行的区域、名称、方式、时间，毛泽东都将其与当时的国际国内形势、党的中心任务紧密联系起来，作出适时周密的部署。尤其在起步阶段，采取了极为谨慎的态度，使之水到渠成。

毛泽东将指导人民代表大会的实践，区分为两种情况。一是直接指导陕甘宁边区和各解放区实践人民代表大会的理论，充实人民代表会议的内涵；一是在促成建立抗日民主联合政府的过程中丰富人民代表大会的理论与内涵。

对于陕甘宁边区和各解放区，条件成熟时逐步实行人民代表会议。

抗日战争胜利前，中国共产党已提出将陕甘宁边区参议会改称为人民代表会议（参议会），完全停止使用参议会的名称则到了解放战争初期国共合作完全破裂后。经历了陕甘宁边区议会转为陕甘宁边区参议会，陕甘宁边区参议会改为陕甘宁边区人民代表会议这样一个将近八年的过程。

陕甘宁边区议会，是中国共产党在红军时期确定的边区的权力机构，而参议会则是国民政府设置的咨询机构。为了团结抗战，中国共产党决定采用参议会这个名称，将陕甘宁边区议会改为陕甘宁边区参议会，实际行使边区议会的权力，即，逐级选举产生参议会议员，由边区参议会选举产生边区政府，各级参议会选举产生本级政府。

陕甘宁边区第一届参议会于 1939 年 1 月 17 日至 2 月 4 日召开，由参议会选举产生了边区政府，组织边区人民建设边区，支持抗战。为开好边区第二届参议会，1941 年 5 月 1 日，中共中央发表了经毛泽东修改、重写的《陕甘宁边区施政纲领》，这个施政纲领体现了毛泽东关于新民主主义的理论。在施政纲领发表的半年中，边区人民进行了热烈的讨论。1941 年 11 月 6 日，陕甘宁边区第二届参议会第一次会议开幕，毛泽东到会发表演讲。他在演讲开头说：

今天边区参议会开幕，是有重大意义的。参议会的目的，只有一个，就是要打倒日本帝国主义，建设新民主主义的中国，也就是革命的三民主义的中国。

…………

中国共产党的主张就是要团结全国一切抗日力量打倒日本帝国主义，要和全国一切抗日的党派、阶级、民族合作，只要不是汉奸，都要联合一致，共同奋斗。

…………

中国共产党提出的各项政策，都是为着团结一切抗日的人民，顾及一切抗日的阶级，而特别是顾及农民、城市小资产阶级以及其他中间阶级的。共产党提出的使各界人民都有说话机会、都有事做、都有饭吃的政策，是真正的革命的三民主义的政策。……这就是要倾听人民群众的意见，要联系人民群众，而不要脱离人民群众的道理。《陕甘宁边区施政纲领》上有一条，规定共产党员应当同党外人士实行民主合作，不得一意孤行，把持包办，就是针对着一部分还不明白党的政策的同志而说的。……国事是国家的公事，不是一党一派的私事。因此，共产党员只有对党外人士实行民主合作的义务，而无排斥别人、垄断一切的权利。共产党是为民族、为人民谋利益的政党，它本身决无私利可图。它应该受人民的监督，而决不应该违背人民的意旨。它的党员应该站在民众之中，而决不应该站在民众之上。……共产党的这个同党外人士实行民主合作的原则，是固定不移的，是永远不变的。……现在就应在参议会中好好实行起来。

到了抗日战争胜利的前夕，在陕甘宁边区和解放区实行人民代表会议的条件已基本具备。1944 年 7 月 5 日，由毛泽东起草，中共中央作出关于《召开陕甘宁边区第二届参议会第二次大会的决定》。1944 年 12 月 4 日至 12 月 19 日，陕甘宁边区第二届参议会第二次会议召开。这之前，将边区参议会改变为人民代表会议已经提上了中共中央的议事日程。

会议召开前的 12 月 1 日，毛泽东在给时任陕甘宁边区参议会副参议长谢觉哉的信中写道："关于参议会改为人民代表会议，我想对内对外都是会有好影响的，请你和其他同志商量一下。这一点以及此次参议会的其他问题，中央想讨论一次"。（毛泽东 12 月 2 日又给谢觉哉写信说，"参议会改名，关涉各解放区，中央尚未讨论，请暂不提。"）

13 天后的 1944 年 12 月 15 日，毛泽东在陕甘宁边区第二届参议会第二次会议上作了一个极为重要的演讲：《一九四五年的任务》。演讲中，毛泽东第一次正式阐明在抗日民主根据地实行人民代表会议的问题。毛泽东提出："凡参加人民代表会议（参议会）工作、政府工作及社会工作的一切人员，不问属何党派，或无党无派，应该一律被尊重，应该一律有职有权。"

　　毛泽东的这次讲话表明，在陕甘宁边区的权力机关参议会就是人民代表会议性质，其他解放区的权力机关就是人民代表会议。从此，人民代表会议已经不仅仅是《新民主主义论》里提出的一个构想，而是已经实实在在地出现在中国共产党领导的抗日根据地的人民权力机关。

　　1946年4月23日，陕甘宁边区第三届参议会第一次会议通过的《陕甘宁边区宪法原则》正式确定实行人民代表会议制度。

　　在中国共产党的领导下，陕甘宁边区参议会的产生、存续和发展，伴随着陕甘宁边区的人民经历了艰难困苦的抗日战争岁月，接受了人民和历史的检验。受边区人民的委托，忠实地履行职责，为边区人民的抗战、生产和生活提供了有效保障，为巩固和发展抗日根据地作出了巨大贡献。

　　陕甘宁边区参议会，是抗日战争时期全中国仅有的由人民选举人民代表，由人民代表举行代表大会，由代表大会选举政府和通过法律的权力机构，代表了中国国体、政体发展的希望和方向。

第三十二节：1940 年 1 月　延安
毛泽东在《新民主主义论》中
第一次提出在中国可以实行各级人民代表大会的系统

1940 年 1 月，一个名词在中国悄然兴起，这个名词就是
"人民代表大会"。它是毛泽东在陕甘宁边区文化协会第一次代
表大会所作原题为《新民主主义的政治与新民主主义的文化》
的讲演中提出的。这次讲演后来毛泽东将它定名为《新民主主
义论》。从此，人民代表大会这个名词和 1935 年毛泽东在瓦窑
堡会议上提出的人民共和国这个名词就紧紧连接在一起，再也
没有分开。

在抗日战争最艰难的时刻，面对穷凶极恶的日本帝国主义
的屠杀和顽固坚持反共反人民的国民党政府的"围剿"，毛泽东
从中国处在殖民地、半殖民地、半封建的历史阶段的实际出发，
在领导抗日根据地人民建设政权的实践中，科学地创立了关于
人民代表大会制度的理论。

在严酷的抗日战争形势下，毛泽东作出人民代表大会制度
的重要论述，是建设巩固的抗日根据地的紧迫需要，是毛泽东
关于新民主主义革命理论的重要组成部分。

从 1937 年至 1940 年，毛泽东进行了大量的理论研究工作，
先后发表《实践论》、《矛盾论》、《论持久战》、《〈共产党人〉
发刊词》、《中国革命和中国共产党》和《新民主主义论》等重
要著作，对中国革命的经验进行系统总结，首次创造性地提出

新民主主义革命的理论。

毛泽东指出：所谓新民主主义的革命，就是在无产阶级领导之下的人民大众的反帝反封建的革命。

新民主主义的目标是建立新民主主义的社会制度，新民主主义的基本纲领是：在政治上，要建立"无产阶级领导下的一切反帝反封建的人们联合专政的民主共和国"。在经济上，要没收操纵国计民生的大银行、大工业、大商业，建立国营经济，没收地主土地归农民所有，允许民族资本主义经济的发展等。在文化上，实行人民大众的反帝反封建文化。新民主主义的前途必然是社会主义，而不是资本主义。这是两个相互衔接的不同革命阶段，不容横插一个资产阶级专政。

在《新民主主义论》中，毛泽东系统阐述了新民主主义的理论和纲领。在论述关于新民主主义的政治时，毛泽东阐明了以下论点：中国革命的历史特点是性质不同的两个革命过程。

自外国资本主义侵略中国，中国社会又逐渐地生长了资本主义因素以来，中国已逐渐地变成了一个殖民地、半殖民地、半封建的社会。……这就是现时中国社会的性质，这就是现时中国的国情。

中国现时社会的性质，既然是殖民地、半殖民地、半封建的性质，它就决定了中国革命必须分为两个步骤。第一步，改变这个殖民地、半殖民地、半封建的社会形态，使之变成一个独立的民主主义的社会。第二步，使革命向前发展，建立一个社会主义的社会。中国现时的革命，是在走第一步。

在五四运动以后，虽然中国民族资产阶级继续参加了革命，但是中国资产阶级民主革命的政治指导者，已经不是属于中国资产阶级，而是属于中国无产阶级了。这时，中国无产阶级，由于自己的长成和俄国革命的影响，已经迅速地变成了一个觉悟了的独立的政治力量了。打倒帝国主义的口号和整个中国资产阶级民主革命的彻底的纲领，是中国共产党提出的；而土地革命的实行，则是中国共产党单独进行的。

在分析了殖民地、半殖民地、半封建国情下中国民族资产阶级、大资产阶级政治状态后，毛泽东深刻指出：

在中国，事情非常明白，谁能领导人民推翻帝国主义和封建势力，谁就能取得人民的信仰，因为人民的死敌是帝国主义和封建势力，而特别是帝国主义的缘故。在今日，谁能领导人民驱逐日本帝国主义，并实施民主政治，谁就是人民的救星。历史已经证明，中国资产阶级是不能尽此责任的，这个责任就不得不落在无产阶级的肩上了。

所以，无论如何，中国无产阶级、农民、知识分子和其他小资产阶级，乃是决定国家命运的基本势力。这些阶级，或者已经觉悟，或者正在觉悟起来，他们必然要成为中华民主共和国的国家构成和政权构成的基本部分，而无产阶级则是领导的力量。现在所要建立的中华民主共和国，只能是在无产阶级领导下的一切反帝反封建的人们联合专政的民主共和国，这就是新民主主义的共和国，也就是真正革命的三大政策的新三民主义共和国。

进而，毛泽东第一次用马克思主义阶级分析的观点深刻系统地阐述了国体和政体问题。他指出：

这里所谈的是"国体"问题。这个国体问题，从前清末年起，闹了几十年还没有闹清楚。其实，它只是指的一个问题，就是社会各阶级在国家中的地位。资产阶级总是隐瞒这种阶级地位，而用"国民"的名词达到其一阶级专政的实际。这种隐瞒，对于革命的人民，毫无利益，应该为之清楚地指明，"国民"这个名词是可用的，但是国民不包括反革命分子，不包括汉奸。一切革命的阶级对反革命汉奸们的专政，这就是我们现在所要的国家。

至于还有所谓"政体"问题，那是指的政权构成的形式问题，指的一定的社会阶级取何种形式去组织那反对敌人保护自己的政权机关。没有适当形式的政权机关，就不能代表国家。

接着，毛泽东第一次（也是第一个）使用人民代表大会这一名词。毛泽东提出：

中国现在可以采取全国人民代表大会、省人民代表大会、县人民代表大会、区人民代表大会直到乡人民代表大会的系统，并由各级代表大会选举政府。但必须实行无男女、信仰、财产、教育等差别的真正普遍平等的选举制，才能适合于各革命阶级在国家中的地位，适合于表现民意和指挥革命斗争，适合于新民主主义的精神。这种制度即是民主集中制。

在日本帝国主义侵略者极其疯狂、国民党不断制造反共高潮、各抗日根据地人民极端困难的历史性关键时刻，毛泽东将马克思主义的普遍真理同中国革命的具体情况相结合，用辩证唯物主义和历史唯物主义世界观和方法论，洞察和分析中国革命当时所处的历史时期，科学地系统地提出完全符合中国国情的马克思主义的国体政体学说，第一次提出在中国实行人民代表大会制度这种史无前例的政权构成形式。犹如在漫漫黑夜中的惊雷闪电，给正同日本帝国主义进行殊死斗争的各根据地军民以极大的鼓舞，给为建立和巩固抗日民主政权作出艰巨努力的工农群众和各抗日阶级以极大的信心，为苦难深重的中国人民指明了为之奋斗的方向，具有划时代的现实意义和难以估量的历史意义。从此，各界人民代表会议、人民代表会议、人民代表大会这些概念，这些人民政权的组织形式，在毛泽东的一次次讲话中、一次次签发的文件中、一次次作出部署的工作中出现，成为中国共产党重要会议讨论的重大理论问题和决策的重大部署问题。经历了抗日战争、解放战争无数次战火考验的各界人民代表会议，如雨后春笋般地在苦难深重的中国大地不可阻挡地耸立起来。

第三十三节：1940 年起　陕甘宁边区和各抗日根据地
"三三制"：中国共产党抗日民主政权建设的创举

政权建设是抗日根据地建设的首要问题。继陕甘宁边区和晋察冀根据地之后，晋西北、山东、晋冀豫、冀鲁豫、皖东北、皖东、皖江、苏北、苏中、苏南、豫鄂边等根据地，相继建立了边区（省级或相当于省级）政权，县、乡政权也得到进一步发展。但在 1940 年前，因处于初创阶段，各根据地的政权建设存在发展不平衡等情况。按照新民主主义理论的思想，1940 年 3 月 6 日，毛泽东起草了《抗日根据地的政权问题》，作为中共中央党内专门发出的指示（共十四条），对根据地政权建设的原则和政策作了具体规定。此后，根据地的政权建设进入了一个新的发展阶段。

抗日根据地的政权，是抗日民族统一战线性质的政权，即几个革命阶级联合起来对于汉奸和反动派的民主专政。它是经过民主选举和民主集中制原则建立起来的。抗日民主政权的政权结构包括立法、行政和司法机关。在人员组成上，中国共产党明确提出实行"三三制"的原则。明确要求"在人员分配上，应规定为共产党员占三分之一，非党的左派进步分子占三分之一，不左不右的中间派占三分之一"。关于选举政策，明确规定："应是凡满十八岁的赞成抗日和民主的中国人，不分阶级、民族、男女、信仰、党派、文化程度，均有选举权和被选举权。抗日统一战线政权的产生，应经过人民选举。其组织形式，应是民主集中制。"

从此，"三三制"作为毛泽东新民主主义理论中关于政权建设的基本原则在各抗日根据地得到深入贯彻，成为中国共产党建立抗日民族统一战线的生动实践。

"三三制"，既是原则，也是方针，还是政策，既坚持了中国共产党的领导，又调动了赞成抗日的各阶级、人士的积极性，是贯穿于整个抗日战争期间抗日根据地政权建设的基本要求，也是抗日根据地政权建设最成功的经验所在。

新民主主义理论提出后，毛泽东就把陕甘宁边区作为一个"试验区"。在1940年3月初的边区党政联席会议上，毛泽东明确提出："边区的方向，就是新民主主义的方向。"为此，他对边区的情况进行了详细的调查研究，用新民主主义理论指导边区的各项施政方针政策措施的制定。其中，将政权组织中贯彻"三三制"是落实抗日民族统一战线政策作为重中之重加以推动。为了统一党内的思想，毛泽东多次作出深入阐述。从"三三制"的提出、实行到抗日战争胜利，毛泽东数十次强调坚持"三三制"的重要性和严肃性。在《毛泽东选集》、《毛泽东文集》里收集的毛泽东抗日战争期间的文电、报告、文章及接受中外记者采访稿，"三三制"是最多见的三个字。

1941年4月15日，邓小平在中共中央北方局《党的生活》上发表《党与抗日民主政权》的文章指出，"三三制"政权的实质是民主，系统阐述了党对抗日民主政权的正确领导原则等重大问题。文章同时反映了党中央关于"三三制"的重大政策在晋冀鲁豫边区得到积极贯彻的情况，根据中共中央北方局的建议，成立了晋冀鲁豫边区临时参议会，作为这个边区的最高权力机关。1943年2月20日，邓小平在中共中央太行分局高级干部会议上所作的总结中，提出了必须处理好武装、政权、群众和党的领导的正确原则，深刻论述了正确掌握根据地建设的规律等重大问题。

1940年7月5日，毛泽东在为纪念抗日战争三周年写的《团结到底》文章中指出：

> 现在国难日深，世界形势大变，中华民族的兴亡，我们要负起极大的责任来。我们一定要战胜日本帝国主义，我们一定要把中国造成独立、自由、民主的共和国，而要达此目的，必须团结全国最大多数有党有派和无党无派的人。

文章指出，共产党人既不许可建立无原则的统一战线，也不许可不尊重党的统一战线政策，因此必须反对党内的右倾机会主义和"左"倾机会主义。毛泽东指出：

> 共产党员在敌人后方消灭敌伪政权建立抗日政权之时，应该采取我党中央所决定的"三三制"，不论政府人员中或民意机关中，共产党员只占三分之一，而使其他主张抗日民主的党派和无党派人士占三分之二。

1940年12月25日，毛泽东在为中共中央起草的党内指示《论政策》中要求：

> 关于政权组织。必须坚决地执行"三三制"，共产党员在政权机关中只占三分之一，吸引广大的非党人员参加政权。在苏北等处开始建立抗日民主政权的地方，还可以少于三分之一。不论政府机关和民意机关，均要吸引那些不积极反共的小资产

阶级、民族资产阶级和开明绅士的代表参加；必须容许不反共的国民党员参加。在民意机关中也可以容许少数右派分子参加。

1941 年 5 月 1 日，中共陕甘宁边区中央局发布了经中共中央政治局批准的《陕甘宁边区施政纲领》。其中，在政权建设方面，施政纲领明确规定了贯彻"三三制"原则："本党愿与各党各派及一切群众团体进行选举联盟，并在候选名单中确定共产党员只占三分之一，以便各党各派及无党无派人士均能参加边区民意机关之活动与边区行政之管理。在共产党员被选为某一行政机关之主管人员时，应保证该机关之职员有三分之二为党外人士充任，共产党员应与这些党外人士实行民主合作，不得一意孤行，把持包办。"

1941 年 11 月 6 日，陕甘宁边区第二届参议会开幕，通过《陕甘宁边区施政纲领》是这次会议的重要议题。毛泽东在开幕式上有针对性地阐述了陕甘宁边区施政纲领的原则和意义，引导与会代表正确理解，他说：

中国共产党提出的各项政策，都是为着团结一切抗日的人民，顾及一切抗日的阶级，而特别是顾及农民、城市小资产阶级以及其他中间阶级的。共产党提出的使各界人民都有说话机会、都有事做、都有饭吃的政策，是真正的革命三民主义的政策。

这是真正适合现在中国国情的政策。

毛泽东指出：

中国社会是一个两头小中间大的社会，无产阶级和地主大资产阶级都只占少数，最广大的人民是农民、城市小资产阶级以及其他的中间阶级。任何政党的政策如果不顾到这些阶级的利益，如果这些阶级的人们不得其所，如果这些阶级的人们没有说话的权利，要想把国事弄好是不可能的。

国事是国家的公事，不是一党一派的私事。因此，共产党员只有对党外人士实行民主合作的义务，而无排斥别人、垄断一切的权利。

为改变第一届边区参议会选出的边区政府负责人都是中共党员的状况，毛泽东提议，第二届边区参议会选举的两个副主席中要有一个是由非党的进步人士充当。根据这个原则，第二届边区参议会以无记名投票的方式选举高岗为参议会议长，谢觉哉和绥德县的开明绅士安文钦为副议长；林伯渠为边区政府副主席，米脂县的开明绅士李鼎铭为副主席。在边区政府委员初选后，老共产党员徐特立主动申请退出，使选出的边区政府委员十八人中共产党员只有六人，符合"三三制"的规定。

"三三制"的实行，使陕甘宁边区新民主主义的政权建设发展到一个新阶段，成为全国最进步的地方，对其他抗日根据地产生了巨大的示范作用。

按照中共中央的指示，晋察冀边区、晋冀鲁豫边区、晋西北等根据地先后结合本地特点，制定施政纲领，贯彻"三三制"。新民主主义政权建设思想的贯彻，有力地发展了抗日民族统一战线，建设和巩固了抗日根据地，成功地领导和组织各根据地的生产生活秩序，为团结人民群众战胜日本帝国主义的疯狂进攻和国民党的经济封锁作出了极大贡献。"三三制"政权的成功实践，不仅保证了抗日战争的胜利，还为中国共产党领导的多党合作和政治协商制度的形成，探索和积累了丰富的经验。

在中国共产党的领导下，各抗日根据地的民主政治建设得到历史性、创造性的发展，中国共产党领导八路军、新四军和华南抗日武装建立抗日根据地，成立抗日民主政权，并及时制定正确的政权建设思想和政策，不仅巩固和发展了抗日根据地，在 1938 年春初步形成晋察冀、晋西北、晋冀鲁豫抗日根据地的基础上，到 1945 年抗日战争胜利，敌后抗日根据地已发展到 19 块，95 万平方公里，9550 多万人。抗日根据地成为中华民族坚持抗战的战斗堡垒，成为中国人民的希望！在极其艰难困苦的条件下诞生的抗日民主政权，经受了抗日烽火熔炼，积累了人民政权建设的经验，成为后来新中国治国理政理论和实践的伟大源泉。

第三十四节：1941 年 5 月至 11 月
《陕甘宁边区施政纲领》：
边区全体人民共同遵循的政治纲领

1941 年 5 月 1 日，中共陕甘宁边区中央局发布了经中共中央政治局批准的《陕甘宁边区施政纲领》。这个纲领的大部分重要内容是毛泽东审阅初稿时重新改写的。纲领共 21 条，明确提出了中国共产党坚持的团结、抗战、进步的总方针，对边区的政治、经济、文化、教育、法律、知识分子等方面规定出具体政策，为边区人民勾画出一个美好的建设蓝图。

1941 年 11 月，在陕甘宁边区第二届参议会上通过《陕甘宁边区施政纲领》，成为边区各社会阶级、各党派团体和全体人民共同遵循的政治纲领。施政纲领第一次以法的形式固定下来，具有重大而深远的意义。

第一，《陕甘宁边区施政纲领》是马克思主义在中国具体化的首批重大成果，是毛泽东新民主主义理论和中国共产党抗日民族统一战线政策在政权建设方面的集中体现。

一是把抗日摆在高于一切的地位。明确规定："团结边区内部各社会阶级、各抗日党派，发挥一切人力、物力、财力、智力，为保卫边区、保卫西北、保卫中国，驱逐日本帝国主义而战。"实行一系列优抗条例等。

二是坚持抗日民族统一战线方针，规定团结边区内部各抗日阶级。调整各抗日阶级的关系，地主减租减息，农民交租交息；改善工人生活，实行十小时工作制，使资本家有利可图等。

三是健全根据地民主。首先是实行普遍、直接、平等、无记名投票的选举制度，保障一切抗日人民的选举权与被选举权。同时对边区政权实行"三三制"作出明确规定。

四是采取了保障一切抗日人民的人权、政治权利、财权等一系列政策。改进司法制度，坚决废止肉刑，重证据不重口供；依据男女平等原则，保护妇女、儿童，坚持自愿的一夫一妻婚姻制；依据民族平等原则，建立民族自治区，尊重少数民族宗教信仰和风俗习惯等。

五是实行发展经济，保障供给的总方针。发展工业生产和商业流通；实行合理的税收政策；规定确保抗日人民土地财产所有权；奖励扶持私人企业；欢迎华侨和敌区同胞向根据地投资；实行统筹统支的财政制度等。

六是加强爱国主义教育。大力加强文化教育建设，大力举办各类学校，普及免费义务教育，扫除文盲，尊重知识分子，奖励自由研究，实行公务人员两小时学习制等。

总之，施政纲领贯穿了"团结、抗战、救中国"的基本精神，实现了抗日民族统一战线政策的具体化、法律化，增强了边区各阶层、各党派、各界人士的大团结，壮大了人民革命力量。同时施政纲领推动了全国民主法制化的进程，建立了中国历史上从未有过的民主政治，真正实现了人民当家作主，成为新中国成立后制定宪法最宝贵、最直接的经验源泉。

第二，施政纲领从公布到实施是一个将党的主张、人民当家作主、依法执政有机结合起来的过程，这在中国近代以来是没有过的。

施政纲领首先是以中共边区中央局提出、中共中央政治局批准的名义于 1941 年 5 月 1 日向全国公布，于 1941 年 11 月经陕甘宁边区第二届参议会审议通过。经历了一个由中共文件、告全体人民周知、经参议会表决通过的过程，既教育了中共党员，又宣传了人民群众；既经民主讨论，又经法定表决；既有民主决策，又有民主监督。

第三，依据施政纲领，制定专门法律保障人权，是抗日战争时期中国共产党的重大决策，是各抗日民主根据地法制建设的一条重要经验。

在抗战中期各施政纲领确保人权原则的指导下，几乎所有根据地都制定了保障人权条例。1940 年 11 月 11 日，山东省临时参议会制定公布了《山东省人权保障条例》，这是我国历史上第一部专门的人权保障条例。以此为依据，1943 年 2 月 21 日，山东根据地渤海区颁布了《渤海区人权保障条例执行规则》，成为我国历史上少有的关于人权保障的实施细则。1941 年 11 月 17 日，陕甘宁边区第二届参议会通过了《陕甘宁边区保障人权财权条例》。同年 11 月，晋察冀、晋西北都通过了人权保障条例。

第四，施政纲领保障了陕甘宁边区政府成为中国有史以来最民主廉洁高效的政府。

一是民主政权具有极为广泛的代表性。1939 年 2 月，陕甘宁边区第一届参议会通过的选举条例规定，除极少数汉奸特务、依法被剥夺公民权的犯罪分子和神经病患者外，凡居住在边区境内的人民，年满 18 周岁，不分民族、阶级、党派、性别、职业、宗教信仰、财产状况、文化程度和居住期限,都有选举权和被选举权。1941 年 5 月 1 日,《陕甘宁边区施政纲领》公布后,这些规定得到更加坚决有效的实施。

二是在中国共产党的领导下,抗日民主政权实行民主选举、民主监督、民主罢免制度,民主选举各级政府,提出民主政治,选举第一,没有选举,就没有民主,采取推选候选人、自由竞选、差额选举等原则,实现真正的民主。

三是与民主选举相适应,人民同时拥有广泛的监督罢免权利。1941 年《陕甘宁边区各级参议会选举条例》规定,"各级参议员在任期内如有不称职的,得由该级议员选举之法定人数十分之一以上的选民提议,经由该选举单位投票罢免之"。而参议员的职责之一就是进行民主监督,徐特立《边区参议会应有的任务》中说,就是要"打破历史是形式主义的民主议会,建立真正有革命意义的、敢言而敢做的议会,树立民族独立民权自由的基础"。

在中国共产党的坚强领导下,在《陕甘宁边区施政纲领》及各根据地施政纲领的保障下,各抗日根据地实现了空前的民主和团结,与敌占区、国民党统治区形成了鲜明对照,成为中国历史上前所未有的壮观亮丽的风景线。

第三十五节：1944 年 5 月 21 日至 1945 年 4 月 20 日
在三年全党整风运动的基础上，
中国共产党在延安召开历时 11 个月党的六届七中全会
全会通过的《关于若干历史问题的决议》，
为党的七大胜利召开作了思想政治上的充分准备

在德国法西斯面临彻底覆灭和中国人民抗日战争接近最后胜利的前夜，为了系统地总结中国革命的基本经验，为彻底打败日本侵略者、建设新中国作准备，中国共产党举行了第七次全国代表大会。

党的七大的召开，经过了长期的充分的准备。从 1928 年党的六大到 1945 年，其间整整相隔 17 年。1931 年党的六届四中全会就提出要召开党的七大，由于国民党军队连年大规模地"围剿"根据地，红军被迫长征，七大未能召开。全国抗战爆发后，1937 年 12 月，中央政治局会议决定近期召开七大，并成立毛泽东为主席的准备委员会，负责筹备工作。1938 年、1941 年、1943 年，中共中央多次讨论七大问题，但因战争环境和其他条件不成熟，七大的召开继续延期。

在这个过程中，党的力量在艰难曲折中有了很大发展。毛泽东撰写的大量文章和中共中央发布的许多文件，已经对党的历史经验从各方面进行了总结。特别是以毛泽东为核心的中央领导集体的形成和整风运动的成功，使全党的思想、政治和组织状况发生了根本性的变化，为七大的召开创造了良好的条件。

1944 年 5 月 21 日至 1945 年 4 月 20 日，中共中央在延安举行扩大的六届七中全会。党的六届七中全会是中国共产党历史上召开时间最长的一次中央全会，整整开了 11 个月，为把党的七大开成一个团结的大会、胜利的大会，领导全党、全国人民夺取抗日战争的最后胜利作了全面的、充分的准备。

出席这次会议的中央委员和候补委员 17 人，列席会议的各中央局等其他方面的负责人 12 人。会议选举毛泽东、朱德、刘少奇、任弼时、周恩来组成主席团，毛泽东任主席团主席；通过了刘少奇提出的以原中央政治局主席毛泽东为中央委员会主席的提议；决定全会期间由主席团处理中央日常工作，书记处和政治局停止行使职权。会议讨论了七大的各项准备工作，确定各项报告的起草委员会并负责起草。会议后期，讨论通过了准备提交七大的政治报告、军事报告和党章草案等重要文件。

党的六届七中全会的主要内容和最重要的成果，是在 1945 年 4 月 20 日原则通过的《关于若干历史问题的决议》。

而《关于若干历史问题的决议》正是从 1942 年开始的全党整风运动的逻辑结果。

遵义会议后，党的路线已经走上了马克思主义的正确道路，党对曾经给党的事业造成严重危害的主观主义、教条主义还没有来得及从思想上进行认真清理。这就有必要集中开展一场普遍的马克思主义思想教育运动，总结和吸取历史经验教训，提高全党特别是党的高级干部的思想理论水平，增强党的凝聚力和战斗力。

1941 年 5 月，毛泽东在延安高级干部会议上作《改造我们

的学习》的报告。9月至10月，中央政治局召开扩大会议，党
的高级干部开始学习和研究党的历史，总结历史经验教训，为
全党普遍整风作了准备。1942年2月毛泽东先后作《整顿学风
党风文风》（后改为《整顿党的作风》）和《反对党八股》的演
讲，整风运动在全党普遍展开。反对主观主义以整顿学风，是
整风运动的主要任务；反对宗派主义以整顿党风，反对党八股
以整顿文风，也是整风运动的重要任务。从1943年9月起，中
央政治局召开扩大会议，讨论历史上的路线问题。

《关于若干历史问题的决议》的起草过程，贯穿于全党整风
运动开展的全过程。这个决议以毛泽东1941年写出《关于四中
全会以来中央领导路线问题结论草案》为蓝本，并在毛泽东的
领导下，从1944年5月开始起草。由任弼时主持，成立了有刘
少奇、康生、周恩来、张闻天、彭真、高岗、博古参加的党的
历史问题决议准备委员会。起草工作历时一年，数易其稿。后
来由毛泽东直接主持并多次修改。在六届七中全会期间，党的
许多高级干部参加了修改和讨论。此外，还提交出席党的七大
的各代表团讨论。历史问题决议凝聚了全党的经验和集体智慧。

《关于若干历史问题的决议》总结建党以来，特别是六届四
中全会至遵义会议前这一段党的历史及其基本经验教训，高度
评价了毛泽东运用马克思列宁主义基本原理解决中国革命问题
的杰出贡献，肯定了确立毛泽东在全党的领导地位的重大意义。
同时，全面详尽地阐述了历次"左"倾错误在政治、军事、组
织、思想方面的表现和造成的严重危害，着重分析了产生错误
的社会根源和思想根源。在总结开展党内思想斗争的经验时，

强调要坚持"惩前毖后，治病救人"，"既要弄清思想，又要团结同志"的方针。决议提出：全党今后的任务，就是"在马克思列宁主义思想一致的基础上，团结全党同志如同一个和睦的家庭一样，如同一块坚固的钢铁一样，为着获得抗日战争的彻底胜利和中国人民的完全解放而奋斗"。

　　延安整风运动是中国共产党历史上第一次全党范围的马克思主义思想教育运动，它坚持马克思主义同中国实际相结合，使实事求是的马克思主义思想路线在全党深入人心。党的六届七中全会的召开和《关于若干历史问题的决议》的通过，实现了在以毛泽东同志为核心的党中央领导下全党新的团结和统一，为党的七大胜利召开做好了充分的思想政治准备，为抗日战争的胜利和新民主主义革命在全国的胜利，奠定了重要的思想政治基础。

第三十六节：1945 年 4 月 23 日至 6 月 11 日
中国共产党第七次全国代表大会在延安胜利召开
确立以毛泽东为核心的中央领导集体
确立毛泽东思想为全党的指导思想
毛泽东在党的七大的三个报告中
全面阐述和部署在建立联合政府的情况下
成立解放区人民代表联合会的问题

中国共产党的第七次全国代表大会是在世界反法西斯战争和中国人民抗日战争即将取得决定性胜利的前夜，在经过三年多的整风运动和党的六届七中全会胜利召开，全党思想上、政治上、组织上空前团结统一的基础上召开的。

1945 年 4 月 20 日，中国共产党六届七中全会在延安胜利闭幕。

1945 年 4 月 23 日至 6 月 11 日，中国共产党第七次全国代表大会在延安胜利召开。出席大会的正式代表 547 人，候补代表 208 人，代表着全党 121 万党员。这次大会担负起总结以往革命经验、迎接抗日战争胜利和引导中国走向光明前途的任务。

党的七大包括预备会议在内开了 50 天，是中国共产党历史上召开时间最长的一次全国代表大会。党的七大，也是作报告次数最多的大会。毛泽东作了 8 次报告（其中 1 个书面报告，7 个口头报告）：4 月 21 日在大会预备会议上作《中国共产党第七次全国代表大会的工作方针》的报告，4 月 23 日致开幕词《两个中国之命运》，4月24日作题为《论联合政府》的书面政治报告、同时作正式的口头政治报告，5月24日作《第七届中央委员会的选举方针》的报告，5月31日作《在中国共产党第七次全国代表大会上的结论》的报告，6月10日作《关于第七届候补中央委员选举问题》的报告，6月11日致闭幕词《愚公移山》。刘少奇作《关于修改党章的报告》和关于讨论组织问题的结论。朱德作关于《论解放区战场》军事问题的报告，周恩来作《论统一战线》的发言。

党的七大提出的政治路线是："放手发动群众，壮大人民力量，在我党的领导下，打败日本侵略者，解放全国人民，建立一个新民主主义的中国。"为着建立新民主主义国家，大会再次提出"废止国民党一党专政，建立民主联合政府"的口号，进而提出结束国民党一党专政的两个具体步骤：目前时期，经过各党各派和无党派代表人物的协议，成立临时的联合政府；将来时期，经过自由的无拘束的选举，召开国民大会，成立正式的联合政府。大会制定了新民主主义国家在政治、经济、文化方面的纲领，提出实现中国工业化的宏伟任务。

党的七大系统总结了中国革命的三条基本经验，深刻概括了党的三大作风，强调："全心全意为人民服务，一刻也不脱离群众；一切从人民的利益出发，而不是从个人和小集团的利益出发；向人民负责和向党的领导机关负责的一致性；这些就是我们的出发点。"

党的七大最重要的成果是，确定了毛泽东思想为党的指导思想。把毛泽东思想确立为党的指导思想并写入党章，是党的七大的历史性贡献。毛泽东思想是中国共产党集体智慧的结晶，以独创性理论丰富和发展了马克思主义，实现了马克思主义中国化的第一次历史性飞跃，而毛泽东是马克思主义中国化的伟大开拓者。

党的七大确立了以毛泽东同志为核心的党中央领导集体，选举产生了新的中央委员会。其中，中央委员 44 人、候补中央委员 33 人。1945 年 6 月 19 日，党的七届一中全会选举毛泽东、朱德、刘少奇、周恩来、任弼时、陈云、康生、高岗、彭真、董必武、林伯渠、张闻天、彭德怀为中央政治局委员；选举毛泽东、朱德、刘少奇、周恩来、任弼时为中央书记处书记，选举毛泽东为中央委员会主席、中央政治局主席、中央书记处主席；选举任弼时为中共中央秘书长，李富春为副秘书长。

两个多月后，中国共产党和全中国人民就迎来了抗日战争的伟大胜利。

毛泽东在党的七大上作的书面报告和口头报告是党的七大的最重要文献。

毛泽东的书面政治报告首先分析了国内外形势，全面阐明中国共产党解决中国问题的基本纲领和政策。毛泽东指出：

我们的大会是在这种情况之下开会的：中国人民在其对于日本侵略者作了将近八年的坚决的英勇的不屈不挠的奋斗，经历了无数的艰难困苦和自我牺牲之后，出现了这样的新局面——整个世界上反对法西斯侵略者的神圣的正义的战争，已经取得了有决定意义的胜利，中国人民配合同盟国打败日本侵略者的时机，已经迫近了。但是中国现在仍然不团结，中国仍然存在着严重的危机。……中国急需把各党各派和无党无派的代表人物团结在一起，成立民主的临时的联合政府，以便实行民主的改革，克服目前的危机，动员和统一全中国的抗日力量，有力地和同盟国配合作战，打败日本侵略者，使中国人民从日本侵略者手中解放出来。

毛泽东说：

我们主张在打败日本侵略者之后，建立一个以全国绝大多数人民为基础而在工人阶级领导之下的统一战线的民主联盟的国家制度，我们把这样的制度称之为新民主主义的国家制度。

毛泽东全面论述了新民主主义的政治、经济、文化的科学内涵。在论述新民主主义的政治时，毛泽东说：

我们主张的新民主主义的政治，就是推翻外来的民族压迫者，废止国内的封建主义的和法西斯的压迫，并且主张在推翻和废止这些之后不是建立一个旧民主主义的政治制度，而是建立一个联合一切民主阶级的统一战线的政治制度。

进而，毛泽东论述了新民主主义的政权组织：

新民主主义的政权组织，应该采取民主集中制，由各级人民代表大会决定大政方针，选举政府。它是民主的，又是集中的，就是说，在民主基础上的集中，在集中指导下的民主。只有这个制度，才既能表现广泛的民主，使各级人民代表大会有高度的权力；又能集中处理国事，使各级政府能集中地处理被各级人民代表大会所委托的一切事务，并保障人民的一切必要的民主活动。

毛泽东在书面政治报告中，对 1940 年提出的新民主主义理论作了新的发展，既把党的一般纲领和具体纲领加以区别，又针对国民党统治区、沦陷区、解放区这三种地方互不相同的情势，提出了党实现一般纲领和具体纲领各自不同的任务。

对党在国民党统治区的任务，毛泽东提出，被压迫的一切阶层、党派和集团的民主运动，应当有一个广大的发展；共产党人应当继续执行广泛的抗日民族统一政策，为共同的目标而奋斗。

对党在沦陷区的任务，毛泽东提出，共产党人应当号召一切抗日人民，组织地下军，准备武装起义，里应外合地消灭日本侵略者。共产党人应当执行最广泛的抗日民族统一政策，联合一切反对日本侵略者及其忠实走狗的人们，为打倒共同敌人而斗争。

对党在解放区的任务，毛泽东指出，我党的全部新民主主义的纲领已经在解放区实行了并且有了显著的成绩，聚集了巨大的抗日力量，今后应当从各方面发展和巩固这种力量。在全面阐述解放区的任务后，书面政治报告对召开中国解放区人民代表会议作出了部署。毛泽东说：

我们的大会应向各解放区人民提议，尽可能迅速地在延安召开中国解放区人民代表会议，以便讨论统一各解放区的行动，加强各解放区的抗日工作，援助国民党统治区人民的抗日民主运动，援助沦陷区人民的地下军运动，促进全国人民的团结和联合政府的成立。中国解放区现在已经成了全国广大人民抗日救国的重心，全国广大人民的希望寄托在我们身上，我们有责任不要使他们失望。中国解放区人民代表会议的召集，将对中国人民的民族解放事业起一个巨大的推动作用。

毛泽东在七大作的口头政治报告，是对书面政治报告的全面阐述和充分展开，极为重要。毛泽东的口头政治报告讲了三个问题："一、路线问题"；"二、政策方面的几个问题"；"三、关于党内的几个问题"。在"一、路线问题"中，毛泽东全面、深刻、系统地阐述了我们党的路线和纲领，这就是："无产阶级领导的人民大众的反帝反封建的革命"。在"二、政策方面的几个问题"中，毛泽东详细说明了十一个重大政策问题。

召集解放区人民代表会议就是其中的第十一个问题。毛泽东这样阐述这件大事：

召开中国解放区人民代表会议。召集这样一个会议，是我们大会向各解放区人民的提议，这是一件大事。报纸上还没有公布。现在只能是召集代表会议，代表不是普选的，是由军队、政府、民众团体选派的，这样简便一些。开人民代表大会就要调查年龄，有没有选举权等，普选还是在战争结束后搞比较好。当然要搞也可以搞，现在各解放区也有普选，但是这次我们要求比较快，不能太慢了。决定召集这个会议，要准备召开以后发表宣言，作决议案，建立经常的领导机关，这个机关不叫政府，而叫"中国人民解放区联合会"，这是我们拟定的、心里设想的东西，报纸上先不登，也不写，只在这里讲一讲。要召集会议作出决议案，发出宣言，打电报给委员长（笔者注：指蒋介石），请他组织联合政府。……国民党有一个政府，我们避免对立，所以叫"中国人民解放联合会"。

我们召开解放区人民代表会议，党外人士要占大多数。我们准备选举一个机关，它的名称叫什么好，大家都想一想，你们想的也许很好。现在拟定的名称叫"中国人民解放联合会"。

国民党有一个政府，我们避免对立，所以叫"中国人民解放联合会"。

5月31日，毛泽东作《在中国共产党第七次全国代表大会的结论》的报告。报告讲了十三个问题。其中第九个问题，在分析国共两党谈判还有没有希望时谈到将来成立解放区人民联合会的问题。毛泽东说：

我们从来是主张要谈的，七大的文件上也规定了要谈，至于谈拢的希望是一丝一毫也没有。但现在我们还不向全国人民宣布，因为一宣布，下文必然就是要打倒蒋介石。我们说现在可能性总还有一点，这一点我们也不放弃，就是在没有破裂以前还要谈判。我们总是要求蒋介石洗脸、改造，如果有一天他变成大花脸，发动内战，那时我们党就要号召全国人民起来打倒蒋介石。现在我们还是极力阻止内战，在一定的条件下不拒绝跟他谈判，情况就是这样。

成立联合政府有没有希望？我们要尽量争取。将来如果能成立解放区人民联合会，还是要打电报请他组织联合政府。我们总是请，但他总是不出来，就像新媳妇一样不肯上轿。那怎么办呢？你不出来我们就请，你还不出来我们就再请，在没有全面破裂以前我们还是要请，明天早晨破裂，今天晚上我们也还要请。

七大的结论报告的第十个问题，专题论述了"关于中国人民解放联合会"问题。毛泽东说：

我们的文件上说，要召集解放区人民代表会议，这个会议一开，就要搞一个中国人民解放联合会，或者叫解放区人民联合会。中国要解放，所以叫解放联合会。它是不是一个政权机关呢？我们已经打了电报告诉各地，这不是第二个中央政府，和内战时期我们成立的苏维埃中央政府不同，和那时组织苏维埃中央政府的情形也不同。它的名称不叫政府，叫解放联合会。它是不是有政权机关的性质？我们说它有发号施令的职权，是带有政权机关性质的，是为了联合各解放区而奋斗的过渡时期的组织形式。什么时候召集呢？大概在十一月份。

党的七大召开之前，19个新老解放区已经召开或正在筹备召开人民代表会议，民主选举产生各级人民政权。经历了抗日战争严峻考验的解放区各地各级人民代表会议，已经成为解放区人民群众政治生活的一部分。随着抗日战争即将取得胜利，抗日根据地的不断扩大，解放区的不断增加，建立和巩固由人民代表会议选举产生的人民政权，成为全党需要高度重视的急迫任务。

毛泽东在七大作的书面政治报告、口头政治报告、大会结论报告三次对召集解放区人民代表会议问题作出的专门论述，及时回答了全党和解放区人民的关切，及时指导了各解放区的实际工作。同时，指明了抗日战争胜利后中国国家制度实现的正确途径和方向：现阶段，召开解放区人民代表会议作为过渡；不久的将来，在全国实行人民代表大会制度。

考虑到全国仍处于国民党统治区、沦陷区、解放区的分割状态以及国共两党谈判的情况，党的七大作出关于成立中国人民解放联合会的重大决策，当时没有向全国公布。

根据党的七大精神和国内政治发展态势，中国共产党加快了召集解放区人民代表会议的工作步伐。1945 年 7 月 13 日，各解放区、各人民团体以及八路军、新四军等各方面的代表，在延安开会，成立了"中国解放区人民代表会议筹备委员会"。日本投降以后，因为时局变化，中国解放区人民代表会议没有召开。

　　1945 年 8 月 15 日，中国人民终于迎来了抗日战争取得完全胜利的这一天！

　　党的七大确定的新民主主义国家制度的桅杆已经露出海平面，"一个新民主主义的中国不久就要诞生了，让我们迎接这个伟大的日子吧！"

时势链接：
世界反法西斯战争形势发生根本性变化
中国人民即将赢得抗日战争的伟大胜利

　　1943 年至 1944 年，世界反法西斯战争的形势发生了根本性的变化。在欧洲战场，苏联军队取得斯大林格勒战役的胜利，成为苏德战争的转折点。1944 年，苏军收复全部国土，英法联军诺曼底登陆，欧洲反法西斯战争进入决战阶段。在太平洋战场，盟军转入战略进攻，日军开始丧失战略上的主动权。

　　根据国际形势的发展和中日战争形势的变化，中共中央确定 1944 年的斗争方针是，继续团结国民党共同抗日，集中力量打击日、伪军，巩固和扩大抗日根据地。这一年，共产党领导的敌后军民在华北、华中、华南地区对日、伪军普遍发起局部反攻。在国民党大溃败后，中共中央指示八路军、新四军迅速开辟了河南新解放区，向豫鄂湘粤、苏浙地区挺进。各抗日根据地在局部反攻中收复大片失地，解放人口 1700 万。为对日全面反攻、夺取抗日战争的最后胜利准备了重要条件。这种情况，与国民党的大败退形成鲜明对比。

1944 年，为了挽救其在南洋的颓败，日军决定在中国战场上打通通往东南亚的大陆交通线，从 4 月至 11 月，日军发起疯狂进攻，先后占领郑州、许昌、长沙、衡阳、桂林、柳州、南宁等地。国民党军队出现了骇人听闻的大溃败，8 个月中，丢失 20 万平方公里的土地，146 座城市，使 6000 万同胞沦于日本帝国主义的铁蹄之下。

全国人民对国民党政府的腐败无能和抗战不力空前不满，强烈要求改组国民党政府。中国共产党顺应全国人民的愿望，1944 年 8 月后，在多个场合提出改组国民政府，建立民主联合政府的主张，并同国民党进行了多次谈判。中国共产党的主张得到各民主党派、各界民主人士的赞同和支持。

第三十七节：1945 年 8 月 28 日至 10 月 11 日
毛泽东毅然赴重庆与国民党谈判
中国共产党为避免内战尽到最大努力

1944 年，国民党第三次反共高潮被打退后，蒋介石被迫转变对中共的态度，邀请中共谈判。1944 年 4 月 15 日，毛泽东主持中共中央书记处会议决定，派林伯渠、王若飞等同国民党谈判。由于国民党拒不接受中共的谈判意见，谈判很快陷入僵局。

这段时期，全国人民对国民党政府在抗日战场上骇人听闻的大溃退和腐败无能空前不满，强烈要求改组国民党政府。顺应全国人民的愿望，中国共产党及时提出成立各党派联合政府的主张。

8 月 17 日，毛泽东在董必武的请示报告上第一次作出"商各党派联合政府"的重要批示。9 月 1 日，毛泽东主持六届七中全会主席团会议，讨论关于提议成立联合政府等问题。9 月 15 日，林伯渠在重庆召开的国民参政会的报告中，将中共中央提出的组织各党派联合政府的主张公布于天下，立即在全国产生巨大反响。9 月 27 日，毛泽东在起草的复国民党代表的信中提出，"由现在的国民政府立即召集全国各抗日党派、各抗日部队、各地方政府、各民众团体的代表，开紧急国是会议，成立各党派联合政府"。

至此，国共谈判得以延续。但在美国政府扶蒋反共政策的支持下，蒋介石公然宣称不同意成立联合政府，抗日战争时期国共的最后一次谈判不欢而散。

在党的七大上，关于国共谈判成立联合政府的前景，毛泽东在《论联合政府》的书面政治报告中指出：

中国急需把各党各派和无党无派的代表人物团结在一起，成立民主的临时的联合政府，以便实行民主的改革，克服目前的危机，动员和统一全中国的抗日力量，有力地和同盟国配合作战，打败日本侵略者，使中国人民从日本侵略者手中解放出来。

关于国共两党谈判，毛泽东在关于七大结论的报告中说：

我们从来是主张要谈的，七大的文件上也规定了要谈，至于谈拢的希望是一丝一毫也没有。但现在我们还不向全国人民宣布，因为一宣布，下文必然就是要打倒蒋介石。我们说现在可能性总还有一点，这一点我们也不放弃，就是在没有破裂以前还要谈判。我们总是要求蒋介石洗脸、改造，如果有一天他变成大花脸，发动内战，那时我们党就要号召全国人民起来打倒蒋介石。现在我们还是极力阻止内战，在一定的条件下不拒绝跟他谈判情况就是这样。

中国共产党七大的胜利召开和中国共产党关于成立全民族民主联合政府的主张在全国人民中引起热烈反响，并日益深入人心，它不仅影响了即将到来的抗日战争胜利的结局，而且影响了抗日战争胜利后的全国政局。

为了揭露蒋介石消灭共产党的阴谋，党的七大作出决定，不参加蒋介石提出的7月7日召开的第四届国民参政会及其后将召开的"国民大会"。

　　1945 年 7 月 1 日，毛泽东、周恩来、朱德、林伯渠在延安隆重欢迎来自重庆的褚辅成、黄炎培等六位国民参政员。双方经过坦诚会谈，就停止召开国民大会，从速召开政治会议等问题达成一致意见。毛泽东在同黄炎培谈话时，回答了黄炎培关于周期率的问题："我们已经找到新路，我们能跳出这周期率。这条新路，就是民主。只有让人民来监督政府，政府才不敢松懈。只有人人起来负责，才不会人亡政息。"毛泽东的讲话，一语道出了中国共产党领导的人民代表大会同国民党操持的"国民大会"的本质区别。

　　抗日战争胜利后，国民党垄断抗战胜利成果的恶劣行径，遭到全国人民尤其是解放区人民的强烈反对。国民党发动大规模内战困难重重。在这种形势下，蒋介石于 8 月 14 日、20 日、23 日接连三次致电毛泽东，邀请毛泽东到重庆进行和平谈判。

　　接到蒋介石来电后，中共中央政治局于 1945 年 8 月 23 日和 26 日举行两次会议，讨论同国民党进行谈判的问题。毛泽东在第一次会议上说：

　　现在的情况是，我国抗日战争的阶段已经结束，进入了和平建设阶段。……我们现在的口号是"和平、民主、团结"。……以后我们的方针仍是"蒋反我亦反，蒋停我亦停"，以斗争达到团结，做到有理有利有节。

　　毛泽东指出：

　　和平能否取得？内战能否避免？我们现在的口号是和平、民主、团结，过去的口号是抗战、团结、进步。和平是可能取得的，因为中国人民需要和平，苏、美、英也需要和平，不赞成中国打内战。中国过去是大敌当前，现在是疮痍满目，前方各解放区损失严重，人民需要和平，我们党需要和平。国民党暂时也不能下决心打内战，因为它的摊子没有摆好，兵力分散。……国民党本身有这些困难，加上解放区的存在，共产党不易被消灭，国内人民和国际上反对国民党打内战，因此内战是可以避免和必须避免的。我们党提出的和平、民主、团结三大口号是有现实基础的，能得到国内外的广大同情。……蒋介石要消灭共产党的方针没有改变，也不会改变。他所以可能采取暂时的和平是由于上述各种条件的存在，他还需要医好自己的创伤，壮大自己的力量，以便将来消灭我们。我们应当利用他这个暂时和平时期。

关于国体、政体问题，毛泽东论述了中国共产党对全国范围和解放区范围的两种考虑：

一是对全国范围的考虑，可能要搞多党参加的独裁加民主的联合政府，搞国会。他指出：

七大时讲的长期迂回曲折，准备出现最大困难，现在要实行了。现在我国在全国范围内可能成立资产阶级领导的而有无产阶级参加的政府。中国如果成立联合政府，可能有几种形式。其中一种就是现在的独裁加若干民主，并将存在相当长的时期。对于这种形式的联合政府，我们还是要参加进去，进去是给蒋介石"洗脸"，而不是"砍头"。走这个弯路将使我们党在各方面达到更成熟，中国人民更觉悟，然后建立新民主主义的中国。

我们要准备有所让步，在数量上作些让步，以取得合法地位，以局部的让步换取在全国的合法地位，养精蓄锐来迎接新形势。对这种让步我们要有准备。另一方面，我们还要准备在合法工作中去进攻，利用国会讲坛去进攻，要学会作合法斗争。这对于我们是一个新环境，和北伐、内战、抗日三个时期都不同，因为这是和平时期。我们很需要利用这样一个时期来教育全国人民，来锻炼我们自己。学会了做许多工作，有能力去搞全国、搞大城市工作。

二是对解放区的考虑，召开各解放区都参加的解放区人民代表会议。毛泽东说：

解放区人民代表会议是否召开？如果实现了和平，就开一个和平、民主、团结的会议。

这就是中国共产党七大确定的基本方针：如果全国实现了和平，在全国，组成由各党各派参加的国会，成立联合政府；在解放区，召开解放区人民代表会议。

对于重庆谈判的结局，毛泽东做了最坏的打算。他在 8 月 26 日的第二次中央政治局会议上讲话中说：

去重庆，要充分估计到蒋介石逼我作城下之盟的可能性，但签字之手在我。谈判自然必须作一定的让步……在有利条件下是可以考虑让步的。……如果这些条件还不行，那末城下就不盟，我准备坐班房。如果是软禁，那也不用怕，我正是要在那里办点事。……所以，重庆是可以去和必须去的。我可以打一个电报给蒋介石，说我要去，明天报上要发消息。

由于有我们的力量、全国的人心、蒋介石自己的困难和外国的干预四个条件，这次去重庆是可以解决一些问题的。

为统一党内思想，毛泽东为中共中央起草发出党内指示，

要求做好和、战两手准备。1945 年 8 月 25 日，中共中央发表
《对目前时局的宣言》，提出"和平、民主、团结"三大口号，
当晚决定派毛泽东、周恩来、王若飞赴重庆同国民党谈判。

　　1945 年 8 月 28 日，毛泽东毅然赴重庆与国民党谈判。1945
年 8 月 28 日至 10 月 11 日，国共谈判谈了 43 天。10 月 10 日，
双方签署《政府与中共代表会谈纪要》（即《双十协定》）。中
国共产党人为实现国内和平，尽到了最大努力。

　　正如毛泽东判断的那样，蒋介石消灭共产党的方针不会改
变。国民党一天也没有打算履行国共谈判的协定。《双十协定》
墨迹未干，蒋介石就向各战区发出密电，要求他们以"受降"
为名向各解放区大举进攻。在国民党军队的各路进攻中，沿平
汉铁路北上的是十一战区副司令长官马法五、高树勋率领的四
万多人的三个军。毛泽东连续签发中共中央军委命令，指示晋
冀鲁豫军区坚决歼灭这支国民党先头部队。在刘伯承、邓小平
指挥下，人民解放军在邯郸以南围歼敌军两万多人，高树勋在
党的感召下毅然率领新八军起义，受到毛泽东的通报表彰。

　　面对愈演愈烈的内战局势，渴望和平民主的全国民众焦虑
不安。11 月 25 日，昆明各界师生 6000 多人在西南联大举行
"反内战时事演讲会"，费孝通、钱端升、伍启元、潘大逵等四
位教授发表演讲，主张迅速制止内战，成立民主联合政府，遭
到国民党特务和军队的残酷镇压。12 月 1 日，昆明发生流血惨
案，炸死 4 人、重伤 11 人、轻伤 14 人，引发了著名的"一
二·一"学生运动。从这天起，整整一个月，昆明几乎每天都
挤满成千上万扶老携幼悼念四烈士的市民。

昆明惨案震动全国。在重庆，由郭沫若、沈钧儒、史良等主持举行追悼大会。在上海，举行了由宋庆龄、柳亚子、马叙伦、许广平等主祭的万人追悼大会。国民党的倒行逆施遭到全国舆论的一片谴责，国民党在政治上陷入十分被动的地位。

在国内外压力下，国民党被迫同意在政治协商会议上讨论政府改组等问题，国共两党经过继续谈判达成关于停止国内军事冲突的协定。

1946 年 1 月 10 日，国共各自下达停战令。

同日，根据《双十协定》确定的政治协商会议在重庆举行。这次政治协商会议来之不易。召开全国性的政治会议协商国是，是中国共产党在抗日战争后期坚持的主张，抗战胜利后经过国共重庆谈判，在全国人民的强烈要求下，这个政治协商会议终于召开了。参加会议的有国民党、共产党、民主同盟、青年党和无党派人士 38 人，开了 22 天。

经过激烈的争论和协商，政治协商会议通过了宪法草案、政府组织案、国民大会案、和平建国纲领、军事问题案等五项协议。主要内容包括：改组国民党一党专政政府，通过一部民主宪法，建立两院国会制、责任内阁制和省自治制度等。

中国共产党真心实意地履行协议。政治协商会议闭幕的第二天，中共中央向各中央局、各区党委、各纵队负责人发出的内部电报指示：从此中国即走上了和平民主建设的新阶段。中国革命的主要斗争形式，目前已由武装斗争转变到非武装的群众的与议会的斗争，国内问题由政治方式来解决。

实际工作中，中国共产党在政协协议达成后，就开始着手采取落实的措施。一是在内部商定毛泽东、林伯渠、董必武、周恩来、刘少奇、张闻天等8人参加国民政府委员会，周恩来、董必武等4人出任行政院副院长等职。二是将党中央总部从延安搬到淮阴，时任苏皖边区临时行政委员会主席的李一氓奉上级指示在淮阴城外"找一个合适的地方"。三是解放区复员整军（除东北及热河）。第一期精简三分之一，三个月内完成；第二期再精简三分之一。晋察冀行动最快，一次就复员十万多人。

然而，国民党当局完全没有履行政协协议的意思。在政治上，不断制造反共事件，公然推翻政治协商会议协议。2月10日，重庆近万人举行庆祝政治协商会议成功大会。会议还没有开始，数十名暴徒冲上主席台，殴打主席团成员郭沫若、李公朴等人，致使大会未能开成。3月10日，国民党以六届二中全会的方式推翻政治协商会议决议。军事上，在美军的支持下，国民党军队控制了北平、天津、上海、南京等大城市；占领沈阳、长春等城市，向共产党领导的军队大举进攻，形成了"关内小打，关外大打"的局面。蒋介石声称3个月到6个月武力消灭共产党。

面对一触即发的全面内战，国民党统治区各界人士还想做制止内战的努力。6月23日，上海各界10万多人举行声势浩大的示威游行，欢送马叙伦、盛丕华、阎宝航、雷洁琼等请愿和平代表赴南京。到了南京下关车站，代表团遭到暴徒围攻毒打，马叙伦等4人受重伤。下关惨案再一次表明国民党内战决心已定。1946年7月11日、15日，中国民主同盟的两位重要成员李公朴、闻一多在昆明被国民党特务暗杀。

1946 年 6 月 18 日，蒋介石发出围攻中原解放区的密令，由此发动了对解放区的全面进攻。6 月 19 日，毛泽东给刘伯承、邓小平、贺龙、聂荣臻等晋冀鲁豫、晋绥、晋察冀三大军区司令员、政委发出准备对付蒋介石大打的作战部署。6 月 22 日，毛泽东分别向东北局、太行区、山东区发出谈判破裂后粉碎蒋介石进攻的指示和作战部署。7 月 20 日，毛泽东为中共中央起草的党内指示明确指出："以自卫战争粉碎蒋介石的进攻"。六大解放区军民坚决贯彻毛泽东制定的作战方针，不计一城一池得失，集中优势兵力，各个歼灭敌人，经过近 8 个月的浴血奋战，消灭敌人 66 个旅，70 多万人，粉碎了蒋介石全面进攻的部署。特别是中原解放军浴血奋战坚持半年以上并成功突围、华中野战军取得苏中七战七捷，为华北、华东、东北等解放区做好迎接全面内战准备争取了宝贵时间。

蒋介石彻底撕下了和谈的面具。10 月 11 日，国民党军队悍然占领张家口。蒋介石利令智昏，随即于当天宣布 11 月 12 日召开"国民大会"。

中国共产党和民主同盟等民主团体坚决反对国民党召开一党包办的"国大"，多次发表声明，坚决反对，拒绝参加。11 月 15 日，"国大"召开。11 月 16 日，周恩来在南京举行记者会，宣布：由于国民党当局单方面召开"国大"，把政协协议破坏无遗，和谈之门已被关闭，中共代表团人员即将撤回延安。11 月 19 日，周恩来率中共代表团人员 15 人离开南京返回延安，留下董必武等坚守。之后，国民党坚决拒绝中国共产党挽救时局，重开谈判的最后努力，1947 年 3 月 7 日、8 日，中共驻南京、上海、重庆全部人员撤回延安。至此，国共关系完全破裂。

全国人民实现和平民主的良好愿望，中国共产党和中国民主同盟等民主人士所做的一次次努力，在蒋介石决心完全撕毁国共谈判协议和政协协议，实行独裁统治，发动内战的现实中再一次化为泡影。

重庆谈判结束一年后，全面内战不可避免地爆发了。国民党军队疯狂向各解放区进行全面进攻，广大解放区军民奋起反击，顽强地展开自卫战争。

第三十八节：**1946 年 11 月 21 日**
中共中央在延安召开会议决定：
变自卫战争为解放战争，确定以"打倒蒋介石"来解决国内问题
毛泽东预言："我们只要熬过明年，后年就会好转"

1946 年 11 月 15 日，国民党一手包办的国民大会召开。毛泽东清楚地看到，和谈的大门已被蒋介石完全关死，中国人民只剩下一条路可走，那就是只有经过战争推翻蒋介石的统治，才能在中国获得真正的和平。11 月 18 日，毛泽东在为中共中央起草的党内指示中指出：

蒋介石日暮途穷，欲以开"国大"、打延安两项办法，打击我党，加强自己。其实，将适得其反。中国人民坚决反对蒋介石一手包办的分裂的"国民大会"，此会开幕之日，即蒋介石集团开始自取灭亡之时。……蒋介石自走绝路，开"国大"、打延安两着一做，他的一切欺骗全被揭破，这是有利于人民解放战争的发展的。

这是毛泽东第一次以"人民解放战争"的名称代替前一阶段"自卫战争"。

1946 年 11 月 21 日，中共中央在延安召开会议，周恩来报告国共谈判和国民党统治区的情况。毛泽东首先分析了全国形势，指出：

要胜利就要搞好统一战线，就要使我们的人多一些，就要孤立敌人，……。我们不是孤立的，我们的统一战线是宽广的。我们只要熬过明年，后年就会好转。……代表团不能早回来，一定要在开"国大"以后，这样战争与分裂的责任才清楚，才不至于失去人心。打起仗来，人心如不属我，我就输了。

毛泽东着重分析了全国军事形势，指出：

过去至今已经歼灭国民党军队 38 个旅。蒋介石的攻势是可以战胜的，经过半年到一年，消灭他七八十个旅，停止他的进攻，开始反攻，……达到两党力量平衡。……那时我们就可以打出去，首先是安徽、河南、湖北、甘肃，然后可以再向长江以南发展。当然我们也不能说那时就能消灭蒋介石，我们宁可把事情估计的严重一些，最坏也无非是打十五年，……。

毛泽东指出：

我们的方针只能是打的方针，这是确定了的。……现在是否要提打倒蒋介石？我们做这个工作而不提这个口号，口号仍然是恢复一月十三日停战协定生效时的双方位置和实现政协决议。……我们一方面要藐视他们，非此不足以长自己志气，灭敌人威风，而另一方面又要重视他们，每一仗都要谨慎周密，不要疏忽。

会议根据毛泽东的提议，决定以"打倒蒋介石"来最终解决国内问题。

由"自卫战争"到"解放战争"，由"制止内战"到"打倒蒋介石"，这是中国革命发展进程中党的战略指导思想的一个根本性的转变。

第三十九节：1947 年 3 月 18 日

毛泽东和党中央主动放弃延安，转战陕北

1947 年 7 月 21 日至 23 日

毛泽东在陕北小河村作出大决策：

从战略防御转为战略进攻

半年后，把中国共产党 20 年被"围剿"的包袱甩给了蒋介石

1947 年 3 月 18 日，对于中国共产党和陕甘宁边区的人们来说，是刻骨铭心的一天。这一天，毛泽东和党中央机关主动放弃革命中心延安，转战陕北。

然而，到了 1947 年底的结局是：人民解放军三路大军挥师南下，解放区各战场转守为攻，实现了由战略防御向战略进攻的历史性转变。全国局势发生了有利于人民革命的根本性逆转，迎来了中国人民革命的新高潮。毛泽东 1946 年 11 月 21 日说的"只要熬过明年，后年就会好转"的预言果真成为现实。

1947 年 1 月 1 日，毛泽东在《解放日报》上发表新年祝词。毛泽东指出，一九四七年，包括中国在内的世界各国人民反对美国侵略政策的世界统一阵线，将要迅速发展；而中国人民争取民主、自由的运动则将要得到比一九四六年更重要的胜利。其结果，将使中国的情况发生变化，有利于和平的恢复和国家的独立。毛泽东指出，在抗日战争结束以后，我们和全国人民在一起，曾经用一切忍耐的努力来阻止内战的发生和扩大，不幸这个努力是被反动派的全面进攻和国民党一党的"国大"所

破坏了。但是，中国人民仍在经过两种努力来继续争取和平，即解放区各阶层人民粉碎反动派进攻的艰苦卓绝的奋斗，和国民党统治区各阶层人民争取民主、自由的日见高涨的群众运动。中国人民的这个联合意志将要确定地压倒任何反动分子的意志，从而使各党派间诚意的和平谈判和全国范围内真实的和平生活成为可能。毛泽东充满信心地说，只要全国人民团结一致，坚持不屈不挠的奋斗，那么，在不久的将来，自由的阳光一定要照遍祖国的大地，独立、和平、民主的新中国一定要在今后数年内奠定稳固的基础。

1947 年 2 月 1 日，中共中央在延安召开政治局会议。毛泽东作了重要讲话。会议着重讨论了毛泽东为中共中央起草的《迎接中国革命的新高潮》的党内指示。毛泽东在讲话中指出，全国性的革命高潮，在中国近半个世纪中有过几次：辛亥革命，北伐战争，抗日战争。这一次即将到来的新的革命高潮与前几次有所不同，是中国共产党单独领导的。这几次革命高潮，都具有反对帝国主义的民族革命性质。这一次，是反对美帝国主义。国民党政府和美国政府签订的中美商约，是要把中国变为美国的殖民地，这不会因美军撤出中国而发生变化。正如文件上所说："这一形势，是在美国帝国主义及其走狗蒋介石代替日本帝国主义及其走狗汪精卫的地位，采取了变中国为美国殖民地的政策、发动内战的政策和加强法西斯独裁统治的政策的情况下形成的。在美蒋这些反动政策下，全国人民除了斗争，再无出路。"

会议通过的党内指示，对迎接中国革命的新高潮作出全面部署，向全党宣告：目前各方面情况显示，中国时局将要发展到一个新阶段。这个新的阶段，即是全国范围的反帝反封建斗争发展到新的人民大革命的阶段。现在是它的前夜。我党的任务是为争取这一高潮的到来及其胜利而斗争。指示明确提出，争取新的人民大革命高潮到来的关键，是继续大量地歼灭敌人的有生力量，"必须在今后几个月内再歼蒋军四十至五十个旅，这是决定一切的关键。"

1947年3月，为解决进攻解放区兵力不足的问题，蒋介石放弃全面进攻计划，开始实行重点进攻。蒋介石的如意算盘是：首先，攻占延安，摧毁中国共产党的党、政、军指挥中心；其次，攻占胶东，切断中国共产党的海陆供给线；然后攻占中国共产党的重要军事基地——沂蒙山区。1947年2月28日，蒋介石飞到西安对进攻延安进行具体部署，妄图通过占领延安改变国民党军队在东北、华北战场上的守势。决定以胡宗南部15个旅为主攻，全部兵力达34个旅约25万人进攻延安。

由于敌我兵力过于悬殊，毛泽东和中共中央确定，在当前，应诱敌深入，必要时主动放弃延安，同胡宗南部主力在延安以北山区周旋，然后乘机集中兵力逐次加以歼灭，从战略上配合其他解放区作战，最终达到夺取西北解放战争胜利的目的。

1947年3月18日，毛泽东告别居住十年的延安，开始转战陕北。3月19日，西北人民解放军主动撤离延安。

3月29日，中共中央在陕北清涧县枣林沟村举行政治局会议，决定毛泽东、周恩来、任弼时率中共中央和人民解放军总部机关留在陕北，指挥全国各解放区人民解放军的作战；刘少奇、朱德、董必武等转移到华北，组成中央工作委员会，进行中央委托之工作。枣林沟会议后，毛泽东、周恩来分别用李德胜、胡必成的化名，表示解放战争必胜，中国革命必成。

4 月 7 日，毛泽东在陕北靖边县青阳岔起草中共中央的通知。通知决定：必须用坚决战斗的精神保卫和发展陕甘宁边区和西北解放区；我党中央和人民解放军总部必须继续留在陕甘宁边区。此区地形险要，群众条件好，回旋余地大，安全方面完全有保障。

从 1947 年 3 月撤离延安起，以毛泽东为首的中共中央和中央军委坚持转战陕北，在物资供给极端艰苦和与敌周旋十分险恶的环境下，从容地指挥着全国各战场的作战。中共中央的这一决策和胆略，极大地鼓舞和增强了陕甘宁边区和全国各解放区军民的战斗意志和胜利信心。

西北人民解放军按照毛泽东和中央军委确定的"蘑菇战术"，与胡宗南军队在陕北高原盘旋打转，并于 3 月 25 日、4 月 14 日及 4 月底 5 月初，连续进行青化砭、羊马河、蟠龙镇三次歼灭战，歼灭胡宗南部 1.4 万余人，基本稳定了陕北战局。

华东解放军继续贯彻内线作战的方针，于 4 月下旬在泰安歼灭国民党军整编 72 师 2 万余人。接着于 5 月中旬在孟良崮地区一举围歼国民党军队整编 74 师 3 万余人，击毙中将师长张灵甫，给国民党军队以沉重打击。这一打击出现在解放区全面反攻的前夕，因而具有特别重大的影响，迫使蒋介石立即下令暂停对山东解放区的进攻。

其他解放区抓住时机转入战略性反攻。晋冀鲁豫野战军歼敌 5 万余人，解放豫北、晋南大片地区；晋察冀野战军歼敌 5

万余人，打通了晋察冀和晋冀鲁豫两大解放区的联系；东北民主联军歼敌 8 万余人，扩大解放区 16 万平方公里，迫使国民党军队收缩在狭长地带。华东、华南等地区广泛开展游击战争，有力打击和钳制国民党军队。

从 1946 年 7 月至 1947 年 6 月，人民解放军共歼灭国民党正规军 97 个旅 78 万人，连同非正规军，共歼敌 112 万人。

为了打乱蒋介石将战争引向解放区的战略企图，5 月至 8 月，中共中央和中央军委先后作出三支野战军采取中央突破战术，转入战略进攻的新部署：三路大军挺进中原，成"品"字形阵势展开，在南线形成三军配合、两翼牵制、内外线密切配合的战略进攻态势。

1947 年 7 月 21 日至 23 日，中共中央在陕北靖边县小河村召开扩大会议。会议依据一年来的战况和各战场形势，着重讨论了战略进攻和解放区土地改革等问题，作出将战争引向国民党统治区的战略决策。

小河村会议后，人民解放军各路大军按照中共中央的部署，在 1947 年 7 月至 9 月相继由战略防御转入战略进攻。

6 月 30 日，刘邓（刘伯承、邓小平）大军 12 万人一举突破黄河天险，挺进鲁西南，发起鲁西南战役，在一个月的时间内歼敌 6 万余人，由此揭开了人民解放军战略进攻的序幕。从 8 月 7 日起，刘邓大军以锐不可当之势，开始了千里跃进大别山的壮举。到 11 月下旬共歼敌 3 万余人，发动群众建立 33 个县级政权，初步完成了在大别山区的战略展开。

8 月 22 日晚，陈谢（陈赓、谢富治）大军南渡黄河，挥师南下。到 11 月底，共歼敌 5 万余人，建立了 39 个县级政权，完成在豫陕鄂边地区的战略展开。

9 月 9 日，陈粟（陈毅、粟裕）大军在菏泽东部全歼国民党一个整编师。9 月 26 日，越过陇海路南下，进入豫皖苏平原作战。之后，又歼灭陇海、津浦国民党军队 1 万余人，威慑徐州。到 11 月中旬，建立 25 个县级政权，扩大了豫皖苏解放区，完成了这一地区的战略展开。

随着人民解放军转入战略进攻，1947 年 9 月，中国共产党发出"全国大反攻，打倒蒋介石"的号召。10 月 10 日，公布由毛泽东在陕北佳县神泉堡起草的《中国人民解放军宣言》。宣言第一次响亮地提出"打倒蒋介石，解放全中国"的口号，正式公布中国共产党和中国人民解放军关于"打倒蒋介石，解放全中国"的八大政策。宣言号召全军指战员勇猛前进，坚决彻底干净全部地歼灭一切敌人。同日公布由毛泽东起草的《中国人民解放军总部关于重行（新）颁布三大纪律八项注意的训令》。

伟大的人民解放战争，从此正式宣告拉开雄壮的大幕！

人民解放军三路大军在中原地区展开，引起了国民党统治集团的极大恐慌。国民党政府 11 月下旬成立国防部九江指挥部，由国防部部长白崇禧直接指挥，调集 33 个旅，对大别山地区的解放军进行围攻。解放军三路大军相互配合，逐鹿中原，纵横驰骋于江淮河汉之间，经过 4 个月的作战，歼灭国民党军队 19 万余人，吸引和调动南线敌军 90 个旅于自己周围。解放县城近百座，形成了拥有 3000 万人的新的中原解放区，对改变整个战争形势，起到了决定性的战略作用。

在三路大军挺进中原的同时，内线各战场也逐渐转入反攻。8 月 20 日，西北野战军在沙家店地区一举歼灭国民党整编 36 师主力，从根本上扭转了西北战局。沙家店战役后，陈谢大军出击豫西，威胁西安，迫使胡宗南部主力南撤，西北野战军乘势转入反攻，解放延安东北广大地区，开辟黄龙山新根据地。

这个时期，华东野战军、东北民主联军、晋察冀野战军在胶东、东北、平津地区捕捉战机，大量歼灭国民党军队。11 月 12 日，攻克华北重镇石家庄，使晋察冀和晋冀鲁豫两大解放区连成一片，并取得管理新解放城市的经验。

各战场解放军的配合作战，构成人民解放战争全国规模的战略进攻的总形势。在半年的作战中，人民解放军共歼敌 75 万余人。到 1947 年底，战争已经主要不是在解放区内进行，而是在国民党统治区内进行了。国民党军队被迫由战略进攻转变为战略防御，从而结束了长期以来人民军队在革命战争中所处的战略防御地位。中国共产党 20 年被"围剿"的包袱甩给了蒋介石。

这一伟大胜利，标志着中国革命战争已经达到了一个新的战略转折点。毛泽东说："这是一个历史的转折点。这是蒋介石的二十年反革命统治由发展到消灭的转折点。"

第四十节：1947 年 12 月 25 日至 28 日　陕北米脂县杨家沟

毛泽东主持召开中共中央扩大会议（十二月会议或杨家沟

会议）

正式作出建立中华人民共和国，实行人民代表大会制度的
历史性决策

沙家店战役胜利后，转战陕北的毛泽东、周恩来、任弼时
率领中央机关和人民解放军总部于 1947 年 11 月 22 日来到米脂
县杨家沟村。

在杨家沟，毛泽东和党中央领导和指挥全国解放战争。召
开了具有伟大历史意义的十二月会议等重要会议，同时，毛泽
东在这里从事了大量重要理论著作的撰写，仅收入《毛泽东选
集》第四卷的就有 11 篇。

杨家沟是毛泽东离开延安后，在转战陕北过程中居住时间
最长、从事革命活动最多、影响最大的地方，是毛泽东转战陕北
的最后一站，也是离开陕北走向全国胜利的出发点。1948 年 3 月
21 日毛泽东离开杨家沟，23 日东渡黄河，经山西前往西柏坡。

1947 年 12 月 25 日至 28 日，中共中央在杨家沟召开扩大会
议（十二月会议或杨家沟会议）。这次会议除有当时能够到会的
中央委员和候补中央委员外，还有陕甘宁边区和晋绥边区负责
同志参加。会议举行之前，召开了 18 天的预备会议。与会人员
分政治、军事、土地小组，对有关的问题进行了充分的酝酿和
讨论。会议主要讨论并通过毛泽东《目前形势和我们的任务》

的书面报告。毛泽东的报告，深刻分析国际国内形势，阐明了彻底打倒蒋介石、夺取全国胜利的政治、军事、经济等各方面的方针和政策。

　　毛泽东的报告开宗明义指出：中国人民的革命战争，现在已经达到了一个转折点。这即是中国人民解放军已经打退了美国走狗蒋介石的数百万反动军队的进攻，并使自己转入了进攻。……这是一个历史的转折点。这是蒋介石的二十年反革命统治由发展到消灭的转折点。这是一百多年以来帝国主义在中国的统治由发展到消灭的转折点。

　　毛泽东的报告，重申了中国共产党在 10 月 10 日《中国人民解放军宣言》中已公布的最基本的政治纲领：

　　联合工农兵学商各被压迫阶级、各人民团体、各民主党派、各少数民族、各地华侨和爱国分子，组成民族统一战线，打倒蒋介石独裁政府，成立民主联合政府。

　　中国共产党这时提出的民主联合政府的含义，已经是全新的内涵。它已经不是重庆谈判前曾考虑的那个由资产阶级领导的无产阶级参加的独裁加若干民主的联合政府，而是由无产阶级领导的打倒蒋介石独裁政权的民主联合政府。毛泽东强调指出：共产党的领导权问题现在要公开讲，不公开讲容易模糊党员干部和群众的思想，坏处多于好处。

　　十二月会议是在中国革命战争的历史转折关头中国共产党召开的一次具有重大历史意义的会议。会议作出的决定指出：毛泽东的"这个报告是整个打倒蒋介石反动统治集团，建立新民主主义中国的时期内，在政治、军事、经济各方面带纲领性的文件"，进一步丰富和发展了新民主主义理论。毛泽东在会议的总结中指出，这次会议是一次很成功的会；二十年来未解决的革命力量在斗争中的优势问题，今天解决了，局面开展，胜利可期；这次会议所制定的政治、经济纲领，比《新民主主义论》和《论联合政府》中提出的纲领有了进一步的发展。

不久，毛泽东的报告公开发表，在国内外产生很大影响。全国人民更加了解中国共产党的政治主张，更加把希望寄托在中国共产党身上。

十二月会议在作出人民解放战争由战略防御向战略进攻转变重大部署的同时，还对加强新老解放区建设、土地改革和整党作出重大部署。在论述十大军事原则人民解放军可用而蒋介石不能利用的根本原因时毛泽东深刻指出，这是因为我们的战略战术是建立在人民战争这个基础上的，任何反人民的军队都不能利用我们的战略战术。军队和人民团结一致，指挥员和战斗员团结一致，强有力的革命的政治工作，这是我们战胜敌人的重大因素。

在解放战争第一年里，人民解放军所以能够战胜国民党军队的疯狂进攻，靠的是在毛主席、党中央正确领导下广大指战员的浴血奋战和解放区人民源源不断的人力、物力支援。

日益壮大的解放区人民政权组织起千千万万的人民群众，是人民解放军的坚强后方和基础支撑。

全面内战爆发时的解放区，已由抗战胜利时的 104 万多平方公里增加到 228 万多平方公里，人口达到 1.36 亿。东北、山东等新解放区的工农业生产得到恢复和发展。同时，解放区也面临很多困难，尤其是一些新解放区人民政权刚刚建立，社会秩序尚不稳定，群众尚未充分发动和组织起来，急需采取有力措施改变这些情况。加强解放区的政权建设和开展土地改革运动，成为十分紧迫的任务。

（一）

十二月会议正式作出建立中华人民共和国，实行人民代表大会制度的历史性决策；同时作出在新解放区施行各界代表会议尽快建立人民政权的重大措施

根据杨家沟中共中央扩大会议讨论的结果，1948 年 1 月 18 日，毛泽东为中共中央起草了《关于目前党的政策中的几个重要问题》的决定草案。其中，决定草案的第三个问题是"关于政权问题"明确指出：

一、新民主主义的政权是工人阶级领导的人民大众的反帝反封建的政权。所谓人民大众，是包括工人阶级、农民阶级、城市小资产阶级、被帝国主义和国民党反动政权及其所代表的官僚资产阶级（大资产阶级）和地主阶级所压迫和损害的民族资产阶级，而以工人、农民（兵士主要是穿军服的农民）和其他劳动人民为主体。这个人民大众组成自己的国家（中华人民共和国）并建立代表国家的政府（中华人民共和国的中央政府），工人阶级经过自己的先锋队中国共产党实现对于人民大众的国家及其政府的领导。这个人民共和国及其政府所要反对的敌人，是外国帝国主义、本国国民党反动派及其所代表的官僚资产阶级和地主阶级。

二、中华人民共和国的权力机关是各级人民代表大会及其选出的各级政府。

三、现在时期，在乡村中可以而且应当依据农民的要求，召集乡村农民大会选举乡村政府，召集区农民代表大会选举区政府。县、市和县市以上的政府，因其不但代表乡村的农民，而且代表市镇、县城、省城和大工商业都市的各阶层各职业人民，就应召集县的、市的、省的或边区的人民代表大会，选举各级政府。在将来，革命在全国胜利之后，中央和地方各级政府，都应当由各级人民代表大会选举。

中共中央于 1948 年 1 月 18 日发出了这个决定。决定第一次以中共中央的名义正式就建立中华人民共和国、中华人民共和国的权力机关是各级人民代表大会及其选出的各级政府问题作出全面阐述和决策，这是毛泽东关于人民代表大会更加系统更加完整的最新论述，为在中国共产党的领导下建立中华人民共和国，建立各级人民代表大会并选举产生各级人民政府确定了基本原则，指明了方向。同时明确规定了新解放区特别是新解放城市现时实现的路径：迅速召开各界代表会议，产生人民政府。

十二月会议期间毛泽东关于人民代表大会的这些集中论述和工作要求，是中国共产党在进入人民解放战争的关键时刻关于人民政权建设的具有里程碑意义的决定。

十二月会议把召开各界代表会议，选举产生人民政权和完善土地改革政策作为重中之重加以明确，及时有效地指导了新老解放区打开新的局面，对支撑人民解放战争规模的不断扩大，起到了难以估量的作用。

从此，在中国共产党的领导下，人民夺取一片土地，占领一个城镇，就建立一个政府；而建立的这个政府，是必须由本级政权的权力机关选举产生的；而这个权力机关只能是人民代表大会（毛泽东还设计了各界代表会、各界人民代表会、人民代表会等过渡形式）。人民代表大会制度的雏形，跟随着人民解放军胜利的步伐，走进一个个乡村、走进一个个县城、走进一座座城市，在人民中间生根、开花、结果，获得解放的人民从此开始自己掌握自己的命运。

（二）

十二月会议对解放区的土地改革政策作出更加完善的规定，推动新老解放区土地改革运动沿着正确轨道发展

重庆谈判后，中共中央在努力维护停战协议的同时，坚持自卫原则，领导解放区军民保卫解放区。1945 年秋冬，开展了群众性的减租减息运动。通过减租减息，广大农民获得了经济利益和政治利益，大大提高了保卫解放区的积极性。随着减租减息运动的深入开展，广大农民要求平分土地的呼声越来越高，在山西、河北、山东等解放区，农民开始直接从地主手里取得土地。

中共中央认为，这是千百年来广大农民渴望获得土地的正当要求。支持农民的这一正当要求，对于变革农村封建的生产关系，促进生产力的发展，调动广大农民支援人民军队的积极性，奠定战胜国民党反动派的群众基础和物质基础，都具有重大意义。因此，中共中央在 1946 年 5 月 4 日发布《关于土地问题的指示》（即《五四指示》），决定将抗日战争以来实行的减租减息政策，改变为实行"耕者有其田"政策。

《五四指示》得到广大农民的热烈拥护，在各解放区得到迅速贯彻。到 1947 年下半年，解放区三分之二的地方基本上实现了耕者有其田。

1947 年 7 月 21 日至 23 日，转战陕北的毛泽东在靖边小河村主持召开中共中央扩大会议。会议在作出将战争引向国民党统治区的战略决策同时对土地改革问题作出新的部署。毛泽东在讲话中指出：

坚持土地改革不至于吓跑民族资本家，但不坚持土地改革，势必丧失了农民，丧失了战争，最后也会丧失民族资本家。土地改革应采取平分的方针，地主不要多分，但不能不分。土地政策今天可以而且需要比《五四指示》更进一步，因为农民群众要求更进一步，如土地推平。平分土地是一个原则，但按情况不同可以有某种伸缩。

按照党中央的部署，1947 年 7 月至 9 月，刘少奇在西柏坡主持召开全国土地会议，会议起草并通过《中国土地法大纲》报中央审定。毛泽东修改审定并于 10 月 10 日公布了中共中央《关于公布〈中国土地法大纲〉的决议》。《决议》明确指出，土地制度的改革是"完成中国革命的基本任务"，要求将《中国土地法大纲》作为向各地民主政府、各地农民大会、农民代表会及其委员会的建议，希望各地加以讨论和采纳，并制定出适合于当地情况的具体办法，展开及贯彻全国的土地改革运动，完成中国革命的基本任务。

　　《中国土地法大纲》是一个彻底反封建的土地革命纲领，规定："废除封建性及半封建性剥削的土地制度，实行耕者有其田的土地制度。"大纲公布后，解放区各级领导机关派出大批土改工作队深入农村发动群众，迅速形成土地改革热潮。

　　在 1947 年 12 月 25 日召开的杨家沟会议上，毛泽东在《目前的形势和我们的任务》报告中，进一步阐述了解放战争形势下党的土地制度改革总方针：

　　在抗日战争时期，为着同国民党建立抗日民族统一战线和团结当时尚能反对日本帝国主义的人们起见，我党主动地把抗日以前的没收地主土地分配给农民的政策，改变为减租减息的政策，这是完全必要的。日本投降以后，农民迫切地要求土地，我们就及时地作出决定，改变土地政策，由减租减息改为没收地主阶级的土地分配给农民。我党中央一九四六年五月四日发出的指示，就是表现这种改变。一九四七年九月，我党召集了全国土地会议，制定了中国土地法大纲，并立即在各地普遍实行。这个步骤，不但肯定了去年《五四指示》的方针，而且对于去年《五四指示》中的某些不彻底性作了明确的改正。中国土地法大纲规定，在消灭封建性和半封建性剥削的土地制度，实行耕者有其田的土地制度的原则下，按人口平均分配土地。这是最彻底地消灭封建制度的一种方法，这是完全适合于中国广大农民群众的要求的。……我们的方针是依靠贫农，巩固地联合中农，消灭地主阶级和旧式富农的封建的和半封建的剥削制度。地主富农应得的土地和财产，不能超过农民群众。但是，曾经在一九三一年至一九三四年期间实行过的所谓"地主不分田，富农分坏田"的过左的错误的政策，也不应重复。

全党必须明白，土地制度的彻底改革，是现阶段中国革命的一项基本任务。如果我们能够普遍地彻底地解决土地问题，我们就获得了足以战胜一切敌人的最基本的条件。

十二月会议还讨论了土地改革中出现的偏向及其纠正的办法，研究制定了纠正这些错误偏向的几项具体政策。这些政策，后来毛泽东在他为中共中央起草的一系列指示中和所作的报告中作了详细阐述。

1948年4月，毛泽东在晋绥干部会议上的讲话中，更加完整地概括了土地改革的总路线："依靠贫农，团结中农，有步骤地、有分别地消灭封建剥削制度，发展农业生产"。

在这条总路线提出前后，中共中央指示，要在不同的地区制定实施土地法的不同策略，对老解放区、半老解放区、新解放区的土地改革分别提出要求。

轰轰烈烈的土地改革运动，以雷霆万钧之力，猛烈地冲击着几千年来的封建土地制度。特别是在一亿人口的老区和半老区，基本消灭了封建土地制度，改变了农村旧的生产关系，使农村各阶级占有的土地大体平均，贫、雇农基本获得相当于当时平均水平的土地和生产、生活资料。这一翻天覆地的变化，使亿万农民在政治上、经济上获得了解放，并由此迸发出难以估量的革命热情。他们踊跃参军参战，担负巨大的战争后勤，积极支援子弟兵。土地改革为夺取全国胜利，提供了源源不断的人力、物力支持。

各解放区土地改革运动的深入展开，对建立稳固的人民政权创造了有利的条件。实践中，各地进一步核对了农村各阶级的实际状况，贫农、雇农、中农、富农、地主等的身份得到确认，为后来各界代表会议向人民代表会议过渡打下了坚实的政治基础，为在全国实行人民代表大会制度提供了经验。

同时，党的土地改革政策的调整，也为后来召开各级人民代表大会确定农村中属于"人民"的范围提供了最基本的依据。

第四十一节：1948 年 5 月至 1949 年春

西柏坡：划破夜空的"五一口号"：

中国共产党向全国人民发出召集人民代表大会，

成立民主联合政府的伟大号召，

迅速得到各民主党派、无党派人士的热烈响应

石家庄：华北临时人民代表大会召开，

为建立新中国积累城市工作经验

1947 年夏秋，人民解放军从战略防御转入战略进攻。标志着战争形势的根本改变，标志着中国革命新高潮的到来。

1948 年 4 月 22 日，西北野战军收复延安。此前，3 月 23 日，毛泽东率中央机关和解放军总部人员东渡黄河，辗转进驻西柏坡。

各解放区通过土地改革运动，调动了亿万农民的积极性，解放区出现前所未有的蓬勃发展。

在人民解放战争强大的战略进攻面前，为了维持其反动统治，国民党政府连续颁布"戡平共匪叛乱总动员令"等反动法令，加紧了对其统治区人民的血腥镇压，仅 1947 年 10 月，上海、北平等八个城市就有 2100 余人惨遭杀害，全国被列入黑名单的竟达 6 万多人，整个国民党统治区为白色恐怖所笼罩。

1947 年 10 月 29 日，被国民党当局逮捕的浙江大学学生自治会主席于子三惨死在狱中。惨案发生后，浙江大学校长竺可桢不畏强暴，向记者披露真相，杭州、北平、南京、天津等 12

个城市 10 万名大中学生举行罢课和示威进行抗议。1948 年 1 月在上海、3 月在北平先后发生抗议国民党当局血腥镇压学生运动的罢课、罢工浪潮。

根据国民党统治区形势的变化，中共中央提出了这一时期党在国民党统治区的工作方针：长期打算，积蓄力量，发动斗争，推动高潮，配合反攻形势，发动第二战场，准备里应外合，争取全国胜利。国民党统治区的党组织领导和组织开展了轰轰烈烈的反饥饿、反迫害运动。

中国各民主党派的社会基础，主要是民族资产阶级、城市小资产阶级、海外侨商和他们的知识分子，以及其他爱国民主分子。抗日战争胜利后，这些民主党派在反对内战、反对国民党专制独裁等方面，同中国共产党合作，共同向国民党统治集团进行有力斗争，成为打击国民党反动统治的第二条战线的重要组成部分，有力地支持了人民革命战争的胜利发展。

1947 年 10 月，《中国人民解放军宣言》发出"打倒蒋介石，解放全中国"的响亮口号。1947 年 12 月底公开的毛泽东在杨家沟中共中央扩大会议上作的《目前形势和我们的任务》，在全国人民中引起了巨大反响。

中国共产党以极大的努力团结各民主党派和民主人士。毛泽东、周恩来等中共领导人和党的组织同民主党派的领导人保持着密切的联系，鼓励和支持他们坚持反对国民党独裁统治的斗争。

当时的民主党派主要有：中国国民党革命委员会、中国民主同盟、中国民主建国会、中国民主促进会、中国农工民主党、中国致公党、九三学社、台湾民主自治同盟。他们都主张爱国、反对卖国，主张民主、反对独裁。在同蒋介石统治集团斗争的过程中，各民主党派和民主人士日益倾向与支持人民革命，积极向中国共产党靠拢，在中国共产党的帮助和推动下，实现历史性转变，成为中国革命即将胜利的一个重要标志。

国民党当局加紧迫害民主党派和民主人士。继著名的爱国民主人士李公朴、闻一多被害之后，民盟中央常委兼西北总支部主任委员杜斌丞，于 1947 年 10 月 7 日在西安惨遭国民党杀害。民盟许多地方组织被逮捕、绑架，所办几家报纸被捣毁。10 月 27 日，民盟被国民党当局宣布为非法团体。11 月 6 日，民盟总部被迫解散。11 月 7 日，《人民日报》发表了新华社时评《蒋介石解散民盟》。毛泽东在修改此文时写道："民盟方面，现在应该得到教训……坚决地站到真正的人民民主革命方面来。"

民盟被宣布为非法团体之后，它的组织和许多成员转入地下坚持斗争，更积极地开展工作。1948 年 1 月 5 日，发生了一件标志民主党派历史选择的重要事件，中国民主同盟在香港召开一届三中全会，会议声明：一、不承认总部的解散；二、推翻蒋介石政权；三、宣布同共产党通力合作。沈钧儒在开幕词中说道："国民党发动内战，加诸人民的痛苦太深了，反过来看中共在解放区实行了土地改革，人民生活得到改善，这是民主和反民主鲜明的对照，尽管美蒋勾结，玩弄什么阴谋，都不能欺骗人民，民盟坚决站在人民的立场。"会议明确宣告，民盟必须站在人民的、民主的、革命的立场上，为彻底推翻国民党统治集团、消灭封建土地制度、驱逐美帝国主义出中国、实现人民的民主而奋斗，并表示今后要与中国共产党携手合作。

国民党内的民主派也在革命的立场上实行联合。1947 年 11 月 12 日至 1948 年 1 月 1 日，中国国民党民主派第一次联合代表大会在香港举行。会议选举产生中国国民党革命委员会中央执行委员会，推举宋庆龄为名誉主席，李济深为主席，何香凝、冯玉祥、谭平山、蔡廷锴等为中央常委。中国国民党革命委员会在成立宣言中宣布的行动纲领规定："推翻蒋介石卖国独裁政权，实现中国之独立、民主与和平"，公开表示承认中国共产党的领导地位，坚持同共产党合作，与全国各民主党派、民主人士携手并进，赞成成立联合政府，同意新民主主义纲领的基本原则。

其他民主党派在这一时期也明确表示参加新民主主义革命的立场。

1948 年 4 月 30 日，中共中央发布经毛泽东修改审定的令全国人民振奋的"五一口号"。中国共产党向全国人民正式发出伟大号召："各民主党派、各人民团体、各社会贤达迅速召开政治协商会议，讨论并实现召集人民代表大会，成立民主联合政府。"5 月 1 日，毛泽东在给李济深、沈钧儒的信中指出："在目前形势下，召集人民代表大会，成立民主联合政府，加强各民主党派、各人民团体的相互合作，并拟订民主联合政府的施政纲领，业已成为必要，时机亦已成熟。"这是中国共产党第一次正式提出迅速召开没有反动分子参加的新的政治协商会议，正式讨论召集人民代表大会，成立民主联合政府的问题。

"五一口号"犹如一块巨石入潭激起千层大浪，犹如一道闪电划破漫漫夜空，为苦难深重的中国人民指明了唯一正确的方向。"五一口号"发出后，立即受到了各民主党派和国民党统治区广大民众的热烈响应。从5月5日起，中国国民党革命委员会、中国民主同盟、中国民主促进会、中国致公党、中国农工民主党、中国人民救国会、中国国民党民主促进会、三民主义同志联合会、九三学社、台湾民主自治同盟等相继发表声明、宣言和通电，热烈响应中国共产党的"五一口号"的号召。

从此，召集人民代表大会，成立联合政府，成为中国共产党和各民主党派、人民团体、无党派人士和全国人民普遍关心的共同话题。民革、民盟和其他民主党派、民主人士一起，在香港等地就召开新政协的若干重大问题，进行深入热烈的讨论，提出许多积极的意见。

8月1日，毛泽东复电李济深、何香凝等民主人士，就召开新的政治协商会议的时机、地点、参加会议者范围等问题征询他们的意见。

自1948年8月起，各民主党派、各民主阶层的代表人士陆续进入解放区，在中国共产党的领导下，共同进行新政协的筹备工作，标志着各民主党派、无党派人士公开自觉接受中国共产党的领导，揭开了中国共产党同各民主党派、各团体、各族各界人士协商建国的序幕，奠定了中国共产党领导的多党合作和政治协商制度的基础。

与此同时，中共中央及时完善新解放区域的城市政策，以做好新城市工作，为建立新中国积累经验。

人民解放军转入战略进攻后，西北、东北、华东解放区迅速扩大。在华北，除少数城市之外，几大解放区已连成一片。1948 年 5 月，中共中央决定，将晋察冀和晋冀鲁豫解放区合并为华北解放区，实行党、政、军、财集中统一领导。

1948 年 8 月，华北临时人民代表大会在石家庄召开。大会通过《华北解放区施政纲领》、《华北人民政府组织大纲》、《村县（市）人民政府组织条例》，民主选举董必武等 27 人为华北人民政府委员会委员。9 月，华北人民政府正式成立，董必武任政府主席，薄一波、蓝公武、杨秀峰为副主席。

华北人民政府成立后，按照中共中央的指示，在为中央人民政府的建立在组织上、机构上做好准备的同时，为统一各解放区的财政、金融、货币作准备。1948 年 12 月 1 日，由华北银行等合并而成的中国人民银行在石家庄成立，并从成立之日起发行人民币。华北解放区的实践和工作为一年后成立的新中国打下了重要基础。

随着人民解放战争不断取得胜利，夺取的城市越来越多，迫切需要通过适当的民主方式产生人民政权。为了迅速稳定刚刚接管的新解放城市的社会秩序，保障人民生活，中共中央及时发出《中共中央关于新解放城市中组织各界代表会的指示》，专门对各界代表会议问题作出规定：在城市解放后实行军事管制的初期，应以各界代表会议为党和政权领导机关联系群众的最好组织形式。党所领导的人民代表会议是我们的组织武器，而各界代表会议则可看作是人民代表会议的雏形。

关于各界代表会议的组成，1948 年 1 月 16 日，毛泽东在起草的中共中央给邯郸局的电报中，已经作出明确规定：它是应当代表一切劳动群众（工人、农民、独立工商者、自由职业者及脑力劳动的知识分子）及中产阶级（小资产阶级、中等资产阶级、开明绅士）的，而以劳动群众为主体。因此，边区最高政权机关是边区人民代表大会及其选出的政府，而不是农民代表大会及其选出的政府。尽管现在各解放区是农民占绝大多数，但是必须顾到工人及其他各阶层民众，在农民中则必须顾到中农。

华北临时人民代表大会的召开为获得解放后的城市通过召开人民代表大会产生人民政府、人民法院、人民检察院提供了重要经验。华北人民政府的成立以及其前后华北各地 3 万人口以上城市先后召开的各界代表会议；其他各解放区以及后来解放的北平、上海、南京、太原等地相继召开的各界人民代表会议，产生由人民选举出的政权机关，迅速取代国民党旧政权，得到社会各界和人民群众的拥护，巩固了解放战争的胜利成果，为夺取全国胜利，建立新中国，打下了良好基础。

1949 年 1 月，李济深、沈钧儒等民主党派领导人和著名无党派人士 55 人联合发表《对时局的意见》，一致认为中共提出的关于召开政治协商会议、成立联合政府的主张"符合于全国人民大众的要求"，恳切表示"愿在中共领导下，献其绵薄，共策进行，以期中国人民民主革命之迅速成功，独立、自由、和平、幸福的新中国之早日实现"。这个政治声明表明，中国各民主党派和无党派民主人士自愿接受中国共产党的领导，决心走人民革命的道路，拥护建立人民民主的新中国。

1949 年春，毛泽东在同有关人士谈话时提出民主党派应"积极参政，共同建设新中国"。这标志着各民主党派地位的根本变化，它们不再是国民党政权下的在野党，而将在中国共产党领导下，共同担负起管理新中国和建设新中国的历史责任。中国共产党领导的多党合作的政治格局，正是在这个基础上形成的。

从 1940 年 1 月毛泽东提出人民代表大会制度这一概念，到 1949 年初，各民主党派、无党派人士来到解放区，参加中国共产党领导的政治协商，其间经历了抗日战争和人民解放战争的战火考验。1948 年，中共中央发出的"五一口号"得到各民主党派、无党派人士的热烈响应，标志着召开人民代表大会，产生联合政府，建立新中国即将成为在中国共产党领导下，各民主党派、无党派人士和全中国人民的光辉现实。

新中国正以铿锵有力的步伐向中国人民走来。

第四十二节：**1948 年 9 月至 1949 年 6 月，从西柏坡到香山（一）**
西柏坡：**毛泽东运筹帷幄，指挥决胜三大战役**
香　　山：**毛泽东一声令下，百万雄师过大江**
　　　　　1949 年 4 月 23 日，人民解放军占领南京
　　　　　宣告国民党反动统治的覆灭

1948 年 9 月 8 日，中共中央在西柏坡召开政治局扩大会议（九月会议或西柏坡会议），这是在解放战争进入第三年、战略决战即将开始的时刻召开的一次极为重要的会议。这是自 1947 年 3 月中共中央撤离延安后的第一次政治局扩大会议，也是抗日战争结束以来到会人数最多的一次中央会议。

会议提出全党的战略任务是：建设 500 万人民解放军，在从 1946 年 7 月算起的大约五年时间内，歼敌正规军 500 个旅（师），从根本上打倒国民党的反动统治。会议根据争取五年胜利的精神，对战争第三年的工作作了部署。

在军事上，人民解放军准备打若干次决定性的大会战，力争歼灭更多的国民党军队。全国作战的中心在中原，北线的重心在北宁路，敢于打前所未有的大仗，敢于同敌人大兵团作战，敢于攻击敌人重兵防守的大城市，以夺取全国胜利。

在政治上，会议决定邀请各民主党派、人民团体和无党派民主人士的代表人物来解放区共商建国大计，准备于 1949 年内召开新政治协商会议，成立新中国的临时中央政府，以取代国民党反动政府。

在经济上，对在从前线缴获和后方增产节约、加强城市工业管理等方面作了部署。

九月会议还对党的建设、人民解放军正规化建设、各类管理人才的培训等重大问题作出决定。根据会议的决定，1949 年 1 月 15 日，中央军委决定将各野战军番号统一改为按序数排列，西北野战军改称第一野战军，中原野战军改称第二野战军，华东野战军改称第三野战军，东北野战军改称第四野战军。

九月会议为人民解放军与国民党军队进行战略决战，为最后打倒蒋介石，夺取革命在全国的胜利，建立新中国，从思想上、政治上、组织上作了重要准备。

会后根据九月会议的精神，人民解放军从 1948 年起发起了规模空前的秋季攻势。华东野战军经过八昼夜的攻坚作战，于 9 月 24 日攻克济南，歼灭守敌 10 万余人，生俘国民党第二绥靖区司令王耀武。至此，山东除青岛及少数据点外，全获解放，华北、华东两大解放区完全连成一片。济南战役揭开了战略决战的序幕。

1948 年底，人民解放战争进入夺取全国胜利的决定性阶段。

根据毛泽东和中共中央、中央军委的部署，首先在东北展开战略决战。

1948 年 9 月 12 日，林彪、罗荣桓指挥东北野战军主力和地方武装 103 万人发起辽沈战役，向被分割在锦州、长春、沈阳等孤立地区的 55 万国民党军发起进攻。战役首先从攻打锦州，封闭国民党军于东北开始。10 月 14 日，东北野战军对锦州发起总攻，经过 31 小时激战，全歼守敌近 9 万人。锦州解放促使长春守敌部分起义，其余全部投降，国民党军队向关内的退路被切断。接着，东北野战军合围全歼沈阳出援锦州的国民党军廖耀湘兵团，于11月2日解放沈阳、营口。东北全境解放。

辽沈战役刚结束，华东野战军和中原野战军及部分地方武装共60余万人，在以徐州为中心的广大地区，发起规模空前的淮海战役。1948年11月16日，中共中央决定由刘伯承、陈毅、邓小平、粟裕、谭震林组成以邓小平为书记的总前委，统一指挥华东野战军和中原野战军。1948年11月6日至22日，解放军在徐州以东围歼黄百韬兵团约10万人，完成中间突破。11月23日至12月15日，在宿县西南全歼援敌黄维兵团约12万人，并在陈官庄一带合围杜聿明所部三个兵团约30万人，后歼灭孙元良兵团。12月16日至1949年1月10日，歼灭邱清泉、李弥两个兵团，生俘杜聿明。至此，淮海战役胜利结束。

经此一役，南线国民党军队精锐部队主力已被消灭，长江中下游以北广大地区获得解放，同华北解放区连成一片，国民党政府首都南京直接暴露在人民解放军面前，国民党反动统治陷入土崩瓦解的境地。

在辽沈战役结束，淮海战役胜利发展之际，东北野战军和华北军区及地方部队100万人，联合发起了平津战役。根据党中央部署，东北野战军主力从1948年11月起隐蔽入关，同华北军区一道，完成了对北平、天津、张家口等地的战略包围和分割。随后按"先打两头，后取中间"的顺序发起攻击，在12月下旬连克新保安、张家口。1949年1月10日，党中央决定成立由林彪、罗荣桓、聂荣臻组成以林彪为书记的总前委。11月14日，解放军对天津守敌发起总攻，经过29小时激战，攻克天津，全歼守敌13万人。陷入绝境的北平20余万守军在傅作义率领下接受解放军提出的和平条件。1月31日，北平和平解放。

辽沈、淮海、平津三大战役，无论规模还是战果，在中国战争史上都是空前的，共歼灭国民党军队154万余人，使国民党的主要军事力量基本上被摧毁，为中国革命在全国的胜利奠定了基础。三大战役和其他几个重要战役，一环扣一环，一个胜利接着一个胜利地向前发展，构成中国革命战争史上一幅气势磅礴、波澜壮阔的画卷。这是毛泽东军事思想的伟大胜利，是人民战争思想的伟大胜利！

在人民解放军前所未有的强大攻势面前，蒋介石被迫发表"求和"声明，1月21日宣告"引退"，其"总统"职务由"副总统"李宗仁代理。李宗仁政府妄想通过和平谈判争取喘息时间，实行"划江而治"。

1948年12月30日，毛泽东发出"将革命进行到底"的伟大号召。1949年1月14日，毛泽东发表关于时局的声明，严正指出，为了迅速结束战争，实现真正的和平，减少人民的痛苦，中国共产党愿意在惩办战争罪犯、废除伪宪法和伪法统、改编一切反动军队等八项条件的基础上，同国民党政府进行和平谈判。尽管不抱任何幻想，但还是为实现国内和平认真做了最后的努力。4月1日，以周恩来为首席代表的中共代表团和以张治中为首席代表的国民党政府代表团在北平举行谈判。经过反复磋商，4月15日，中共代表团提出《国内和平协定（最后修正案）》，限国民党政府在4月20日前表明态度。由于国民党政府拒绝在这个协定上签字，谈判宣告破裂。4月21日，毛泽东主席和朱德总司令发布向全国进军的命令。

4月20日夜至21日，由邓小平为书记的渡江战役总前委统一部署，第二、第三野战军在兄弟部队的配合下，发起渡江战役。在西起湖口、东至江阴的千里战线上，百万雄师分三路强渡长江。国民党苦心经营三个多月的长江防线顷刻瓦解。

4月23日，人民解放军占领国民党统治中心南京，宣告延续22年的国民党反动统治覆灭。看到这个捷报，毛泽东在香山双清别墅写下《七律·人民解放军占领南京》：

钟山风雨起苍黄，百万雄师过大江。虎踞龙盘今胜昔，天翻地覆慨而慷。宜将剩勇追穷寇，不可沽名学霸王。天若有情天亦老，人间正道是沧桑。

渡江战役的胜利，是靠老百姓用小船划出来的。渡江战役发起前，在广大群众的支援下，解放军已筹集各种船只2万余条。渡江战役发起后，支前船工们冒着敌人的炮火，英勇地把解放军送过长江。马毛姐正是千千万万在渡江战役时踊跃支援解放军的杰出代表。1949年4月20日夜，年仅14岁的马毛姐，在手臂中弹的情况下咬牙坚持，6次横渡长江，运送解放军成功登岸。1951年受到毛泽东主席的亲切接见。2021年6月29日，习近平总书记亲自将中共中央颁发的"七一勋章"授给马毛姐，表彰她为党和人民作出的突出贡献。

1949年5月27日，人民解放军攻占上海。在此前后，人民解放军向中南、西北、西南各省胜利大进军，以战斗或和平方式迅速解决残余敌人，解放广大国土。蒋介石集团从大陆逃往台湾。

第四十三节：1948年9月至1949年6月，从西柏坡到香山（二）
毛泽东深刻论述人民民主专政
为新中国的国体、政体指明方向

随着党领导的人民革命在全国胜利已成定局，建立新中国的任务被摆上日程，即将成立的新中国将实行什么样的国体和政体，是1948年9月在西柏坡召开的中共中央政治局扩大会议讨论的极其重大的问题。会上，毛泽东全面论述了人民民主专政这个全新的重大命题。关于未来新中国的政权性质，毛泽东在报告中第一次用人民民主专政的概念来代替过去所提的工农民主专政。他说：

我们政权的阶级性质是这样：无产阶级领导的，以工农联盟为基础，但不仅仅工农，还有资产阶级民主分子参加的人民民主专政。……我们是人民民主专政，各级政府都要加上"人民"二字，各级政权机关都要加上"人民"二字，如法院叫人民法院，军队叫人民解放军，以示和蒋介石政权不同。我们有广大的统一战线，我们政权的任务是打倒帝国主义、封建主义和官僚资本主义，要打倒它们，就要打倒它们的国家，建立人民民主专政的国家。……人民民主专政的国家，是以人民代表会议产生的政府来代表它的。

毛泽东在论述中明确地将无产阶级领导的实行民主集中制的人民代表大会制度与资产阶级的议会制、三权鼎立划清界限，他强调：

关于建立民主集中制的各级人民代表会议制度问题，我们政权的制度是采取议会制呢，还是采取民主集中制？过去我们叫苏维埃代表大会制度，苏维埃就是代表会议，我们又叫"苏维埃"，又叫"代表大会"，"苏维埃代表大会"就成了"代表大会代表大会"。这是死搬外国名词。现在我们就用"人民代表会议"这一名词。我们采用民主集中制，而不采用资产阶级议会制。议会制，袁世凯、曹锟都搞过，已经臭了。在中国采取民主集中制是很合适的。我们提出开人民代表大会，孙中山遗嘱还写着要开国民会议，国民党天天念遗嘱，他们是不能反对的。……我看我们可以这样决定，不必搞资产阶级的议会制和三权鼎立等。

1948 年 10 月 10 日，由毛泽东起草的《中共中央关于九月会议的通知》全面通报了九月会议作出的重大战略决策，对今后五年内全党全军的任务作出周密部署。关于成立中华人民共和国临时中央政府，通知说：

召集政治协商会议的口号，团结了国民党区域一切民主党派、人民团体和无党派民主人士于我党周围。现在，我们正在组织国民党区域的这些党派和团体的代表人物来解放区，准备在一九四九年召集中国一切民主党派、人民团体和无党派民主人士的代表们开会，成立中华人民共和国临时中央政府。

人民民主专政理论，为新中国国家政权的阶级性和构成形式指明了方向，是毛泽东关于人民代表大会制度理论成熟的标志。

1948 年 12 月 30 日，毛泽东发表《将革命进行到底》的新

华社 1949 年新年贺词。开门见山："中国人民将要在伟大的解
放战争中获得最后胜利，这一点，现在甚至我们的敌人也不怀
疑了。"在回顾战争走过的曲折道路和人民解放战争取得的伟大
胜利后，毛泽东强调，敌人是不会自行消灭的，不会自行退出
历史舞台的。他指出：

现在摆在中国人民、各民主党派、各人民团体面前的问题，
是将革命进行到底呢，还是使革命半途而废呢？如果要使革命
进行到底，那就是用革命的方法，坚决彻底干净全部地消灭一
切反动势力，不动摇地坚持打倒帝国主义，打倒封建主义，打
倒官僚资本主义，在全国范围内推翻国民党的反动统治，在全
国范围内建立无产阶级领导的以工农联盟为主体的人民民主专
政的共和国。……如果要使革命半途而废，那就是违背人民的
意志……现在的问题就是一个这样明白地这样尖锐地摆着的问
题。两条路究竟选择哪一条呢？中国每一个民主党派，每一个
人民团体，都必须考虑这个问题，都必须选择自己要走的路，
都必须表明自己的态度。……这里是要一致，要合作，而不是
建立什么"反对派"，也不是走什么"中间路线"。

毛泽东宣告：

一九四九年将要召集没有反动分子参加的以完成人民革命
任务为目标的政治协商会议，宣告中华人民共和国的成立，并
组成共和国的中央政府。这个政府将是一个在中国共产党领导
之下的，有各民主党派各人民团体的适当的代表人物参加的民
主联合政府。

几千年以来的封建压迫，一百年以来的帝国主义压迫，将

在我们的奋斗中彻底地推翻掉。一九四九年是极其重要的一年，我们应当加紧努力。

在人民解放战争取得辽沈、淮海、平津三大战役的胜利后，1949 年 1 月 6 日至 8 日，中共中央在西柏坡召开政治局会议。会议讨论并通过了毛泽东起草的《目前形势和党在一九四九年的任务》的党内指示，对将革命进行到底作出全面部署。2 月 1 日至 3 日，毛泽东在西柏坡同斯大林代表米高扬会谈时系统谈了中国共产党的意见。关于建立新政权问题，毛泽东说：

这个新政权的性质简括地讲，就是在工农联盟基础上的人民民主专政，它的实质就是无产阶级专政。不过对我们这个国家来说，称人民民主专政更合适，更为合情合理。它是由各党各派、社会知名人士参加的民主联合政府，但名义上不这样叫。现在中国除共产党外，还有好几个民主党派，与我们已合作多年了，但国家政权的领导权是掌握在中国共产党的手里，这是确定不移的，丝毫不能动摇的。就是说，新政权建立后，中国共产党是核心，同时要不断加强和扩大统一战线工作。

1949 年 3 月 5 日至 13 日，中国共产党七届二中全会在西柏坡举行。这是中国共产党在中国人民革命全国胜利的前夜召开的一次具有重大历史意义的决策性会议。毛泽东作了报告和总结，在对夺取党在全国胜利和胜利后的各项方针政策作出深入阐述和全面部署后，毛泽东对召集政治协商会议，建立新中国作出部署：

召集政治协商会议和成立民主联合政府的一切条件，均已成熟。一切民主党派、人民团体和无党派民主人士都站在我们方面。……我们希望四月或五月占领南京，然后在北平召集政治协商会议，成立联合政府，并定都北平。

关于新中国将要采用的政权制度，毛泽东再一次作了专门论述：

人民代表会议制度和党的代表会议制度。我们不采取资产阶级共和国的国会制度，而采取无产阶级共和国的苏维埃制度。代表会议就是苏维埃。自然，在内容上我们和苏联的无产阶级专政的苏维埃是有区别的，我们是以工农联盟为基础的人民苏维埃，"苏维埃"这个外来语我们不用，而叫做人民代表会议。苏维埃是俄国人民创造的，列宁加以发扬。在中国，因为资产阶级共和国的国会制度在人民中已经臭了，我们不采用它，而采用社会主义国家的政权制度。

与人民代表会议制度相配合的还有党的代表会议制度。这次二中全会，按其性质来说就是一次党的代表会议，不过，这种中央全会的形式更可以充分讨论问题，较之一两千人的大会解决问题更好些。

毛泽东告诫全党：

我们很快就要在全国胜利了。这个胜利将冲破帝国主义的东方战线，具有伟大的国际意义。……夺取全国胜利，这只是万里长征走完了第一步。如果这一步也值得骄傲，那是比较渺小的，更值得骄傲的还在后头。在过了几十年之后来看中国人民民主革命的胜利，就会使人们感觉那好像只是一出长剧的一个短小的序幕。剧是必须从序幕开始的，但序幕还不是高潮。中国的革命是伟大的，但革命以后的路程更长，工作更伟大，更艰苦。这一点现在就必须向党内讲明白，务必使同志们继续地保持谦虚、谨慎、不骄、不躁的作风，务必使同志们继续地保持艰苦奋斗的作风。

七届二中全会后，1949 年 3 月 25 日，毛泽东率中共中央机关由西柏坡迁至北平，将香山作为进城的第一站。从这时起到新中国成立，毛泽东、朱德、刘少奇、周恩来、任弼时等中国共产党领导人在这里生活了 181 天。

在香山，毛泽东和党中央指挥了渡江战役和解放全中国的战斗。4 月 23 日，人民解放军占领南京，之后以雷霆万钧之势，继续向全国进军。

在香山，毛泽东和党中央领导了新政治协商会议的筹建和新中国成立的筹备工作。1949 年 6 月 15 日至 19 日，新政协筹备会在北平召开第一次全体会议，成立以毛泽东为主任的新政协筹备会常务委员会，负责起草共同纲领，拟定政府方案等，全面展开筹建新中国的工作。

在新中国即将成立的时候，为纪念中国共产党成立二十八周年，为了阐明人民共和国的性质、各个阶级的地位和相互关系、国家的前途等根本问题，1949 年 6 月 30 日，毛泽东发表《论人民民主专政》，进一步全面系统地阐明了中国共产党的建国主张，为正在举行的新政协筹备会和全体中国人民进一步指明了方向。在这篇用两天一夜一气呵成写出的文章中，毛泽东首先全面回顾了中国人经过千辛万苦，向西方国家寻求真理的历程。毛泽东指出：

自从一八四〇年鸦片战争失败那时起，先进的中国人，经过千辛万苦，向西方国家寻找真理。洪秀全、康有为、严复和孙中山，代表了在中国共产党出世以前向西方寻找真理的一派人物。那时，求进步的中国人，只要是西方的新道理，什么书也看。向日本、英国、美国、法国、德国派遣留学生之多，达到了惊人的程度。国内废科举，兴学校，好像雨后春笋，努力学习西方。我自己在青年时期，学的也是这些东西。这些是西方资产阶级民主主义的文化，即所谓新学，包括那时的社会学说和自然科学，和中国封建主义的文化即所谓旧学是对立的。学了这些新学的人们，在很长的时期内产生了一种信心，认为这些很可以救中国，除了旧学派，新学派自己表示怀疑的很少。要救国，只有维新，要维新，只有学外国。那时的外国只有西方资本主义国家是进步的，它们成功地建设了资产阶级的现代国家。日本人向西方学习有成效，中国人也想向日本人学。在那时的中国人看来，俄国是落后的，很少人想学俄国。这就是十九世纪四十年代至二十世纪初期中国人学习外国的情形。

　　帝国主义的侵略打破了中国人学西方的迷梦。很奇怪，为什么先生老是侵略学生呢？中国人向西方学得很不少，但是行不通，理想总是不能实现。多次奋斗，包括辛亥革命那样全国规模的运动，都失败了。国家的情况一天一天坏，环境迫使人们活不下去。怀疑产生了，增长了，发展了。第一次世界大战震动了全世界。俄国人举行了十月革命，创立了世界上第一个社会主义国家。过去蕴藏在地下为外国人所看不见的伟大的俄国无产阶级和劳动人民的革命精力，在列宁、斯大林领导之下，像火山一样突然爆发出来了，中国人和全人类对俄国人都另眼相看了。这时，也只是在这时，中国人从思想到生活，才出现了一个崭新的时期。中国人找到了马克思列宁主义这个放之四海而皆准的普遍真理，中国的面目就起了变化了。

十月革命一声炮响，给我们送来了马克思列宁主义。十月革命帮助了全世界的也帮助了中国的先进分子，用无产阶级的宇宙观作为观察国家命运的工具，重新考虑自己的问题。

在回顾五四运动和中国共产党成立以来中国革命的艰难历程后，毛泽东指出：

西方资产阶级的文明，资产阶级的民主主义、资产阶级共和国的方案，在中国人民的心目中，一齐破了产。资产阶级的民主主义让位给工人阶级领导的人民民主主义，资产阶级共和国让位给人民共和国。这样就造成了一种可能性：经过人民共和国到达社会主义和共产主义，到达阶级的消灭和世界的大同。康有为写了《大同书》，他没有也不可能找到一条到达大同的路。资产阶级的共和国，外国有过的，中国不能有，因为中国是受帝国主义压迫的国家。唯一的路是经过工人阶级领导的人民共和国。

一切别的东西都试过了，都失败了。曾经留恋过别的东西的人们，有些人倒下去了，有些人觉悟过来了，有些人正在换脑筋。事变是发展得这样快，以至使很多人感到突然，感到要重新学习。人们的心情是可以理解的，我们欢迎这种善良的要求重新学习的态度。

毛泽东在论述了中国共产党成立二十八年来取得的基本经验，批驳了各种错误论调后指出：

人民是什么？在中国，在现阶段，是工人阶级，农民阶级，城市小资产阶级和民族资产阶级。这些阶级在工人阶级和共产党的领导之下，团结起来，组成自己的国家，选举自己的政府，向着帝国主义的走狗即地主阶级和官僚资产阶级以及代表这些阶级的国民党反动派及其帮凶们实行专政，实行独裁，压迫这些人，只许他们规规矩矩，不许他们乱说乱动。如要乱说乱动，立即取缔，予以制裁。对于人民内部，则实行民主制度，人民有言论集会结社等项的自由权。选举权，只给人民，不给反动派。这两方面，对人民内部的民主方面和对反动派的专政方面，互相结合起来，就是人民民主专政。

人民民主专政的基础是工人阶级、农民阶级和城市小资产阶级的联盟，而主要是工人和农民的联盟。

人民民主专政需要工人阶级的领导。因为只有工人阶级最有远见，大公无私，最富于革命的彻底性。整个革命历史证明，没有工人阶级的领导，革命就要失败，有了工人阶级的领导，革命就胜利了。在帝国主义时代，任何国家的任何别的阶级，都不能领导任何真正的革命达到胜利。中国的小资产阶级和民族资产阶级曾经多次领导过革命，都失败了，就是明证。

我们的二十八年，就大不相同。我们有许多宝贵的经验。一个有纪律的，有马克思列宁主义的理论武装的，采取自我批评方法的，联系人民群众的党。一个由这样的党领导的军队。一个由这样的党领导的各革命阶级各革命派别的统一战线。这三件是我们战胜敌人的主要武器。这些都是我们区别于前人的。依靠这三件，使我们取得了基本的胜利。我们走过了曲折的道路。我们曾和党内的机会主义倾向作斗争，右的和"左"的。凡在这三件事上犯了严重错误的时候，革命就受挫折。错误和挫折教训了我们，使我们比较地聪明起来了，我们的事情就办得好一些。任何政党，任何个人，错误总是难免的，我们要求犯得少一点。犯了错误则要求改正，改正的越迅速，越彻底，越好。

毛泽东满怀信心地指出：

总结我们的经验，集中到一点，就是工人阶级（经过共产党）领导的以工农联盟为基础的人民民主专政。这个专政必须和国际革命力量团结一致。这就是我们的公式，这就是我们的主要经验，这就是我们的主要纲领。

我们完全可以依靠人民民主专政这个武器，团结除了反动派以外的一切人，稳步地走到目的地。

党的七届二中全会决议和毛泽东的《论人民民主专政》，为新中国的建立奠定了理论基础和政策基础。在筹建新中国的过程中，党中央还就新中国的国家结构形式和民族关系进行了慎重考虑并作出决策，认为：单一制的国家结构形式，更加符合中国的国情；在统一的国家内实行民族区域自治，更有利于实现民族平等原则。

一个全新的中国正以铿锵有力的步伐向世界走来。

第四十四节：1948 年 5 月至 1949 年 9 月　北平
张开双臂迎接新中国的到来

2014 年 9 月 21 日，习近平总书记在庆祝中国人民政治协商会议成立 65 周年大会上的讲话中指出："1949 年 9 月 21 日至 30 日，中国人民政治协商会议第一届全体会议召开。会议代表全国各族人民意志，代行全国人民代表大会职权，通过了具有临时宪法性质的《中国人民政治协商会议共同纲领》和《中国人民政治协商会议组织法》、《中华人民共和国中央人民政府组织法》，作出关于中华人民共和国国都、国旗、国歌、纪年 4 个重要决议，选举中国人民政治协商会议全国委员会和中华人民共和国中央人民政府委员会，宣告中华人民共和国的成立。

这标志着 100 多年来中国人民争取民族独立和人民解放运动取得了历史性的伟大胜利，标志着爱国统一战线和全国人民大团结在组织上完全形成，标志着中国共产党领导的多党合作和政治协商制度正式确立。人民政协为新中国的建立作出了重大贡献。"

习近平总书记的重要讲话，是我们深刻理解召开于新中国成立前夕的中国人民政治协商会议第一届全体会议重大历史意义的总指针。

1948 年 4 月 30 日，中共中央发布"五一口号"，向全国人民发出"迅速召开政治协商会议，讨论并实现召集人民代表大会、成立民主联合政府"的号召。

中国共产党的主张得到各民主党派、无党派知名人士的热烈响应。当时在国统区难以立足而云集在香港的各民主党派人士立即发表拥护声明,中国国民党革命委员会李济深、何香凝,中国民主同盟沈钧儒、章伯钧等民主党派领导人和无党派人士郭沫若等都致电中共中央主席毛泽东,表示愿意在中国共产党的领导下组成各革命阶级的统一战线,为结束国民党独裁统治,建立新中国而奋斗。之后,在中国共产党的帮助下,他们陆续秘密离开香港等地进入解放区,积极参加筹备新政协召开的工作。

中国共产党热忱欢迎各民主党派、各人民团体的人士来北平共商国是。从 1948 年下半年开始,各民主党派、无党派代表人士、人民团体负责人通过各种渠道,陆续来到解放区,在中国共产党的领导下,满怀激情地投入了新中国的筹建工作。经过一年多的紧张工作,终于迎来了新中国即将成立的那一刻!

1949 年 8 月 28 日,新政协特邀代表宋庆龄到北平时,毛泽东、朱德、周恩来、刘少奇等党中央领导人早已在前门车站迎候她。当晚,毛泽东设宴为宋庆龄洗尘。

9 月 7 日,毛泽东到车站迎接特邀代表、国民党湖南省政府主席程潜到达北平。当程潜走下火车时,毛泽东快步迎上去,紧紧握住他的双手。就在这一刹那,程潜的泪水流下来,激动得说不出话来。毛泽东把程潜扶进车里,两人同乘一辆车,来到中南海。毛泽东设晚宴接待程潜。

1949 年 9 月 21 日,在人民解放战争取得决定性胜利的时刻,中国人民迎来了中国人民政治协商会议的开幕。

第四十五节：1949 年 6 月 15 日至 19 日　北平

新政治协商会议筹备会第一次全体会议胜利召开

全中国人民翘首以待的新政治协商会议筹备会，于 1949 年 6 月 15 日至 19 日在北平召开第一次全体会议。

毛泽东在会议的开幕式上发表讲话。他说：

这个筹备会的任务，就是：完成各项必要的准备工作，迅速召开新的政治协商会议，成立民主联合政府，以便领导全国人民，以最快的速度肃清国民党反动派的残余力量，统一全中国，有系统地和有步骤地在全国范围内进行政治的、经济的、文化的和国防的建设工作。……

新的政治协商会议，是中国共产党在一九四八年五月一日向全国人民提议召开的。这个提议，迅速地得到了全国各民主党派、各人民团体、各界民主人士、国内少数民族和海外华侨的响应。中国共产党、各民主党派、各人民团体、各界民主人士、国内少数民族和海外华侨都认为：必须打倒帝国主义、封建主义、官僚资本主义和国民党反动派的统治，必须召集一个包含各民主党派、各人民团体、各界民主人士、国内少数民族和海外华侨的代表人物的政治协商会议，宣告中华人民共和国的成立，并选举代表这个共和国的民主联合政府，才能使我们的伟大的祖国脱离半殖民地和半封建的命运，走上独立、自由、和平、统一和强盛的道路。这是一个共同的政治基础。……这个政治基础是如此巩固，以至于没有一个认真的民主党派、人民团体和民主人士提出任何不同的意见，大家认为只有这一条道路，才是解决中国一切问题的正确的方向。

全国人民拥护自己的人民解放军，取得了战争的胜利。……这一次战争是由国民党反动派在获得外国帝国主义的援助之下发动的。国民党反动派背信弃义，撕毁了一九四六年一月的停战协定和政治协商会议的决议，发动了这一次反人民的国内战争。可是，仅仅三年时间，即已被英勇的人民解放军所打败。不久以前，在国民党反动派的和平阴谋被揭穿以后，人民解放军即已奋勇前进，横渡长江。国民党反动派的都城南京，已被夺取。上海、杭州、南昌、武汉、西安，已被解放。现在，人民解放军的各路野战军，正在向南方和西北各省，举行着自有中国历史以来未曾有过的大进军。……肃清这一部分残余敌军，还需要一些时间，但已为期不远了。

……全国人民必须团结起来，坚决、彻底、干净、全部地粉碎帝国主义者及其走狗中国反动派的任何一项反对中国人民的阴谋计划。中国必须独立，中国必须解放，中国的事情必须由中国人民自己作主张，自己来处理，不容许任何帝国主义国家再有一丝一毫的干涉。

中国的革命是全民族人民大众的革命，除了帝国主义者、封建主义者、官僚资产阶级分子、国民党反动派及其帮凶们而外，其余的一切人都是我们的朋友，我们有一个广大的和巩固的革命统一战线。这个统一战线是如此广大，它包含了工人阶级、农民阶级、城市小资产阶级和民族资产阶级。这个统一战线是如此巩固，它具备了战胜任何敌人和克服任何困难的坚强的意志和源源不竭的能力。

……我们召集新的政治协商会议成立民主联合政府的一切条件，均已成熟。全中国人民是如此热烈地盼望我们召开会议和成立政府。……

中国人民将会看见，中国的命运一经操在人民自己的手里，中国就将如太阳升起在东方那样，以自己的辉煌的光焰普照大地，迅速地荡涤反动政府留下来的污泥浊水，治好战争的创伤，建设起一个崭新的强盛的名副其实的人民共和国。

新政治协商会议筹备会第一次全体会议经过 3 次全体会议和 2 天小组商讨，于 19 日下午圆满结束。参加这次会议的，包括中国共产党和各民主党派、各人民团体、社会各界民主人士、少数民族和海外华侨等 23 个单位，134 人。其中，有中国共产党、中国国民党革命委员会、中国民主同盟、民主建国会、中国民主促进会、中国农工民主党、中国人民救国会、国民党三民主义同志联合会、国民党民主促进会、中国致公党、无党派人士的代表，有中国人民解放军、中华全国总工会、解放区农民团体、产业界民主人士、文化界民主人士、中华全国民主青年联合会、中华全国民主妇女联合会、中华全国学生联合会、上海人民团体联合会、少数民族代表、海外华侨民主人士、民主教授代表人物等。

会议一致通过《新政治协商会议筹备会组织条例》、《关于参加新政治协商会议的单位及其代表名额的规定》，会议规定了筹备会需要完成的 6 项中心任务，会议议决由各单位共同协商推荐 21 人组成常务委员会，并在常务委员会下设 6 个工作小组，分工负责新政协筹备会 6 项工作。会议选出毛泽东为筹备委员会常务委员会主任，周恩来、李济深、沈钧儒、郭沫若、陈叔通为副主任，李维汉为秘书长。委员还有朱德、李立三、沈雁冰、林伯渠、马叙伦、马寅初、乌兰夫、章伯钧、张澜、张奚若、陈嘉庚、黄炎培、蔡廷锴、蔡畅、谭平山，副秘书长还有孙起孟、阎宝航、罗叔章等 9 人。筹备会 6 个工作小组是：第一小组，组长李维汉、副组长章伯钧，组员有李济深、沈钧儒、黄炎培、马寅初、谭平山、蔡廷锴等 22 人，负责拟定参加新政协会议的单位及其代表人数。第二小组，组长谭平山、副组长周新民，组员有林祖涵、史良、叶圣陶等 19 人，负责起草新政治协商会议组织条例。第三小组，组长周恩来、副组长许德珩，组员有章伯钧、许广平、廖承志、周建人等 22 人，负责起草共同纲领。第四小组，组长董必武、副组长黄炎培，组员有沈钧儒、胡厥文等 21 人，负责拟定中华人民民主共和国政府方案。第五小组，组长郭沫若、副组长陈劭先，组员有楚图南、胡愈之、胡乔木等 14 人，负责起草宣言。第六小组，组长马叙伦、副组长叶剑英（不久又增加沈雁冰任副组长），组员有张奚若、田汉、郑振铎、翦伯赞、钱三强、张澜、陈嘉庚等 14 人，负责拟定国旗、国徽、国歌方案。大会一致通过新政协由全国各阶层各民族的 45 个单位和 510 名代表参加。

第四十六节：1949 年 9 月 17 日　　北平
新政治协商会议筹备会第二次全体会议胜利召开
决定将新政协会议改名为中国人民政治协商会议
协商产生涵盖各党派、各族各界代表 662 名

　　1949 年 9 月 7 日，周恩来代表新政治协商会议筹备会常委会向政协代表作了报告。周恩来首先说明关于参加中国人民政治协商会议的单位及其代表名额和人选问题：

　　从新政协发起到现在，形势有了很大变化。一九四八年五月一日，中国共产党中央委员会发布了"五一口号"，向全国人民、各民主党派提议召开新政治协商会议，磋商国是，并决定如何召开全国人民代表大会，成立民主联合政府，当时很快得到在香港的各民主党派，在上海、北平和海外的各人民团体、华侨人士的响应，使我们很高兴，于是便邀请各单位参加并筹备召开新政治协商会议。那时我们所设想的这个会议，不过是个百八十人的会议而已，没有想到像今天有这么广大的解放地区和在交通这样便利的情况下来开这样大规模的会。这是由于革命形势发展迅速的缘故……这次中国人民政治协商会议具有全国人民代表大会的性质，所以我们对它不得不更加谨慎……总之，决定全部代表人选是根据了人民民主革命的原则。我们重视由革命战争中锻炼出来的朋友，在土地革命和敌后根据地斗争中锻炼出来的朋友，在国民党统治时期的民主运动中锻炼出来的朋友，脱离反动派而起义的朋友，保护国家器材有功的

朋友，使这次政治协商会议成为集中代表全国人民力量的大会。

在报告关于中国人民政治协商会议组织法草案时，周恩来着重说明了即将召开的中国人民政治协商会议和将来召开的全国人民代表大会的关系，他说：

在全国各地方未能实行普选以前，中国人民政治协商会议和它的地方委员会分别执行全国和地方的人民代表大会的职权。我们现在即将举行的中国人民政治协商会议第一届全体会议，便是执行全国人民代表大会的职权来通过中国人民政治协商会议的组织法、共同纲领和中华人民共和国中央人民政府组织法，并选举中央人民政府委员会。人民政协全国委员会，便是同中央人民政府协议事情的机构。一切大政方针，都先要经过全国委员会协议，然后建议政府施行。等到将来根据全国革命形势的发展和土地改革的情况及人民进步的程度，才可能把普选由个别地方逐渐推广到全国，召开全国人民代表大会。那时中国人民政治协商会议全体会议，才不再代行全国人民代表大会的职权，但是它仍将以统一战线的组织形式而存在，国家的大政方针，仍要经过人民政协进行协商。

在报告关于中华人民共和国中央人民政府组织法草案时，周恩来说：

这个组织法草案首先表明国家的制度是新民主主义，是由工人阶级领导的，以工农联盟为基础的，团结各民主阶级和中国境内各民族的人民民主专政的国家。这是大家所同意的。现在只须解释一个问题，就是国名问题。在中央人民政府组织法的草案上去掉了中华人民民主共和国的"民主"二字，去掉的原因是感觉到"民主"和"共和"有共同的意义，无须重复，作为国家还是用"共和"二字比较好。辛亥革命以后，中国的国名是"中华民国"，有共和的意思，但并不完全，可以作双关的解释，而且令人费解。现在我们应该把旧民主主义和新民主主义区别开来……

关于国家制度方面，还有一个问题就是我们的国家是不是多民族联邦制……中国是多民族的国家，但其特点是汉族占人口的最大多数，有四亿人以上；少数民族有蒙族、回族、藏族、维吾尔族、苗族、夷族、高山族等，总起来，还不到全国人口的百分之十。当然，不管人数多少，各民族间是平等的。首先是汉族应该尊重其他民族的宗教、语言、风俗、习惯。这里主要的问题在于民族政策是以自治为目标，还是超过自治范围。我们主张民族自治，但一定要防止帝国主义利用民族问题来挑拨离间中国的统一。如英帝国主义对西藏及新疆南部的阴谋，美帝国主义对于台湾及海南岛的阴谋。

任何民族都是有自决权的，这是毫无疑问的事。但是今天帝国主义者又想分裂我们的西藏、台湾甚至新疆，在这种情况下，我们希望各民族不要听帝国主义者的挑拨。为了这一点，我们国家的名称，叫中华人民共和国，而不叫联邦……我们虽然不是联邦，但却主张民族区域自治，行使民族自治的权力。

关于政权制度方面，大家已经同意采用基于民主集中制原则的全国人民代表大会制度。现在凡是通过普选方式产生出来的会，我们叫做大会，例如人民代表大会。凡是通过协商方式产生的会，我们就叫做会议，例如人民政治协商会议。大会和会议名称的区别就在这里。将来人民代表大会，是要经过普选方式来产生的。关于普选，本来应该做到普遍的、平等的、直接的、不记名的投票，但这对中国现在的情况来说，是非常困难的……中国革命的发展是不平衡的，我们只能逐步由客观条件成熟的地区先行普选。

关于政府组织问题，中央人民政府的组织系统是在中央人民政府委员会下面分设许多机构，按照民主集中制的原则来分工的。这一点相信大家不会反对，而我们所要反对的是旧民主主义的议会制度，因为它不是事前协商，只是便于剥削阶级政党间互相争夺，互相妥协，共同分赃的制度。他们幕后分侵略殖民地的赃，分剥削本国劳动人民所得的赃，争夺不休。而我们却是长期合作，不是彼此互相交替。辛亥革命后，袁世凯、曹锟、段祺瑞等都搞过议会制、总统制等方式，结果换来了封建买办的专政。这种痛苦的经验教训，在座的陈叔通老先生、沈钧儒老先生，都曾亲自体验过。

10 天后的 1949 年 9 月 17 日下午，新政治协商会议筹备会举行第二次全体会议。会议决定将新政治协商会议改名为中国人民政治协商会议，周恩来代表筹备会常委会向筹备会报告了 3 个月来筹备工作的进展情况后说，经过有关方面协商，确定了参加中国人民政治协商会议的 5 大类 45 个单位 510 名正式代表、77 名候补代表、75 名特邀代表，共计 662 名代表。宣言起草和国旗、国徽、国歌尚未完成，筹备会常委会提议移交政协一次会议。筹备会全体会议一致通过了筹备会常委会工作报告。下午 5 时闭幕。

经筹备会全体会议协商一致产生的 662 名代表中，有党派代表 165 人，其中正式代表 142 人，候补代表 23 人。各方面都有正式代表和候补代表。如，中共正式代表 16 人、候补代表 2 人；中国国民党革命委员会正式代表 16 人、候补代表 2 人；中国民主同盟正式代表 16 人、候补代表 2 人；民主建国会正式代表 12 人、候补代表 2 人；无党派民主人士正式代表 10 人、候补代表 2 人等。各大行政区域、军队、工农妇青、教科文、自由职业等各界团体、国内少数民族、海外华侨民主人士、宗教界民主人士等方面都有各自的代表人物。

中国人民政治协商会议第一届全体会议的 662 名代表具有空前的广泛性。其中共产党代表约占 44%，各界代表约占 26%，各民主党派约占 30%。女性代表约占 10%。从阶级成分看，有工人、农民、民族资本家、小资产阶级、知识分子。从参加中国革命历史的人员看，涵盖了戊戌变法、辛亥革命、五四运动以及 1925 年以后历次革命运动的领导者和参加者。从信仰上看，有信仰马克思主义的共产主义战士，有笃信基督教、佛教、伊斯兰教的信徒。从民族上看，有各民族代表。这些不同阶级、不同阶层、不同民族、不同经历的代表，都对中国革命做出过贡献，在中国共产党的领导和感召下，他们为建立新中国最终走到了一起，共同宣布并见证了中国人民从此站起来了的历史性时刻。他们不可磨灭的伟大贡献，永远载入中国革命的史册。

第四十七节：**1949 年 9 月 21 日至 30 日**
中国人民政治协商会议第一届全体会议胜利召开
宣布执行全国人民代表大会职权
通过《中国人民政治协商会议共同纲领》
选举以毛泽东为主席的中央人民政府委员会
宣告中华人民共和国成立

1949 年 9 月 21 日至 30 日，中国人民政治协商会议第一届全体会议在北平举行。9 月 21 日下午 7 时，毛泽东和全体代表来到中南海怀仁堂，出席中国人民政治协商会议第一届全体会议的开幕会。开幕会在欢快的中国人民解放军进行曲和场外鸣放五十四响礼炮声中隆重开幕。全体代表起立热烈鼓掌达 5 分钟之久。这是一个具有历史意义的庄严时刻！

毛泽东在开幕词中说：

我们的会议包括六百多位代表，代表着全中国所有的民主党派，人民团体，人民解放军，各地区，各民族和国外华侨。这就指明，我们的会议是一个全国人民大团结的会议。

毛泽东开幕词首先论述了新旧政协的区别和它们迥然不同的命运。在谈到了旧政协时，他说：

我们的会议之所以称为政治协商会议，是因为三年以前我们曾和蒋介石国民党一道开过一次政治协商会议。那次会议的结果是被蒋介石国民党及其帮凶们破坏了，但是已在人民中留下了不可磨灭的印象。那次会议证明，和帝国主义的走狗蒋介

石国民党及其帮凶们一道，是不能解决任何有利于人民的任务
的。即使勉强地做了决议也是无益的，一待时机成熟他们就要
撕毁一切决议，并以残酷的战争反对人民。

毛泽东接着论述新政协的性质和地位，他说：

现在的中国人民政治协商会议是在完全新的基础之上召开
的，它具有代表全国人民的性质，它获得全国人民的信任和拥
护。因此，中国人民政治协商会议宣布自己执行全国人民代表
大会的职权。中国人民政治协商会议在自己的议程中将要制定
中国人民政治协商会议的组织法，制定中华人民共和国中央人
民政府的组织法，制定中国人民政治协商会议的共同纲领，选
举中国人民政治协商会议的全国委员会，选举中华人民共和国
中央人民政府委员会，制定中华人民共和国的国旗和国徽，决
定中华人民共和国国都的所在地以及采取和世界大多数国家一
样的年号。

毛泽东在论述了新旧政协的区别和新政协的性质和地位后，
庄严宣告：

诸位代表先生们：我们有一个共同的感觉，这就是我们的
工作将写在人类的历史上，它将表明：占人类总数四分之一的
中国人从此站立起来了。中国人从来就是一个伟大的勇敢的勤
劳的民族，只是在近代是落伍了。这种落伍，完全是被外国帝
国主义和本国反动政府所压迫和剥削的结果。一百多年以来，
我们的先人以不屈不挠的斗争反对内外压迫者，从来没有停止
过，其中包括伟大的中国革命先行者孙中山先生所领导的辛亥
革命在内。我们的先人指示我们，叫我们完成他们的遗志。我

们现在是这样做了。我们团结起来，以人民解放战争和人民大革命打倒了内外压迫者，宣布中华人民共和国的成立了。我们的民族将从此列入爱好和平自由的世界各民族的大家庭，以勇敢而勤劳的姿态工作着，创造自己的文明和幸福，同时也促进世界的和平和自由。我们的民族将再也不是一个被人侮辱的民族了，我们已经站起来了。我们的革命已经获得全世界广大人民的同情和欢呼，我们的朋友遍于全世界。

毛泽东说：

全国规模的经济建设工作业已摆在我们面前。我们的极好条件是有四万万七千五百万的人口和九百五十九万七千方公里的国土。我们面前的困难是有的，而且是很多的，但是我们确信：一切困难都将被全国人民的英勇奋斗所战胜。中国人民已经具有战胜困难的极其丰富的经验。如果我们的先人和我们自己能够渡过长期的极端艰难的岁月，战胜了强大的内外反动派，为什么不能在胜利以后建设一个繁荣昌盛的国家呢？只要我们仍然保持艰苦奋斗的作风，只要我们团结一致，只要我们坚持人民民主专政和团结国际友人，我们就能在经济战线上迅速地获得胜利。

让那些内外反动派在我们面前发抖罢，让他们去说我们这也不行那也不行罢，中国人民的不屈不挠的努力必将稳步地达到自己的目的。

对毛泽东的讲话，代表们不时报以热烈的掌声。

解放军代表朱德、陈毅，中共代表刘少奇，特邀代表宋庆龄，民革代表李济深、何香凝，民盟代表张澜，民建代表黄炎培和解放区代表等88人在开幕会上发了言，他们热烈欢呼这个伟大的历史性时刻，表达在中国共产党的领导下建立新中国，建设新中国的心声和信心。特邀代表宋庆龄说："这是一个历史的跃进，一个建设的巨力，一个新中国的诞生！我们达到今天的历史地位，是由于中国共产党的领导。这是唯一拥有人民大众力量的政党。孙中山先生的民族、民权、民生三大主义的胜利实现，因此得到了最可靠的保证。""让我们现在就着手工作，建立一个独立、民主、和平与富强的新中国。"民革代表何香凝说，孙中山所主张的"中国的自由平等、节制资本、耕者有其田、联合世界上以平等待我之民族"，"在毛主席的领导下得到了实现"。民建代表黄炎培说，中国人民政治协商会议的开幕，是全国人民和各民主党派在中国共产党的领导下，"从地球上几万万年一部大历史上边，写出一篇意义最伟大最光荣的记录"。

9月21日，刘少奇代表中国共产党在全体会议上作《加强全国人民的革命大团结》的讲话。刘少奇说：

中国人民政治协商会议，是中国人民民主统一战线的组织形式，是全国人民实行革命大团结的一种最重要的具体方式。……中国人民政治协商会议的开幕，就是表示这种新的全国人民的革命大团结及其在组织上的最后形成。……在今天建立起来的全国人民的革命大团结，是有它的坚固的政治基础的。这个基础，就是即将由政协筹备会提交全体会议讨论和通过的中国人民政治协商会议的共同纲领。我们认为这个共同纲领是中国历史上一个极端重要的文献。它说到了我们的一般纲领，确定了我们国家的政权机构和军事制度，决定了我们国家的经济政策、文化教育政策、民族政策和外交政策。……这是总结了中国人民在近一百多年来特别是最近二十多年来反对帝国主义、封建主义和官僚资本主义的革命斗争的经验，而制订出来的一部人民革命建国纲领。这是目前时期全国人民的大宪章。

9月22日，周恩来在全体会议上作《人民政协共同纲领草案的特点》的报告，作了八个方面的说明。周恩来说：

总纲中关于人民对国家的权利与义务有很明显的规定。有一个定义须要说明，就是"人民"与"国民"是有分别的。"人民"是指工人阶级、农民阶级、小资产阶级、民族资产阶级，以及从反动阶级觉悟过来的某些爱国民主分子。而对官僚资产阶级在其财产被没收和地主阶级在其土地被分配以后，消极的是要严厉镇压他们中间的反动活动，积极的是更多地要强迫他们劳动，使他们改造成为新人。在改变以前，他们不属于人民范围，但仍然是中国的一个国民，暂时不给他们享受人民的权利，却需要使他们遵守国民的义务。这就是人民民主专政。……新民主主义的政权制度是民主集中制的人民代表大会的制度，它完全不同于旧民主的议会制度，而是属于以社会主义苏联为代表的代表大会制度的范畴之内的。但是也不完全同于苏联制度，苏联已经消灭了阶级，而我们则是各革命阶级的联盟。我们的这个特点，就表现在中国人民政协会议的形式上。政府各部门和现在各地的人民代表会议以及将来的人民代表大会都将同样表现这个特点。

9月22日，董必武在全体会议上作《关于草拟中华人民共和国中央人民政府组织法的经过及其基本内容的报告》草案说明。在关于组织法草案总纲的说明中，董必武说：

第一，国家名称问题：本来过去许多人写文章或演讲都用中华人民民主共和国；黄炎培、张志让两先生曾经写过一个建议，主张用中华人民民主国。在第四小组第二次全体会议讨论中，张奚若先生以为用中华人民民主国，不如用中华人民共和国。我们现在采用了最后这个名称，因为共和国说明了我们的国体，"人民"二字在今天新民主主义的中国是指工、农、小资产阶级和民族资产阶级四个阶级及爱国民主人士，它有确定的解释，已经把人民民主专政的意思表达出来，不必再把"民主"二字重复一次了。

第二，国家属性问题：……国家是统治阶级镇压被统治阶级的工具，所以必须把今天人民民主专政中阶级间的关系讲清楚。"工人阶级领导"，"以工农联盟为基础"和"四个阶级联盟"，是中国新民主主义的特质，这是大家所同意的。经过毛主席《新民主主义论》及《论联合政府》这两本书的解释，经过他前年十二月二十五日在中共中央会议上的报告，今年六月十五日在新政协筹备会开幕典礼上的报告以及七月一日发表的《论人民民主专政》文章中的多次解释，并经过中国人民革命运动的实践，各民主党派在纲领和宣言中的表示，都确定了我们国家的这个特质。

第三，政府组织的原则：这个原则是民主集中制，它具体的表现是人民代表大会制的政府。民主集中制的提出，正是针对着旧民主主义三权分立的原则。欧美资产阶级故意把他们专政的政府分立为立法、行政与司法三个机体，使之互相矛盾，互相制约，以便于他们操纵政权。旧民主主义的议会制度是资产阶级中当权的一部分人容许另一部分的少数人，所谓反对派，在会议讲台上去说空话，而当权者则紧握着行政权柄，干有利于本身统治的事情。这是剥削阶级在广大人民面前玩弄手腕、分取赃私，干出来的一种骗人的民主制度。司法是最精巧的统治工具，同样是为当权的阶级服务的。我们不要资产阶级骗人的那一套。我们的制度是议行合一的，行使国家权力的机关是各级人民代表大会和它产生的各级人民政府。

第四，在普选的全国人民代表大会召开以前，由中国人民政治协商会议的全体会议执行全国人民代表大会的职权，选举中华人民共和国中央人民政府委员会，并付之以行使国家权力的职权。中央人民政府委员会选出后，人民政治协商会议选出的全国委员会即成为国家政权以外各党派、各人民团体的协议机关。

全体会议对《中国人民政治协商会议共同纲领》、《中华人民共和国中央人民政府组织法》、《中国人民政治协商会议组织法》等文件草案进行了进一步审议，并就国旗、国徽、国歌、纪年、国都等问题进行了专门讨论。大会之前，新政协筹备会向全国征集国旗图案近 3000 幅、国徽图案 900 幅、国歌作品近 700 首，经评选委员会筛选确定候选国旗图案 38 幅，国徽图案 5 幅供会议选择。国歌词谱没有入选者。

9 月 27 日，全体会议一致通过《中华人民共和国中央人民政府组织法》、《中国人民政治协商会议组织法》、《关于中华人民共和国国都、纪年、国歌、国旗的决议》，决定：中华人民共和国的国都定于北平，自即日起改名北平为北京；中华人民共和国的纪年采用公元，今年为一九四九年；中华人民共和国的国歌未正式制定前，以《义勇军进行曲》为国歌；中华人民共和国的国旗为五星红旗，象征中国革命人民的大团结。

9月29日，全体会议一致通过《中国人民政治协商会议共同纲领》。

9月30日下午，全体会议选举以毛泽东为主席的由180人组成的第一届中国人民政治协商会议全国委员会。选举以毛泽东为主席，朱德、刘少奇、宋庆龄、李济深、张澜、高岗为副主席的由63人组成的中央人民政府委员会，任命周恩来为中央人民政府政务院总理兼外交部长，林伯渠为秘书长，毛泽东为中央人民政府人民革命军事委员会主席，朱德为人民解放军总司令，沈钧儒为中央人民政府最高人民法院院长，罗荣桓为中央人民政府最高人民检察署检察长。

多名民主党派人士被选参加国家政权工作。如中央人民政府委员会占48%，副主席有宋庆龄、李济深、张澜，占50%；中央人民政府任命革命军事委员会副主席1人（程潜），占20%，委员占24%；最高人民法院院长由民盟沈钧儒担任；政务院委员占60%，副总理有郭沫若、黄炎培，占50%；各部部长、副部长也有多位民主党派人士担任，充分体现了中国共产党建立民主联合政府的诚挚愿望，代表了全中国人民的愿望和根本利益，为中华人民共和国的成立奠定了坚实的政治基础。

9月30日，中国人民政治协商会议第一届全体会议召开闭幕会。朱德致闭幕词。朱德说："中国人民政治协商会议第一届会议的工作，已经胜利地完成了。我们全体一致，宣告了中华人民共和国的成立。我们通过了人民政治协商会议组织法、中央人民政府组织法和共同纲领，选举了中央人民政府主席、副主席、委员和人民协商会议的全国委员会，制定了国旗，决定了国都、国歌和纪年。我们所作的这一切工作，都符合于人民的意志。""在整个会议期间，我们全体代表始终团结一致，和衷共济。这是我们国家兴旺发达的气象。我们既然能够团结一致，开创了中华人民共和国，我们就一定能够团结一致把我们的国家建设好，把我们的国家引导到繁荣昌盛的境地。"

中国人民政治协商会议第一届全体会议发表了由毛泽东起草的《中国人民政治协商会议第一届全体会议宣言》。宣言说，中华人民共和国现已宣告成立。中国人民业已有了自己的中央人民政府。这个政府将遵照共同纲领在全中国境内实施人民民主专政。它将指挥人民解放军将革命战争进行到底，消灭残余敌军，解放全国领土，完成统一中国的伟大事业。它将领导全国人民克服一切困难，进行大规模的经济建设和文化建设，扫除旧中国留下来的贫困和愚昧，逐步地改善人民的物质生活和提高人民的文化生活。

宣言宣示："中国的历史，从此开辟了一个新的时代。"

第四十八节：**1949 年 9 月 29 日　北京**

中国人民革命的建国大纲、具有临时宪法地位的划时代文献：

《中国人民政治协商会议共同纲领》

规定：中华人民共和国国家政权属于人民，人民行使政权的机关是各级人民代表大会和各级人民政府

1949 年 9 月 29 日，中国人民政治协商会议第一次全体会议一致通过的《中国人民政治协商会议共同纲领》是中国历史上具有划时代意义的伟大文献。

《中国人民政治协商会议共同纲领》总结了 100 多年来中国人民革命的历史经验，特别是中国共产党领导中国人民反对帝国主义、封建主义和官僚资本主义斗争的经验，是根据中国国情制定的符合中国人民利益和意愿的具有临时宪法性质的根本大法。《中国人民政治协商会议共同纲领》草案由周恩来负责起草。毛泽东和周恩来等一起多次讨论修改，毛泽东作了重要改写。

《中国人民政治协商会议共同纲领》由序言和总纲、政权机关、军事制度、经济政策、文化教育政策、民族政策、外交政策共七章六十条组成。

《共同纲领》序言开宗明义宣告："中国人民解放战争和人民革命的伟大胜利，已使帝国主义、封建主义和官僚资本主义在中国的统治时代宣告结束。中国人民由被压迫的地位变成为新社会新国家的主人，而以人民民主专政的共和国代替那封建买办法西斯专政的国民党反动统治，中国人民民主专政是中国工人阶级、农民阶级、小资产阶级、民族资产阶级及其他爱国民主分子的人民民主统一战线的政权，而以工农联盟为基础，以工人阶级为领导，由中国共产党、各民主党派、各人民团体、各地区、人民解放军、各少数民族、国外华侨及其他爱国民主分子的代表们所组成的中国人民政治协商会议，就是人民民主统一战线的组织形式。中国人民政治协商会议代表全国人民的意志，宣告中华人民共和国的成立，组织人民自己的中央政府。中国人民政治协商会议一致同意以新民主主义即人民民主主义为中华人民共和国建国的政治基础，并制定以下的共同纲领，凡参加人民政治协商会议的各单位、各级人民政府和全国人民均应共同遵守。"

《共同纲领》第一章总纲有十一条。第一条规定："中华人民共和国为新民主主义即人民民主主义的国家，实行工人阶级领导的、以工农联盟为基础的、团结各民主阶级和国内各民族的人民民主专政，反对帝国主义、封建主义和官僚资本主义，为中国的独立、民主、和平、统一和富强而奋斗。"

第二章政权机关有八条，规定：中华人民共和国的国家政权属于人民。人民行使国家政权的机关为各级人民代表大会和各级人民政府。各级人民代表大会由人民用普选方法产生之。各级人民代表大会选举各级人民政府。各级人民代表大会闭会期间，各级人民政府为行使各级政权的机关。

国家最高政权机关为全国人民代表大会。全国人民代表大会闭会期间，中央人民政府为行使国家政权的最高机关。

在普选的全国人民代表大会召开以前，由中国人民政治协商会议的全体会议执行全国人民代表大会的职权，制定中华人民共和国中央人民政府组织法，选举中华人民共和国中央人民政府委员会，并付之以行使国家权力的职权。

在普选的地方人民代表大会召开以前，由地方各界人民代表会议逐步地代行人民代表大会的职权。

各级政权机关一律实行民主集中制。其主要原则为：人民代表大会向人民负责并报告工作。人民政府委员会向人民代表大会负责并报告工作。在人民代表大会和人民政府委员会内，实行少数服从多数的制度。各下级人民政府均由上级人民政府加委并服从上级人民政府。全国各地方人民政府均服从中央人民政府。

废除国民党反动政府一切压迫人民的法律、法令和司法制度，制定保护人民的法律、法令，建立人民司法制度。

第三章军事制度有六条，规定：中华人民共和国建立统一的军队，即人民解放军和人民公安部队，受中央人民政府人民革命军事委员会统率，实行统一的指挥，统一的制度，统一的编制，统一的纪律。

第四章经济政策有十五条，规定：中华人民共和国经济建设的根本方针，是以公私兼顾、劳资两利、城乡互助、内外交流的政策，达到发展生产、繁荣经济之目的。国家应在经营范围、原料供给、销售市场、劳动条件、技术设备、财政政策、金融政策等方面，调剂国营经济、合作社经济、农民和手工业者的个体经济、私人资本主义经济和国家资本主义经济，使各种社会经济成分在国营经济领导之下，分工合作，各得其所，以促进整个社会经济的发展。第四章还分别对土地改革、促进各种社会经济成分发展作出规定，对发展农林渔牧业、工业、交通、邮政电信、商业、合作社、金融、财政、税收等作出规定。其中，关于工业：应以有计划有步骤地恢复和发展重工业为重点，例如矿业、钢铁业、动力工业、机器制造业、电器工业和主要化学工业等，以创立国家工业化的基础。同时，应恢复和增加纺织业及其他有利于国计民生的轻工业的生产，以供应人民日常消费的需要。

第五章文化教育政策有九条，规定：中华人民共和国的文化教育为新民主主义的，即民族的、科学的、大众的文化教育。提倡爱祖国、爱人民、爱劳动、爱科学、爱护公共财物为中华人民共和国全体国民的公德。第五章对发展自然科学、社会科学、文学艺术、改革教育制度、实行普及教育、加强中等教育和高等教育、注重技术教育、加强业余教育、干部教育、政治教育，体育、卫生、新闻事业等都作出规定。

第六章民族政策有四条，规定：中华人民共和国境内各民族一律平等，实行团结互助，反对帝国主义和各民族内部的人民公敌，使中华人民共和国成为各民族友爱合作的大家庭。反对大民族主义和狭隘民族主义，禁止民族间的歧视、压迫和分裂各民族团结的行为。各少数民族聚居的地区，应实行民族的区域自治。各少数民族均有发展其语言文学、保持或改革其风俗习惯及宗教信仰的自由。人民政府应帮助各少数民族的人民大众发展其政治、经济、文化、教育的建设事业等。

第七章外交政策有七条，规定：中华人民共和国外交政策的原则，为保障本国独立、自由和领土主权的完整，拥护国际的持久和平和各国人民间的友好合作，反对帝国主义的侵略政策和战争政策。并对具体外交政策作了全面规定。

中国人民政治协商会议第一届全体会议的胜利召开，代行了全国人民代表大会职权，通过了具有临时宪法性质的《共同纲领》和两个组织法，选举产生了中国人民政治协商会议全国委员会和中华人民共和国中央人民政府委员会，宣告了中华人民共和国的成立。这是中国历史上开天辟地的大事件。

关于国体和政体的规定，关于中央人民政府由中国共产党和各民主党派人士共同组成的规定等，都是中国共产党自1921年建党以来为实现人民民主浴血奋斗，艰难探索的、伟大创造的经验之集大成，具有划时代的意义。

第四十九节：**1949 年 10 月 1 日　北京天安门广场**
中华人民共和国开国大典隆重举行
毛泽东庄严宣布：
中国人民从此站起来了！

2013 年 3 月 17 日，习近平总书记在十二届全国人大一次会议闭幕会上庄严号召："实现中国梦必须走中国道路。这就是中国特色社会主义道路。这条道路来之不易，它是在改革开放 30 多年的伟大实践中走出来的，是在中华人民共和国成立 60 多年的持续探索中走出来的，是在对近代以来 170 多年中华民族发展历程的深刻总结中走出来的，是在对中华民族五千多年悠久文明的传承中走出来的，具有深厚的历史渊源和广泛的现实基础。中华民族是具有非凡创造力的民族，我们创造了伟大的中华文明，我们也能够继续拓展和走好适合中国国情的发展道路。全国各族人民一定要增强对中国特色社会主义的理论自信、道路自信、制度自信，坚定不移沿着正确的中国道路奋勇前进。"

这一刻，让我们的思绪再一次回到 1949 年 10 月 1 日那个历史性时刻。

1949 年 10 月 1 日，是个光辉的日子，是个伟大的日子！这一天，中华人民共和国成立了！中国的历史揭开了新的一页！中华人民共和国的成立，彻底结束了旧中国半殖民地半封建社会的历史，彻底结束了旧中国一盘散沙的局面，彻底废除了列强强加给中国的不平等条约和帝国主义在中国的一切特权，实现了中国从几千年封建专制政治向人民民主的伟大飞跃！占世界人口四分之一的中国人从此站起来了！

10月1日下午2时，毛泽东在中南海勤政殿主持中央人民政府委员会第一次会议，中央人民政府宣告成立。会议以《中国人民政治协商会议共同纲领》为施政方针。随后，毛泽东和中央人民政府委员会全体委员分别乘车来到天安门城楼下，沿着古砖梯道拾级而上，登上天安门城楼。

当毛泽东出现在主席台时，广场上三十万群众欢声雷动。下午3时，开国大典隆重开始。毛泽东走到麦克风前庄严宣布："中华人民共和国中央人民政府今天成立了！"广场上一片欢腾。接着毛泽东按动电钮，中华人民共和国国旗——五星红旗冉冉升起，全场肃立。五十四门礼炮齐鸣二十八响，象征着中国共产党领导中国各族人民艰苦奋斗的二十八年历程。

国旗升起后，毛泽东宣读中华人民共和国中央人民政府公告，郑重宣告："本政府为代表中华人民共和国全国人民的唯一合法政府。凡愿遵守平等、互利及互相尊重领土主权等项原则的任何外国政府，本政府均愿与之建立外交关系。"

毛泽东宣读公告完毕，进行了阅兵式。由中国人民解放军陆海空三军组成的方队，通过主席台前，威武雄壮地由东向西行进。由新中国第一代飞行员驾驶的十四架战斗机、轰炸机和教练机，在天安门广场轰鸣而过，格外引人注目。

阅兵式持续近三个小时，天安门广场和长安街华灯齐放，群众游行开始了。一队队欢欣激动的游行群众涌向主席台，然后分东西两路离开会场，"中华人民共和国万岁！""毛主席万岁!"的口号声响彻云霄。扩音器里不断传出毛泽东洪亮的声音:"同志们万岁!"晚上九时二十五分,游行结束。

这一天,毛泽东在天安门城楼上站了六个多小时,精神始终十分饱满,回到住地时毛泽东说的第一句话是:"胜利来之不易!"道出了中国共产党人和全国人民的心声。

从此,中国人民站起来了!

为把千疮百孔的旧中国建设成为繁荣昌盛的新中国,在中国共产党的领导下,站起来了的中国人民经受了国际国内极其尖锐激烈复杂斗争的严峻考验,取得了伟大的胜利。

站起来了的中国人民,在中国共产党的领导下,支持英勇的人民解放军以势如破竹之势,在新中国成立后的几个月时间里,消灭了国民党反动派的残余军队,解放了除西藏以外的大陆。

站起来了的中国人民,在中国共产党的领导下,收拾从国民党手里接收下来的烂摊子,为争取国家财政经济状况的基本好转而斗争,合理调整工商业,中共中央作出抗美援朝的决策后,实行"边抗、边稳、边建"的财经工作方针,克服和战胜了国民经济严重衰退,促进了国民经济的全面恢复。

站起来了的中国人民,在中国共产党的领导下,开展了土地改革运动。中共中央合理规定富农政策,1950 年 6 月 28 日,中央人民政府委员会第八次会议通过《中华人民共和国土地改革法》。6 月 30 日,毛泽东发布命令公布施行。土地改革运动受到亿万农民的热烈拥护,取得了巨大胜利。到 1953 年春,全国除若干少数民族聚居的地区,彻底废除了延续数千年的封建土地所有制,三亿多无地少地的农民无偿得到了土地。这场深刻的社会变革，解放了农村生产力，极大调动了亿万农民的生产积极性。这场在中国大地上发生的规模广大、内容深刻的社会大变动，铲除了中国封建主义的根基，古老的中国农村焕发出空前的活力。

站起来了的中国人民，在中国共产党的领导下，毅然决然地投入了抗美援朝、保家卫国运动，以极大的爱国主义和国际主义热情，支持英勇的中国人民志愿军和朝鲜人民，抗击美帝国主义的侵略，取得了抗美援朝的伟大胜利，捍卫了新生的人民共和国，捍卫了祖国领土完整，捍卫了中华民族的尊严。

站起来了的中国人民，在中国共产党的领导下，迅速建立和巩固了各级新生的人民政权。国民党残余军队被消灭和旧政权被废除后，当务之急是建立能够得到当地人民群众拥护的省、市、县、乡、镇等各级人民新政权。

各级政权的权力来自人民授权。能不能尽快开好省市县各界人民代表会议就成为事关新生的人民共和国全局安危的关键。毛泽东高度重视，抓在手中，亲自部署、亲自督促。人民解放战争后期，毛泽东及时、不断地对新解放区开好各级各界代表会会议、人民代表会议作出部署、指示，进行具体指导。新中国成立后，毛泽东一以贯之，连贯部署，抓得更紧，要求更高，布置更细。1949 年 10 月 1 日中华人民共和国成立后，建国工作千头万绪，毛泽东不断就充分注意开好市县各界人民代表会议作出指示和部署。

1949 年 10 月 13 日，毛泽东在给彭德怀、习仲勋、邓子恢、叶剑英、邓小平、刘伯承、贺龙、薄一波、刘澜涛、李富春、林枫等各中央局书记发专电作出的指示中，明确具体地要求："这是一件大事。如果一千几百个县都能开起全县代表大会来，并能开得好，那就会对于我党联系数万万人民的工作，对于使党内外广大干部获得教育，都是极重要的。务望仿照办理，抓紧去做。并请你们选择一个县，亲自出席，取得经验，指导所属。"

1949 年 10 月 30 日，毛泽东给各中央局、分局、前委负责同志专门发出电报转发了华北局的经验，要求将这个经验"转发到地委县委及一切中小城市的党委，引起全党干部的注意。同时，希望你们注意总结你们自己在这一重大问题上的经验教训，报告中央，是为至盼"。

1949 年 11 月 27 日，毛泽东在为中央起草发给华南分局、华中局、华东局、西北局的电报中，对开好广州市各界人民代表会议，广东、湖南、江西、湖北、湖南等省均应开好市县各界人民代表会议作出明确指示，要求华中局及四省省委必须充分注意给予指导，按时召开，总结经验，交流经验。毛泽东还指示："你们必须将这种市的县的各界人民代表会议看成是团结各界人民，动员群众完成剿匪反霸，肃清特务，减租减息，征税征粮，恢复与发展生产，恢复与发展文化教育直至完成土地改革的极重要的工具。"

1949 年 12 月 2 日，中央人民政府委员会第四次会议通过了《省各界人民代表会议组织通则》、《市各界人民代表会议组织通则》、《县各界人民代表会议组织通则》。三个组织通则对省、市、县各界人民代表会议的召集、代表名额、代表资格、代表产生、代表任期都作了明确规定，对各级各界人民代表会议的职权和代行本级人民代表大会的职权、各界代表会议的会期等都作了具体规定。三个组织通则的颁布对指导和规范刚刚诞生的各级人民政权建设起到了十分及时而重大的作用，为迅速稳定社会秩序、组织好人民生产生活、打击敌特破坏活动提供了有力的法律依据。

进入五十年代，新中国的法制建设步伐加快。到 1954 年 9 月第一届全国人民代表大会第一次会议之前，中央人民政府委员会通过或批准了一批十分重要的法律和法令：

1950 年 4 月 13 日，中央人民政府委员会第七次会议通过《中华人民共和国婚姻法》，5 月 1 日颁布施行。

1950 年 6 月 28 日，中央人民政府委员会第八次会议通过《中华人民共和国土地改革法》，6 月 30 日颁布施行。

1950 年 6 月 29 日，中央人民政府委员会第八次会议通过《中华人民共和国工会法》，6 月 29 日颁布施行。

1952 年 8 月 8 日，中央人民政府委员会第十八次会议批准《中华人民共和国民族区域自治实施纲要》。到 1952 年 6 月，全国已建立自治区域 130 个，自治区内少数民族人口达 450 万。

中国共产党领导中国人民开始了伟大的新征程！中国共产党领导中国人民创造的人民代表大会制度——这一世界政治制度史上的全新政治制度——正以势不可当的步伐向我们走来！

跋

人民代表大会制度
——中国政治发展史乃至世界政治发展史上具有划时代意义的全新政治制度

2021 年是中国历史上极不平凡的一年。

这一年，中国共产党成立 100 周年。

这一年，中华人民共和国成立 72 周年。

这一年，全国人民代表大会成立 67 周年。

2021 年 7 月 1 日，中国共产党在雄伟壮丽的天安门广场隆重举行庆祝中国共产党成立 100 周年大会。中共中央总书记、国家主席、中央军委主席习近平发表重要讲话。习近平总书记的重要讲话，深情回顾中国共产党 100 年来走过的光辉历程，系统阐述中国共产党百年来的伟大创造和伟大贡献，庄严宣告实现第一个百年奋斗目标、全面建成小康社会，深刻总结了伟大的建党精神，全面提出以史为鉴、开创未来的根本要求，为全党、全国人民向第二个百年奋斗目标迈进指明了前进方向，提供了根本遵循。

2021 年 11 月 8 日至 11 日，中国共产党十九届六中全会胜利召开。全会通过的《中共中央关于党的百年奋斗重大成就和历史经验的决议》（以下简称决议），是新时代马克思主义的纲领性文献，通篇融汇着百年来中国共产党践行为中国人民谋幸福、为中华民族谋复兴的初心使命所进行的奋斗、牺牲和创造，深刻揭示了"我们过去为什么能够成功，未来我们怎样才能继续成功"的真理，是指引全党全国各族人民以史为鉴、开创未来，齐心协力奋进新时代、创造新伟业的行动指南。

决议指出，一百年来，党领导人民浴血奋战、百折不挠、创造了新民主主义革命的伟大成就；自力更生、奋发图强、创造了社会主义革命和建设的伟大成就；解放思想、锐意进取，创造了改革开放和社会主义现代化建设的伟大成就；自信自强、守正创新，创造了新时代中国特色社会主义的伟大成就。党和人民百年奋斗，书写了中华民族几千年历史上最恢宏的篇章。中国共产党在百年奋斗的征程中，创造性地把马克思主义的普遍真理同中国具体的实际相结合，实现了马克思主义中国化的历史性飞跃。

以毛泽东同志为主要代表的中国共产党人，对经过艰苦探索、付出巨大牺牲积累的一系列独创性经验作了理论概括，开辟了农村包围城市、武装夺取政权的正确革命道路，创立了毛泽东思想，为夺取新民主主义革命胜利指明了方向。党领导人民浴血奋战，百折不挠，战胜日本帝国主义，推翻三座大山，成立中华人民共和国，实现民族独立，人民解放，实现中国从几千年封建专制制度向人民民主的伟大飞跃。新中国成立后，以毛泽东同志为主要代表的中国共产党人提出关于社会主义建设的一系列重要思想。党领导人民建立社会主义制度，进行社会主义革命，推进社会主义建设，实现了中华民族有史以来最为广泛的社会变革，实现了一穷二白、人口众多的东方大国大步迈进社会主义社会的伟大飞跃。毛泽东思想是马克思列宁主义在中国的创造性运用和发展，是被实践证明了的关于中国革命和建设的正确的理论原则和经验总结，是马克思主义中国化的第一次历史性飞跃。

在改革开放和社会主义现代化建设时期，以邓小平同志为主要代表的中国共产党人继续探索中国建设社会主义的正确道路，解放和发展生产力，实行改革开放的历史性决策，确立社会主义初级阶段基本路线，创立了邓小平理论，使人民摆脱贫困，尽快富起来，成功开创了中国特色社会主义。党的十一届六中全会通过的《关于建国以来党的若干历史问题的决议》，标志着党在指导思想上拨乱反正胜利完成。党的十三届四中全会以后，以江泽民同志为主要代表的中国共产党人，坚持党的基本理论、基本路线，形成了"三个代表"重要思想，成功把中国特色社会主义推向二十一世纪。党的十六大以来，以胡锦涛同志为主要代表的中国共产党人，推进实践创新、理论创新、制度创新，形成了科学发展观，抓住重要战略期，聚精会神搞建设，一心一意谋发展，成功坚持和发展了中国特色社会主义。在这个时期，党从新的实践和时代特征出发，坚持和发展马克思主义，科学回答了建设中国特色社会主义一系列基本问题，形成中国特色社会主义理论体系，实现了马克思主义中国化新的伟大飞跃。

党的十八大以来，中国特色社会主义进入新时代。以习近平同志为核心的党中央，以伟大的历史主动精神、巨大的政治勇气，强烈的责任担当，统筹国内国际两个大局，贯彻党的基本理论、基本路线、基本方略，统揽伟大斗争、伟大工程、伟大梦想，坚持稳中求进工作总基调，作出一系列重大决策部署，解决了许多长期想解决而没有解决的问题，办成了许多过去想办而没有办成的大事，推动党和国家取得历史性成就，发生历史性变革。党领导人民实现了第一个百年奋斗目标，开启了实现第二个百年奋斗目标新征程，进入中国特色社会主义新时代。

以习近平同志为主要代表的中国共产党人，坚持把马克思主义基本原理同中国具体实际相结合、同中华传统文化相结合，坚持毛泽东思想、邓小平理论、"三个代表"重要思想、科学发展观，深刻总结并充分运用党成立以来的历史经验，从新的实际出发，创立了习近平新时代中国特色社会主义思想。习近平新时代中国特色社会主义思想是当代中国马克思主义、二十一世纪马克思主义，是中华文化和中国精神的时代精华，实现了马克思主义中国化新的飞跃。党确立习近平同志党中央的核心、全党的核心地位，确立习近平新时代中国特色社会主义思想的指导地位，对新时代党和国家事业发展、对推进中华民族伟大复兴历史进程具有决定性意义。

党的百年奋斗从根本上改变了中国人民的命运，党的百年奋斗开辟了实现中华民族伟大复兴的正确道路，党的百年奋斗展示了马克思主义的强大生命力，党的百年奋斗深刻影响了世界历史进程，党的百年奋斗锻造了走在时代前列的中国共产党。中国共产党无愧为伟大光荣正确的党。

在伟大的中国共产党的坚强领导下，中华人民共和国成立以来，古老的中华大地发生了翻天覆地的巨大变化。中华民族迎来了从站起来、富起来到强起来的伟大飞跃。

在中国共产党的领导下，今天的中国已经昂首挺立在世界的东方！中国人民在一个有着几千年封建社会历史的国家实现了最广泛的民主，真正成为国家、社会和自己命运的主人；中国在一穷二白的基础上创造了经济社会快速发展奇迹，用几十年时间走完了工业化进程，跃升为世界第二大经济体；人民生活由温饱不足到全面小康，社会和谐稳定，人民安居乐业，成为国际上公认的最有安全感的国家之一。中国人民从来没有像今天这样接近中华民族伟大复兴的目标。

在中国建立社会主义制度，走中国特色社会主义政治发展道路，是马克思主义中国化的伟大成就，是中国共产党百年奋斗的伟大成就，是中国共产党献给中国人民弥足珍贵的礼物，得到全体中国人民的衷心拥护和无比珍惜。

——2014 年 9 月 5 日上午 10 点，首都各界代表在雄伟庄严的人民大会堂隆重举行庆祝全国人民代表大会成立 60 周年大会。中共中央总书记、国家主席、中央军委主席习近平发表重要讲话。习近平总书记铿锵有力的讲话是这样开始的："60 年前，我们人民共和国的缔造者们，同经过普选产生的 1200 多名全国人大代表一道，召开了第一届全国人民代表大会第一次会议，通过了《中华人民共和国宪法》，从此建立起中华人民共和国的根本政治制度——人民代表大会制度。中国这样一个有 5000 多年文明史、几亿人口的国家建立起人民当家作主的新型政治制度，在中国政治发展史乃至世界政治发展史上都是具有划时代意义的。"

——2017 年 10 月 18 日，习近平总书记在党的十九大报告中指出："中国特色社会主义政治发展道路，是近代以来中国人民长期奋斗历史逻辑、理论逻辑、实践逻辑的必然结果，是坚持党的本质属性、践行党的根本宗旨的必然要求。"

——2018 年 5 月 4 日，习近平总书记在纪念马克思诞辰 200 周年大会上的讲话中说，马克思、恩格斯指出，"工人阶级一旦取得统治权，就不能继续运用旧的国家机器来进行管理"，必须"以新的真正民主的国家政权来代替"。

——2021 年 10 月 13 日，习近平总书记在中央人大工作会议上指出："人民代表大会制度是符合我国国情和实际、体现社会主义国家性质、保证人民当家做主、保障实现中华民族伟大复兴的好制度，是我们党领导人民在人类政治制度史上的伟大创造，是在我国政治发展史乃至世界政治发展史上具有重大意义的全新政治制度。"

1949 年 9 月，具有临时宪法地位的《中国人民政治协商会议共同纲领》庄严宣告，新中国实行人民代表大会制度。

1949 年 10 月 1 日，中华人民共和国成立，中国政治制度实现了向人民民主的伟大跨越。从此，中国人民彻底摆脱了被欺负、被压迫、被奴役的悲惨命运，真正成为国家、社会和自己命运的主人。

新中国成立后，在领导中国人民收拾千疮百孔的旧中国，抗美援朝，保家卫国的困难情况下，中国共产党为正式建立人民代表大会制度进行了认真充分的准备。

在新中国成立后的头三年，党领导人民成功地实现了新民主主义下的制度变革。1950 年后，中央人民政府委员会相继颁布了婚姻法、土地改革法、工会法、民族区域自治纲要等重要法律和法令。1953 年 1 月，中央人民政府委员会作出决定，于 1953 年开始召开乡、县、省各级人民代表大会，并在此基础上召开全国人民代表大会。1953 年 2 月，中央人民政府委员会通过了《中华人民共和国全国人民代表大会及地方各级人民代表大会选举法》。1953 年 12 月 27 日至 1954 年 3 月 17 日，毛泽东在杭州亲自主持起草《中华人民共和国宪法（草案）》。从 1953 年下半年开始全国 21 万个选举单位，3.22 亿登记选民，选出 566.9 万余名地方各级人大代表。在此基础上，全国 45 个选举单位选出 1226 名全国人大代表。

1954 年 9 月 15 日，第一届全国人民代表大会第一次会议开幕。9 月 20 日，大会全票通过了《中华人民共和国宪法》。宪法规定："中华人民共和国的一切权力属于人民。人民行使权力的机关是全国人民代表大会和地方各级人民代表大会。"第一届全国人民代表大会成立以后，全国人大及其常委会制定了全国人大组织法、国务院组织法、人民法院组织法、人民检察院组织法、地方组织法等有关国家机构的基本法律，奠定了我国人民代表大会制度的基础框架和国家的组织基础。1956 年，我国基本上完成对生产资料私有制的社会主义改造，建立起社会主义经济制度。党领导确立人民代表大会制度、中国共产党领导的多党合作和政治协商制度、民族区域自治制度，为人民当家作主提供了制度保证。

1956 年 9 月，中国共产党第八次全国代表大会在北京召开。党的八大根据我国社会主义改造基本完成后的形势，提出国内主要矛盾是人民对于经济文化迅速发展的需要同当前的经济文化不能满足人民需要的状况之间的矛盾，全国人民的主要任务是集中力量发展社会生产力，实现国家工业化，逐步满足人民日益增长的物质和文化需要。党的八大对扩大人民民主，加强各级人大对政府工作的监督、健全社会主义法制等作出重要部署。

　　"文化大革命"结束后，1978 年 12 月召开的党的十一届三中全会果断结束"以阶级斗争为纲"，开启了改革开放和社会主义建设新时期，实现了新中国成立以来党的历史上具有深远意义的伟大转折。全会提出："为了保障人民民主，必须加强社会主义法制，使民主制度化、法律化，使这种制度和法律具有稳定性、连续性和极大的权威"。

　　在党中央的领导下，1982 年 12 月 4 日，第五届全国人民代表大会第五次会议通过了现行宪法。现行宪法对加强人民代表大会制度建设作出规定：一是健全国家机构和制度，扩大全国人大常委会的职权，全国人大和全国人大常委会行使国家立法权；全国人大可以根据需要设立专门委员会等。健全国家体制，恢复国家主席和副主席，设立中央军事委员会，领导全国军事力量，实行主席负责制等。二是健全地方政权体系，规定县级以上地方各级人大设立常委会，赋予省级人大及其常委会、较大的市人大及其常委会地方立法权，进一步扩大民族区域自治地方自治权等。

　　党的十四大提出要进一步完善人民代表大会制度，加强各级人大及其常委会职能。党的十五大提出要在党的领导下，在人民当家作主的基础上，依法治国，发展中国特色社会主义民主法治，建设社会主义法治国家，明确到 2010 年形成中国特色社会主义法律体系。党的十六大提出党的领导、人民当家作主和依法治国有机统一，坚持走中国特色社会主义政治发展道路，进一步加强人民代表大会制度建设。

党的十七大提出按照相同人口比例选举人大代表，强调要坚持科学立法、民主立法，完善中国特色社会主义法律体系，坚定不移发展社会主义民主政治。2013年3月，全国人大修改选举法，明确城乡按照相同人口比例选举人大代表，实现了人人平等、民族平等、地区平等的城乡"同票同权"选举人大代表。2010年底，全国人大常委会宣布如期形成中国特色社会主义法律体系。

党的十八大以来，以习近平同志为核心的党中央从共产党执政规律、社会主义建设规律、人类社会发展规律的高度，坚持发展社会主义民主政治，加强人民当家作主制度保障，推动人民代表大会制度理论创新、制度创新、实践创新，取得历史性成就。习近平总书记关于治国理政的新理念新思想新战略，拓展了人民代表大会制度的科学内涵、基本特征、本质要求、明确了做好新时代人大工作的重大原则、思路举措、重点任务，为新时代人大工作指明了方向，提供了根本遵循。习近平总书记强调，要坚持党对人大工作的领导，坚定不移走中国特色社会主义政治发展道路，不断推进社会主义民主政治制度化、规范化、程序化。要坚持和完善人民代表大会制度，通过人民代表大会制度，保证党的路线方针政策和决策部署，在国家工作中得到全面贯彻和有效执行，把党的主张通过法定程序成为国家意志；通过人民代表大会制度，保证和发展人民当家作主，支持和保证人民通过人民代表大会行使国家权力；通过人民代表大会制度，弘扬社会主义法治精神，全面推进依法治国；通过人民代表大会制度，坚持民主集中制，坚持人民通过人民代表大会行使国家权力，保证国家统一高效组织推进各项事业。

党的十九届四中全会作出坚持和完善中国特色社会主义制度，推进国家治理体系和治理能力现代化若干重大问题的决定，决定要求到建党100周年时，在各方面制度更加成熟更加定型上取得明显成效。

在党中央集中统一领导下，人民代表大会制度更加成熟，根本政治制度作用得到更加充分体现：加强党对人大工作领导的制度更加成熟，全国人大、地方各级人大及其常委会的组织制度更加成熟，国家机构制度体系更加成熟，立法制度和体制更加成熟，监督制度和机制更加成熟，基层民主制度更加成熟。

今天，站在"两个一百年"奋斗目标的历史交汇点上，人类政治发展史上的全新政治制度——人民代表大会制度展现出前所未有的蓬勃生机。在习近平新时代中国特色社会主义思想的指引下，在中国共产党的领导下，在中国特色社会主义制度的保障下，全体中国人民意气风发地进入新征程，为全面建设社会主义现代化国家，实现中华民族的伟大复兴而努力奋斗！

附：历届全国人大常委会委员长名单
历次全国人民代表大会会议召开时间

附：

历届全国人大常委会委员长名单
历次全国人民代表大会会议召开时间

第一届全国人民代表大会

全国人大常委会委员长　刘少奇

第一次会议，1954 年 9 月 15 日至 9 月 28 日

第二次会议，1955 年 7 月 5 日至 7 月 30 日

第三次会议，1956 年 6 月 15 日至 6 月 30 日

第四次会议，1957 年 6 月 26 日至 7 月 15 日

第五次会议，1958 年 2 月 1 日至 2 月 11 日

第二届全国人民代表大会

全国人大常委会委员长　朱　德

第一次会议，1959 年 4 月 18 日至 4 月 28 日

第二次会议，1960 年 3 月 30 日至 4 月 10 日

第三次会议，1962 年 3 月 27 日至 4 月 16 日

第四次会议，1963 年 11 月 17 日至 12 月 3 日

第三届全国人民代表大会

全国人大常委会委员长　朱　　德

第一次会议，1964 年 12 月 21 日至 1965 年 1 月 4 日

第四届全国人民代表大会

全国人大常委会委员长　朱　　德

第一次会议，1975 年 1 月 13 日至 1 月 17 日

第五届全国人民代表大会

全国人大常委会委员长　叶剑英

第一次会议，1978 年 2 月 26 日至 3 月 5 日

第二次会议，1979 年 6 月 18 日至 7 月 1 日

第三次会议，1980 年 8 月 30 日至 9 月 10 日

第四次会议，1981 年 11 月 30 日至 12 月 13 日

第五次会议，1982 年 11 月 26 日至 12 月 10 日

第六届全国人民代表大会

全国人大常委会委员长　彭　　真

第一次会议，1983 年 6 月 6 日至 6 月 21 日

第二次会议，1984 年 5 月 15 日至 5 月 31 日

第三次会议，1985 年 3 月 27 日至 4 月 10 日

第四次会议，1986 年 3 月 25 日至 4 月 12 日

第五次会议，1987 年 3 月 25 日至 4 月 11 日

第七届全国人民代表大会

全国人大常委会委员长　万　里

第一次会议，1988 年 3 月 25 日至 4 月 13 日

第二次会议，1989 年 3 月 20 日至 4 月 4 日

第三次会议，1990 年 3 月 20 日至 4 月 5 日

第四次会议，1991 年 3 月 25 日至 4 月 9 日

第五次会议，1992 年 3 月 20 日至 4 月 3 日

第八届全国人民代表大会

全国人大常委会委员长　乔　石

第一次会议，1993 年 3 月 15 日至 3 月 31 日

第二次会议，1994 年 3 月 10 日至 3 月 22 日

第三次会议，1995 年 3 月 5 日至 3 月 18 日

第四次会议，1996 年 3 月 5 日至 3 月 17 日

第五次会议，1997 年 3 月 1 日至 3 月 14 日

第九届全国人民代表大会

全国人大常委会委员长　李　鹏

第一次会议，1998 年 3 月 5 日至 3 月 19 日

第二次会议，1999 年 3 月 5 日至 3 月 15 日

第三次会议，2000 年 3 月 5 日至 3 月 15 日

第四次会议，2001 年 3 月 5 日至 3 月 15 日

第五次会议，2002 年 3 月 5 日至 3 月 15 日

第十届全国人民代表大会

全国人大常委会委员长　吴邦国

第一次会议，2003 年 3 月 5 日至 3 月 18 日

第二次会议，2004 年 3 月 5 日至 3 月 14 日

第三次会议，2005 年 3 月 5 日至 3 月 14 日

第四次会议，2006 年 3 月 5 日至 3 月 14 日

第五次会议，2007 年 3 月 5 日至 3 月 16 日

第十一届全国人民代表大会

全国人大常委会委员长　吴邦国

第一次会议，2008 年 3 月 5 日至 3 月 18 日

第二次会议，2009 年 3 月 5 日至 3 月 13 日

第三次会议，2010 年 3 月 5 日至 3 月 14 日

第四次会议，2011 年 3 月 5 日至 3 月 14 日

第五次会议，2012 年 3 月 5 日至 3 月 14 日

第十二届全国人民代表大会

全国人大常委会委员长　张德江

第一次会议，2013 年 3 月 5 日至 3 月 17 日

第二次会议，2014 年 3 月 5 日至 3 月 13 日

第三次会议，2015 年 3 月 5 日至 3 月 15 日

第四次会议，2016 年 3 月 5 日至 3 月 16 日

第五次会议，2017 年 3 月 5 日至 3 月 15 日

第十三届全国人民代表大会

全国人大常委会委员长　栗战书

第一次会议，2018 年 3 月 5 日至 3 月 20 日

第二次会议，2019 年 3 月 5 日至 3 月 15 日

第三次会议，2020 年 5 月 22 日至 5 月 28 日

第四次会议，2021 年 3 月 5 日至 3 月 11 日

第五次会议，2022 年 3 月 5 日至 3 月 11 日

第十四届全国人民代表大会

全国人大常委会委员长　赵乐际

第一次会议　2023 年 3 月 5 日至 3 月 13 日

（此资料截止到 2024 年本书出版前）

主要阅读文献与书目

　　本文在重新阅读和学习《毛泽东选集》、《毛泽东文集》等在《人大读书笔记　百年抉择》所列文献与书目的基础上，重点阅读和学习了以下文献与书目：

习近平：中国特色社会主义是由道路、理论体系、制度三位一体构成的

　　　　《人民代表大会制度重要文献选编》（四）　中国民主法制出版社　中央文献出版社　2015年5月第1版，下同

习近平：在首都各界纪念现行宪法颁布三十周年大会上的讲话

　　　　《人民代表大会制度文献选编》（四）

习近平：在第十二届全国人民代表大会第一次会议上的讲话

　　　　《人民代表大会制度文献选编》（四）

习近平：关于《中共中央关于全面深化改革若干重大问题的决定》的说明

　　　　《人民代表大会制度文献选编》（四）

习近平：把完善和发展中国特色社会主义制度，推进国家治理体系和治理能力现代化作为全面深化改革的总目标

《人民代表大会制度文献选编》（四）

习近平：在庆祝全国人民代表大会成立六十周年大会上的讲话

《人民代表大会制度文献选编》（四）

习近平：在庆祝中国人民政治协商会议成立 65 周年大会上的
　　　　讲话　2014 年 9 月 22 日《人民日报》

习近平：关于《中共中央关于全面推进依法治国若干重大问题
　　　　的决定》的说明

　　　　《人民代表大会制度文献选编》（四）　中国民主法制
　　　　出版社　中央文献出版社　2015 年 5 月第 1 版，下同

习近平：坚定不移走中国特色社会主义法治道路

　　　　《人民代表大会制度文献选编》（四）

习近平：在庆祝中国共产党成立 95 周年大会上的讲话　2016 年
　　　　7 月 2 日《人民日报》

习近平：《决胜全面建成小康社会，夺取新时代中国特色社会主
　　　　义伟大胜利》（2017 年 10 月 18 日在中国共产党第十九
　　　　次全国代表大会上的报告）

习近平：走得再远都不能忘记来时的路（2018 年 1 月 5 日）

习近平：在"不忘初心、牢记使命"主题教育工作会议上的讲
　　　　话　2019 年第 13 期《求是》

习近平：在庆祝改革开放四十周年大会上的讲话（2018 年 12 月
　　　　18 日）

习近平：辩证唯物主义是中国共产党人的世界观和方法论
　　　　2019 年第 1 期《求是》

习近平：关于坚持和发展中国特色社会主义的几个问题　2019

年第 7 期《求是》

习近平：坚定不移走中国特色社会主义法治道路　为全面建设社会主义现代化国家提供有力法治保障　2021 年第 6 期《求是》

习近平：在党史学习教育动员大会上的讲话　2021 年第 7 期《求是》

习近平：用好红色资源，传承好红色基因　把红色江山世世代代传下去　2021 年第 10 期《求是》

习近平：学好党史　永葆初心　永担使命　2021 年第 11 期《求是》

习近平：以史为镜、以史明志　知史爱党、知史爱国　2021 年第 12 期《求是》

习近平：学史明理　学史增信　学史崇德　学史力行　2021 年第 13 期《求是》

习近平：在庆祝中国共产党成立 100 周年大会上的讲话　2021 年第 14 期《求是》

习近平：关于《中共中央关于党的百年奋斗重大成就和历史经验的决议》的说明　2021 年第 23 期《求是》

习近平：在纪念毛泽东同志诞辰一百二十周年座谈会上的讲话（2013 年 12 月 26 日）

习近平：在纪念邓小平同志诞辰一百一十周年座谈会上的讲话（2014 年 8 月 20 日）

习近平：在纪念马克思诞辰二百周年大会上的讲话（2018 年 1 月 5 日）

《中共中央关于党的百年奋斗重大成就和历史经验的决议》
　　2021 年 11 月 7 日《人民日报》

《中国共产党历史》第一卷（上册、下册）　中共中央党史出
　　版社　2011 年第 2 版

《中国共产党历史》第二卷（上册、下册）　中共中央党史出
　　版社　2011 年 1 月第 1 版

《中国共产党简史》　人民出版社　中共党史出版社　2021 年 2
　　月第 1 版

《中华苏维埃代表大会重要文献选编》　中国民主法制出版社
　　2019 年 9 月第 1 版

后　记

　　本书从中国民主法制出版社负责同志约稿到正式出版，得到了全国人大常委会机关党组、离退休干部局党委、离退休干部第一党支部、中国民主法制出版社等方面领导和同志们的热情支持和大力帮助。

　　全国人大常委会机关党组书记、秘书长杨振武，党组副书记、副秘书长信春鹰同志审阅了书稿，并给予充分肯定和热情支持。全国人大常委会办公厅离退休干部局党委书记、局长李庆同志，副局长宋伯涛、刘连等同志审阅了书稿；离退休干部第一党支部书记李凤仙同志认真审阅全书书稿并提出多处重要的修改意见。全国人大常委会办公厅图书馆王敏同志帮助校核重要历史情况并提出修改意见。董珍祥、董锐、胡正同志在全书的写作和修改过程中，给予大量具体帮助。

　　特别需要说明的是，本书得以出版，完全是中国民主法制出版社领导和同志们的热情鼓励和有力推动的结果。刘海涛社长、贾兵伟副总经理等领导同志给予全力的支持。出色的责任编辑陈偲同志，自始至终参加了全书的构思、阅审和编审工作。书稿交付后，陈偲同志进行了多次认真的审阅，并进行了长达数月的专项梳理，对全书每一处的时间、地点、人物、事件以及每一处引文都作了准确无误的核对。还有许多同志默默无闻地进行编排、校对等工作。他们对党和人民事业的赤诚之心和敬业精神令人钦佩！

　　值此本书出版之际，谨向所有关心和帮助过的同志一并表示衷心的感谢和崇高的敬意！

2022 年 6 月于北京

图书在版编目（CIP）数据

人大读书笔记. 伟大创造/王万宾著 . —北京：
中国民主法制出版社，2024. 1
ISBN 978-7-5162-2814-2

Ⅰ. ①人… Ⅱ. ①王… Ⅲ. ①读书笔记—中国—现代
Ⅳ. ①G792

中国版本图书馆 CIP 数据核字（2022）第 062173 号

图书出品人：刘海涛
出 版 统 筹：贾兵伟
图 书 策 划：张 涛
责 任 编 辑：陈 偲

———————————————————————————

书名/人大读书笔记：伟大创造
作者/王万宾 著

———————————————————————————

出版·发行/中国民主法制出版社
地址/北京市丰台区右安门外玉林里 7 号（100069）
电话/（010）63055259（总编室） 83910658 63056573（人大系统发行）
传真/（010）63055259
http：// www. npcpub. com
E-mail：mzfz@ npcpub. com
开本/16 开 710 毫米×1000 毫米
印张/22. 5 字数/241 千字
版本/2024 年 1 月第 1 版 2024 年 1 月第 1 次印刷
印刷/三河市宏图印务有限公司

———————————————————————————

书号/ISBN 978-7-5162-2814-2
定价/78. 00 元